초보자들을 위한

한국어–필리핀어–영어
(따갈로그어)
단어장

한국어 필리핀어 영어 단어장

개정판 1쇄 인쇄 : 2023년 3월 5일
개정판 1쇄 발행 : 2023년 3월 20일

지은이 이기선
펴낸이 서덕일
펴낸곳 도서출판 문예림

출판등록 1962. 7. 12 제2-110호
주소 경기도 파주시 회동길 366(서패동) 3층
전화 (02)499-1281~2 **팩스** (02)499-1283
홈페이지 www.moonyelim.com **전자우편** info@moonyelim.com

ISBN 978-89-7482-649-9(13790)

잘못된 책이나 파본은 교환해 드립니다.

머리말

일본의 식민지 시대와 남북한 동족간의 전쟁을 거치면서 하루 세끼의 끼니를 걱정하며 살아야했던 세계 최빈국 대한민국이 벌써 여러 해 전에 전체 무역액이 1조 달러를 넘어선 경제대국으로 도약하였고, 마침내 2021년에는 공식적인 선진국으로 인정받았다. 이것은 지구상 어느 국가도 해내지 못한 기적을 이룩하였으며, 또한 우리민족이 세계의 모든 민족 중에서 가장 우수한 두뇌를 가졌다는 스위스 취리히 대학의 연구결과를 사실로 증명한 쾌거이기도 하다.

최근 들어서 방탄소년단(BTS)을 비롯한 수많은 대한민국의 젊은이들이 그들의 실력을 마음껏 과시하여 세계인들로부터 열화와 같은 사랑을 받고 있다. 이와 함께 K-Pop, K-Culture, K-Drama, K-Movie, K-Food, K-Fashion, K-Beauty, TAEKWONDO, KIMCHI 등, 한국의 여러 가지 문화와 전통이 한류라는 유행 하에 지역, 이념, 종교의 벽을 넘어서 대단한 인기를 끌고 있다. 며칠 전에는 18세 소년 임 윤찬 군이 미국에서 열린 반 클라이번 국제 피아노 콩쿠르에서 신들린 연주 실력으로 60년 역사상 최연소우승을 차지하면서 1세기에 한 명 정도 나올 수 있다는 천재 피아니스트의 거장으로 칭송을 받으면서 우리민족의 우수성을 만천하에 과시하고 있다.

열대 국가들 중에서 지리적으로 가장 가까운 필리핀 역시 그들의 일상생활에는 한류가 구석구석에 배여 있음을 여실히 알 수 있다. <꽃보다 남자>와 <대장금>으로 시작된 K-Drama는 필리핀인들의 시선을 TV에 붙잡아 두는 역할을 톡톡히 하고 있다. 또한, 한국에서 생산된 군사무기는 필리핀 육해공군 모든 분야에서 매우 우수한 성능으로 그들의 국방력을 급성장시키고 있기 때문에 우리 방산제품에 대하여 무한한 신뢰를 보여주고 있다. 우리의 6.25 전쟁 기간 중, 7,500여 명의 병력을 파병하여 공산주의 맹주국가들인 중국과 구소련연방의 후원 하에 침략해 오는 북한군을 격퇴하는데 앞장서서 싸워준 혈맹에 대한 우리의 감사하는 마음과 정성이 필리핀과의 군사협력증진에 중요한 밑거름이 되었을 것으로 생각한다.

10여년 이상에 걸쳐서 필리핀어를 연구하고 양국 국민들이 좀 더 쉽게 상대국가의 언어를 공부할 수 있는 교재를 집필하는 필자의 입장에서는 더욱 가까워져 가고, 발전해가는 양국 관계를 바라보면서 뿌듯한 보람을 느낀다.

본 단어장은 필리핀어 초중급자들에게 필요한 우리말 단어들을 추려서 가능한대로 파생된 단어와 예문과 함께 해당되는 영어 단어를 함께 수록하였다. 또한, 재판에서는 좀 더 충실한 내용이 되도록 수정 보완하였다.

2023년 3월, 재판에 즈음하여...필자 씀.

유의사항

1. 1987년 필리핀 정부가 공식적으로 선포한 필리핀어(Filipino) 철자는 100여 종류가 넘는 토속어 중에서 가장 많은 인구가 사용하는 루손섬의 따갈로그어 철자(20개)에 스페인어, 영어 그리고 다른 토속어까지 흡수할 수 있도록 8개의 철자를 추가하였다.

2. 28개의 철자는 영어와 동일한 26개의 철자와 스페인어 고유명사 표기를 위한 Ñ[니예]와 따갈로그어 고유문자 표기를 위한 NG[엔지]로 구성되어 있으며, 단어를 구성하는 철자의 발음은 변화가 거의 없기 때문에 별도의 발음기호가 없다.

3. 오랜 식민지 기간(스페인 327년, 미국 47년)을 거쳤기 때문에 매우 많은 수의 스페인어 단어와 영어 단어가 혼용되고 있다. 현재는 영어를 공용어로 사용하기 때문에 식자층에서는 영어단어 뿐만 아니라 영어문장을 그대로 섞어서 쓰는 경우가 많다.

4. 악센트는 4가지 유형이 있으며, 악센트의 위치에 따라 의미가 달라지는 단어가 많기 때문에 유의해야 한다.

5. 100여 종류가 넘는 접사(접두사, 접미사, 삽입사. 복합사)를 어근에 활용하여 동사, 형용사, 명사, 부사 등을 포함하여 다양하고 섬세한 의미를 갖는 단어들을 만들어 낸다. 동사의 시제도 접사를 변화시켜 표현한다.

6. 특히 동사는 문장의 주어(행위자, 행위대상, 장소, 방향, 수혜자, 원인 등)를 무엇으로 하느냐에 따라 어근에 붙는 접사가 다르고 또한 시제를 나타내는 활용법도 달라지는 관계로 하나의 어근에는 많은 수의 파생동사가 생긴다.

따라서, 본 단어장에서는 지면 관계상 기본 어근에 대해 대표적인 파생동사만 수록하였음을 밝혀둔다.

7. 단어장 사용에 필요한 참고사항

　(1) 별도의 품사기호를 사용하지 않고 가능한 우리말 뜻을 그대로 살려서 표기하였다.

　(2) "~" 기호는 "무엇무엇, 뭐뭐"와 같은 임의적인 의미를 뜻한다.

　(3) "…" 기호는 앞에 표기된 내용과 일치함을 뜻한다.

철자 및 읽기

1. 철자

철자	읽기	철자	읽기
A a	에이	Ñ ñ	니예
B b	비	NG ng	엔지
C c	씨	O o	오
D d	디	P p	피
E e	이	Q q	큐
F f	에프	R r	알
G g	지	S s	에스
H h	에치	T t	티
I i	아이	U u	유
J j	제이	V v	브이
K k	케이	W w	더블유
L l	엘	X x	엑스
M m	엠	Y y	와이
N n	엔	Z z	제-트

※필리핀어 철자는 20(자음;15, 모음 5자)로 구성되어 있다.

2. 모음: A, E, I, O, U

(1) 발음: A[아], E[에], I[이], O[오], U[우]
(2) 복모음: ay[아이], aw[아우], uy[우이], ey[에이], iw[이우]

3. 자음

(1) K, P, Ñ, NG, T를 제외하고 영어의 자음 알파벳과 같다.
(2) K, P, T는 초성이면 경음(ㄲ, ㅃ, ㄸ)으로 발음되고, 종성(받침자음)이면 격음(ㅋ, ㅍ, ㅌ)으로 발음된다.
(3) Ñ는 모음과 결합하여 ÑA[냐], ÑE[녜], ÑO[뇨], ÑU[뉴]로 발음되며, 스페인어에서 유래된 인명 또는 지명에만 사용된다.
(4) NG
  ① 뒤의 모음과 결합하면 비음이 가미된 모음으로 발음된다.
    nga[ㅇ아], nge[ㅇ에], ngi[ㅇ이], ngo[ㅇ오], ngu[ㅇ우]
  ② 독립된 단어로 사용되면 [낭]으로 발음된다.
    aklát ng kaibigan[아끌랕 낭 까이비-간]: 친구의 책
  ③ 앞의 모음과 결합하면 받침자음 [ㅇ]으로 발음된다.
(5) dy 또는 diy가 뒤의 모음과 결합하면 d[ㄷ] 발음은 대부분 [ㅈ]으로 발음된다.
  estudyante[에스뚜쟈-ㄴ떼]: 학생   Diyós[지요스]: 신, 하느님

(6)ts는 [ㅉ]과 [ㅊ]의 중간 발음으로서 우리에게는 어려운 발음이지만 두 가지 발음 중 어느 것을 쓰더라도 단어가 한정되어 있으므로 이해에 문제없다.

   kotse[꼬-쩨/꼬-체]: 자동차   titser[띠-처ㄹ]: 선생

4. 4가지 유형의 악센트

(1)마지막 두 번째 모음(음절) 악센트

   단어의 끝에서 두 번째 음절을 강하고 길게 발음하며, 별도의 악센트 표시가 없다. 한글발음
   표기에는 연자부호(-)를 넣어 표시했다.

   ngipin[ㅇ이-삔]: 치아   pangalan[빵아-ㄹ란]: 이름

(2)마지막 모음(음절) 악센트: (´)

   단어의 마지막 음절을 강하지만 길지 않게 발음한다. 한글발음은 별도의 기호를 사용하지 않았다.

   anák[아낙]: 아이, 자녀   gabí[가비]: 저녁, 밤

(3)마지막 모음 성문폐쇄: (^)

   단어의 마지막 음절에서 기관지 구멍을 빨리 닫으면서 강하고 짧게 발음한다.
   한글발음은 작은 따옴표(' 또는 ')를 넣어 표시했다.

   basâ[바사']: 젖은   larô[라로']: 경기, 놀이, 게임

(4)마지막 두 번째 모음(음절) 악센트 및 마지막 모음 성문폐쇄: (`)

단어의 끝에서 두 번째 음절은 강하고 길게 발음하고, 마지막 음절은 기관지 구멍을 빨리 닫아서 강하면서 짧게 발음한다. (1)유형의 악센트와 (3)유형의 악센트가 합쳐진 단어이다.

    pusò[뿌-소']: 심장   batà[바-따']: 어린이, 젊은이, 청년

(5)세음절 이상의 단어에서 마지막 음절이 아닌 위치에 표시된 (2)유형의 악센트는 (1)유형의 악센트처럼 강하고 길게 발음한다.

    diyánitór[재-니또르]: 수위   kaáalís[까아-알리스]: 막 출발했다.

5. 자주 사용되는 접사의 종류

접사	용도 및 의미	예
-(h)an	장소(방향) 중심/수동사	sulatan ; ~에 글을 쓰다, ~에게 편지쓰다
	장소/명사	palayan ; 논 tindahan ; 가게, 상점 asinan ; 염전
ka-	동료, 친구, 한패/명사	kasama ; 동료 kaklase ; 급우
ka + 어근 첫음절	근접완료/수동사	kakakain ; 막 먹었다 kaaalis ; 막떠났다
ka-an	느낌 마음/수동사	kalimutan ; 잊혀지다 kagalitan ; 질책받다
	소유 자격 추상화/명사	kaligayahan ; 행복 kadakilaan ; 고상, 위대
	전체적인 장소/명사	kakahuyan ; 숲 kalangitan ; 하늘, 천공

접사	용도 및 의미	예
ka-an	동시적 또는 상호적/명사	kagalitan ; 서로 다툼, 서로 화냄
		katuwaan ; 함께 기뻐함
	최상급/형용사	kalaliman ; 가장 깊은 kalakihan ; 가장 큰
kasíng-	동급비교/형용사	kasing-ganda ; ~처럼 아름다운
de-	소유 사용 착용/형용사	de-mesa ; 테이블을 사용하는 de-koryente ; 전기의
i-	화제 주제/행위대상중심/수동사	ibigay ; ~에게 ~를 주다
ika-	ika + 기수 ; 서수(~번째)	ikasandaan ; 백 번 째 lkatló ; 세 번 째
	원인제공/수동사	ikaluha ; 눈물을 흘리게 하다
-(h)in	행위대상중심/수동사	lutuin ; ~를 요리하다 sabihin ; ~를 말하다
ipa-	허락, 사역/행위대상중심/수동사	ipakita ; ~를 보여주다 ipabigay ; ~를 주게하다
ipaki-	I동사의 겸양의뢰/수동사	ipakibigay ; ~를 주세요.(주기를 청하다)
ipag-	수혜자 중심/수동사	ipaglaba ; ~를 위해 빨래하다
ma-	형용사	maganda ; 아름다운 mayaman ; 부유한
	가능/행위대상중심/수동사	mabasa ; 읽혀질 수 있다 magawa ; 하여질 수 있다
ma-	우연, 무의식/행위대상중심/수동사	mabasa ; 우연히 읽혀지다 makuha ; 우연히 얻어지다
maka-	가능, 능력/능동사	makakuha ; 얻을 수 있다 makakita ; 볼 수 있다
	찬성, 지지, 좋아함/형용사	maka-ama ; 아버지 편인
		makalumà ; 구식의, 보수적인

접사	용도 및 의미	예
maká-	횟수, 빈도, ~번, ~배/부사	makáilán ; 여러 번 makátló ; 세 번
		makálawá ; 두 배 makáitló ; 세 배
	기회 포착/능동사	makábilí ; 살 기회를 갖다
		makákúha ; 얻을 기회를 갖다
makapag-	MAG동사의 가능(능력)/능동사	makapagbilí ; 팔 수 있다
makápag-	MAG동사의 기회 포착/능동사	makápagbilí ; 팔 기회를 갖다
maki-	겸양의뢰/능동사	makiupó ; 앉으세요 makipuntá ; 가기를 부탁합니다
	사회, 교제, 친목/능동사	makisayaw ; 춤에 참가하다
		makisigáw ; 함께 소리치다
makipag-	상호관계, 교제/능동사	makipagkamáy ; 악수하다 makipagusap ; 대화하다
makipag-(h)an	참가, 협동/능동사	makipag-ínúman ; 다른 사람들과 함께 마시다
mag-	능동사	mag-anák ; 출산하다 magbus ; 버스를 타다
	상호관계/명사	mag-amá ; 아버지와 자녀 관계
mag-(h)an	상호 작용, 호혜/능동사	magtulungán ; 서로 돕다
		magsalitaan ; 서로 얘기하다
magka-	복수/명사	magkapatíd ; 형제(자매, 오누이)들
		magkasama ; 동료들
	소유, 보유/능동사	magkaroón ; 가지다 magkatrabaho ; 직업을 갖다

접사	용도 및 의미	예
	공유, 유사/능동사	magkapartido ; 같은 정당에 속하다
magpa-	사역, 원인 제공/능동사	magpatakbó ; 달리게 하다
		magpagandá ; 예쁘게 만들다
magsi-	UM동사의 복수형/능동사	magsisama ; 여럿이 함께 가다
magsipag-	MAG동사의 복수형/능동사	magsipagsimbá ; 여럿이 함께 교회에 가다
mai-	동사, 가능, 능력/수동사	maihanap ; ~를 위해 ~를 찾을 수 있다
mang-	실행, 수행/능동사	manggamót ; 의사 개업을 하다
mang + 어근첫음절	반복, 직업/명사	manggagamot ; 의사 mángingisdá ; 어부
mapa-	사역, 가능/수동사	mapaalís ; 떠나게 할 수 있다, 벗어나게 할 수 있다
mapag-	기호, 습관, 경향/형용사	mapagbigáy ; 잘 베푸는, 관대한
may-	소유/형용사	may-sakit ; 병 든 may-asawa ; 결혼한
na-	존재, 현존/형용사	náritó ; 여기에 있는 náriyán ; 거기에 있는
naka-	소유, 현 상황/형용사	nakahikaw ; 귀걸이를 하고 있는 nakatirá ; 살고 있는
nápaka-	매우, 대단히/형용사	nápakagandá ; 대단히 아름다운
pa-	pa-장소 ; ~로 가고 있는/형용사	pa-Maynila ; 마닐라로 가고 있는
	자세, 방향/부사	pataás ; 위로 pababâ ; 아래로 pahigâ ; 누워서
	의뢰, 요청/능동사	pabilí ; 사고 싶다 pahirám ; 빌려달라고 부탁하다
	명령, 요청/명사	pagawâ ; 요청받은 일 patindá ; 위탁판매 상품

접사	용도 및 의미	예
pá-(h)an	장소/명사	páaralan ; 학교 pálanguyan ; 수영장 págawaan ; 공장
	경쟁, 대회/명사	págandahan ; 미인 경연대회 pálakasan ; 운동 경기
paki-	겸양의뢰/능동사	pakiabót ; 이리 좀 주세요.(부탁)
pakiki-	협동, 상호작용/명사	pakikiaway ; 다툼,싸움 pakikikamáy ; 악수
pag-	UM동사의 동작,행위/동명사	pagbilí ; 사는 행위 pagbasa ; 읽기
		pagkain ; 먹기, 식사
pag + 어근 첫음절	MAG동사의 동작, 행위/동명사	pagbibilí ; 팔기 pagsisimulâ ; 시작하기
pag-an	방향(위치)중심/수동사	pag-aralan ; ~에 대해 공부하다
		pagbilihán ; ~에게 팔다
pag-in	사역, 허락/행위대상 중심/수동사	paghubarín ; (옷)벗게 하다
		paglakbayín ; 여행을 하락하다
pagka-	~한 후에/부사	pagkabalík ; 돌아온 후에 pagkaratíng ; 도착한 후에
	동명사/추상명사	pagkatakot ; 두려워 함 pagkabuhay ; 생계수단
pagpapa-	MAGPA동사의 명사화/동명사	pagpapatakbó ; 달리게 하기
		pagpapadangál ; 찬양케 하기
palá-	습관, 경향/형용사	palátawá ; 잘 웃는 palábirô ; 농담을 잘 하는
pampa-	원인, 도구/명사	pampalamíg ; 청량제 pampaantók ; 수면제
pang-	용도, 수단, 도구/명사, 형용사	pang-init ; 히터 pang-ospital ; 병원용의

접사	용도 및 의미	예
papag-(h)in	사역/수동사	papag-aralin 공부하게 하다 papagdasalín ; 기도를 시키다
pinaka-	임무(기능)를 가진 사람(물건)/명사	pinakaulo ; 지배하는 사람(물건)
pinaka + 형용사	최상급/형용사	pinakamagandá ; 최고로 아름다운
tag-	시기, 계절/명사	tag-init ; 건기 taglamíg ; 겨울 tag-ani ; 수확기
taga-	출신/형용사, 직업/명사	taga-Maynila ; 마닐라 출신인 tagalutò ; 요리사
um-, -um-	능동사	umihì ; 소변보다 gumandá ; 예뻐지다
		pumuntá ; 가다

차 례

ㄱ 가	17
ㄴ 나	74
ㄷ 다	89
ㄹ 라	116
ㅁ 마	118
ㅂ 바	142
ㅅ 사	174
ㅇ 아	215
ㅈ 자	272
ㅊ 차	318
ㅋ 카	335
ㅌ 타	339
ㅍ 파	345
ㅎ 하	355
부 록	376

ㄱ 가

가.(가거라. 명령)	Pumuntá ka.[뿌문따 까], Umalís ka.[움알리스 까]	Go.
가감	dagdág at pagbabawas[닥닥 알 빡바바-와스]	addition and subtraction
가게	tindahan[띤다-한] 몇시에 가게 문을 엽니까?; Anóng orás magbukás kayó ng tindahan? 저녁 8시에 가게 문을 닫습니다.; Isinasará ko ang tindahan alas otso ng gabí pô.	shop
가게주인	magtitindá[막띠띤다]	shop owner
가격	halagá, presyo[할라가, 쁘레-쇼] 가격이 너무 비싸요.; Sobrang mahál ang presyo pô.	price
가격상승	pagtaás ng halagá[빡따아스 낭 할라가]	price increse
가격하락	pagbabâ ng halagá[빡바바' 낭 할라가]	price decrease
가격표	talâ ng presyo[딸라' 낭 쁘레-쇼]	price list
가곡	kantá[깐따]	song
가구	muwebles[무웨-블레스]	furniture
가까스로	bahagyâ na[바하갸' 나] 그는 가까스로 시험에 합격했다.; Bahagyâ na siyáng nakapasá sa iksamen.	barely
가깝다	malapit[말라-삗] 거기는 가까워?; Malait na ba diyán?	near
가끔	paminsan-minsan[빠민-ㄴ산민-ㄴ산] 나는 가끔 시장에 간다.; Pumúpuntá akó sa palenke paminsan-minsan.	now and then
가난/…하다	hirap/mahirap[히-랖/마히-랖] 그의 부모는 가난하다.; Mahirap ang mga	poverty/poor

	magulang niyá.	
가늘다	manipís[마니삐스]	thin
가능(성)	posibilidád, pagkamaaarì[뽀시빌리닫, 빡까마아아-리']	possibility
가능하면	kung maaari[꿍 마아아-리']	if possible
가다	pumuntá[뿌문따] 가고 싶지만, 갈 수 없어.; Gustó kong pumuntá, pero hindî kong maáari. 가기 싫어.; Ayaw kong pumuntá. 가는 길이야.; Nasa daán na. 거기로 가도 되나요?; Puwede pô bang pumuntá diyán?	go
가득찬/가득 차다	punô/mapunô[뿌노'/마뿌노'] 나는 길에서 돈이 가득 찬 지갑을 주웠다.; Pinulot ko ang pitakà na punô ng pera sa daán.	full/be filled up
가라앉다	lumubóg[루무복] 그 배는 해저 바닥으로 가라 앉았다.; Lumubóg ang bapór sa ilalim ng dagat.	sink
가랑비/…가 오다	ambón/umambón[암본/움암본] 오후에 가랑비가 올 것이다.; Áambón ngayóng hapon.	drizzle
가련하다	kaawa-awà[까아-와아-와']	pitiful
가렵다	makatí[마까띠] 상처의 흉터자리가 가렵다.; Makatí ang peklat.	itchy
가로	lapad[라-빧], luwáng[루왕]	width
가로방향으로	pahalang[빠하-랑]	transversely
가로(街路)	kalye, daán, lansangan[까-르예, 다안, 란사-ㅇ안]	street
가로질러 가다	tumawíd[뚜마윋], tawirín[따위린] 그는 도로를 가로질러 갔다.; Tumawíd siyá sa kalye.	go across
가루	pulbós[뿔보스] 가루약; pulbós na gamót	powder

가르치다	magturò[막뚜-로'] 그는 학교에서 영어를 가르치고 있다.; Nagtúturò siyá ng Íngles sa páaralán.	teach
가리다	☞덮다	
가래	kalaghalâ, plema[깔락할라', 쁠레-마]	phlegm
가마(머리)	puyó ng buhók[뿌요 낭 부훅]	hair whirl
가마니	dayaming sako[다야-밍 사-꼬]	sack made by straw
가면	máskara[마-스까라]	mask
가뭄	tagtuyót, tagbisî[딱뚜욭, 딱비시']	drought
가발	peluka[뻴루-까] 대머리 남자가 가발을 쓰고 있다.; Ang kalbóng lalaki ay nagsúsuót ng peluka.	wig
가방(일반적)	supot[수-뽇] 너의 물건들을 가방에 넣어라.; Ilagáy mo sa supot ang mga bagay-bagay mo.	bag
가방(여행용)	maleta[말레-따]	suitcase
가방(서류용)	porpolyo[뽀르뽀-르요]	breifcase
가볍다	magaán[마가안]	light
가볍게 생각하다	hindî pagíisípan mabuti[힌디' 빡이-이시-빤 마부-띠], mag-isip ng magaán[막이-싶 낭 마가안]	think lightly
가사	mgá gawaín sa bahay[망아 가와인 사 바-하이]	household affairs
가사도우미	katulong[까뚜-롱] 우리는 가사도우미(식모)를 구하고 있다.; Hináhánap namin ang katulong.	housemaid
가소롭다	katawá-tawá[까따와따와]	funny, rediculous

19

가수	mangangantá, kantór[망앙안따, 깐또르]	singer
가스	gas[가스]	gas
가스레인지	lutuán na gas[루뚜안 나 가스]	gas range
가스를 잠그다	isarâ ang gas[이사라' 앙 가스]	close the gas
가스통	gas tank[가스 땅끄]	gas tank
가슴	dibdíb[딥딥]	chest
가시	tiník[띠닉] 장미는 가시가 있다.; May tiník ang rosa.	thorn
가시거리	distánsiyang nátatanáw[디스딴시양 나-따따나우]	visible distance
가시 철사	alambreng may-tiník[알라-므브렝 마이 디닉] 그의 정원은 가시 철사로 둘러 쳐져 있다.; May bakod na alambreng may-tiník ang kanyáng hardín.	barbed wire
가열하다	painitin[빠이니-띤]	heat
가엾다	kaawa-awà[까아-와아-와'] 저런, 가여워라.; Ay! Kaawa-awà pala.	pitiful
가옥	bahay[바-하이]	house
가요	kantá, awit[깐따, 아-윋]	song
가운데(~의 가운데에)	gitnâ(sa gitnâ ng)[기뜨나' (사 기뜨나' 낭)]	at the middle of
가위	gunting[군띵]	scissors
가을	taglagás[딱라가스]	autumn
가입/…하다	pagsali/makisali[빡사-리/마끼사-리]	joining/join
가자.	Tayo na.[따-요 나]	Let's go.
가장(형용사 최상급)	pinaka[삐-나까]+형용사, 그녀는 우리 교실에서 가장 이쁘다.; Siyá ay	the most

	pinakamagandá sa ating klase. 가장 높은 산; pinakamataás na bundók.	
가장(家長)	ulo ng pamilya[우-르로 낭 빠미-르랴]	head of a family
가장자리	gilid, bingit[기-르릳, 비-으읻]	edge, brink
가장/…하다	pagpapakunwari/magkunwari[빡빠-빠꾼와-리'/막꾼와-리'] 그는 거지처럼 가장하였다.; Nagkunwarí siyá tulad ng pulubi.	disguise/disguise
가재	uláng[울랑]	crayfish
가전제품	kagamitang elektrónikong pambahay[까가미-땅 엘렉뜨로-니꽁 빰바-하이]	household electric appliance
가정	tahanan[따하-난]	home
가정법(문법)	pasakali[빠사까-리']	subjunctive
가정환경	paligid ng tahanan[빨리-긷 낭 따하-난] 가정환경에 문제가 있다.; May problema sa paligid ng tahanan.	home background
가져가다	magdalá, dalhín, dalhán[막달라, 달힌, 달한]	take along
가져오다	kumuha, kunin, kunan[꾸무-하, 꾸-닌, 꾸-난] 그책을 나에게 가져오너라.; Kunan mo akó ng aklát iyán.	bring
가족	pamilya[빠미-르랴] 가족 모두에게 대신 안부 전해주세요.; Ikumusta ninyó akó sa buóng pamilya. 가족은 어떻게 되세요?; Paano binúbuô ang inyóng pamilya? 가족은 몇 명이예요?; Ilan kayó sa pamilya?	family
가족구성	komposisyón ng pamilya[꼼뽀지숀 낭 빠미-르랴]	family composition
가지(야채)	talóng[딸롱]	eggplant
가지고 있다	may/mayroón/magkaroón[마이/마이로온/막까로온] 나는 필리핀에 집을 두 채 가지고 있다.; May dalawáng bahay akó sa Pilipinas 그는 그 때	have

	돈을 가지고 있었다.; Nagkaroón siyá ng pera noón. 돈 좀 있어?; May pera ka ba?	
가지다	itagò, iligpít, mag-alagà[이따-고', 일릭삗, 막알라-가'] 잔돈은 가지세요.; Itagò ninyó ang suklî.	keep
가짜	imitasyón, pagdarayà[이미따시욘, 빡다라-야']	imitation, fake
가축	mga alagáng hayop, hayupan[망아 알라강 하욥, 하유-빤]	livestock
가치	kahalagahan[까할라가-한] 이 물건은 가치가 없다.; Ang bagay na itó ay waláng kahalagahan. 가치가 오르고 있다.; Itinátaás ang kahalagahan.	value
각본	senaryo[세나-료]	scenario
각자	bawa't isá[바-왇 이사] 우리들 각자; bawa't isá sa atin	each
각주(脚註)	talabahaan[딸라바바-안]	footnotes
간(肝)	atáy[아따이]	liver
간(음식)	pampalasa[빰빠라-사] 간이 적당하다.; Tamà na ang pampalasa.	salty taste
간격	puwáng[뿌왕]	interval
간단하다	simple[시-ㅁ뻴레]	simple
간담(肝膽)	atáy at apdó[아따이 알 앞또]	liver and gall
간만(干滿)	kati at taog[까-띠 알 따-옥]	ebb and flow
간부(幹部)	tagapagpaganáp[따가빡빠-가낲]	executive
간섭/…하다	panghíhimasok/manghimasok, magkasalungát[빵히-히마-속/망히마-속, 막까살룽앝]	interference/interfere
간식	meryenda[메리에-ㄴ다] 간식을 먹자.; Kumain tayo ng meryenda.	snack

간염	sakít sa atáy[사낕 사 아따이]	hepatistis
간염 예방주사	pagbabakuna kontra sa sakít sa atáy[빡바바꾸-나 꼬-ㄴ뜨라 사 사낕 사 아따이]	hepatistis inoculation
간장	toyò[또-요']	soy sauce
간접 목적어(문법)	dî tuwirang layon[디' 뚜위-랑 라-욘]	indirect object
간접적인	dî tuwiran, maligoy[디' 뚜위-란, 말리-고이]	indirect
간주하다	isipin, ipalagáy[이시-삔, 이빨라가이]	consider, think
간절히 바라다	asamín[아사민] 나는 너의 약속이행을 간절히 바라고 있다.; Ináasám ko ang katúpáran ng iyóng pangakò.	long for
간첩	ispiya[이스삐-야]	spy
간청하다	manghingî[망힝이'] 그들은 도움을 간청하고 있다.; Nanghíhingî silá ng tulong.	solicit
간통	pakikiapíd[빠끼끼아삗]	adultery
간판	karátulá[까라-뚤라]	signboard
간호사	nars[나-르스]	nurse
갈다	maghasà, ihasà[막하-사', 이하-사'] 칼을 날카롭게 갈아라.; Ihasà mo ang kutsilyo nang matalas.	whet
	magararo, araruhin[막아라-로, 아라루-힌] 밭을 갈아야 할 때이다.; Panahón para araruhin ang bukid.	plow
갈등	labanán, salungatán[라바난, 살룽아딴]	conflict
갈망/…하다	masigasig na pagnanasà/hángárin[마시가-식 나 빡나나-사'(하-ㅇ아-린)]	ardent desire/desire ardently

		/hangarín(nasain) nang masigasig[항아린(나사-인) 낭 마시가-식]	
갈매기		seagull[씨-걸]	seagull
갈비		tadyáng[따쟝]	rib
갈색		kulay-kapé[꾸-르라이 까뻬]	brown
갈아입다(옷)		magbihis[막비-히스]	change clothes
갈아타다		ilipat, lumipat[일리-빧, 루미-빧] 그 장소에 도착하면, 다른 버스로 갈아타거라.; Pagsapit mo sa lugár na iyón, lumipat ka sa ibáng bus.	change ride
갈증/…나다		uhaw/mauhaw[우-하우/마우-하우]	thirst/thirsty
감기/…에 걸리다		sipón/másipón[시뽄/마-시뽄] 감기에 걸렸어요.; Násipón akó, pô. 감기에 걸렸으면 빨리 약을 드세요.; Kung násipón, uminóm kayó ng gamót agád!	cold
감기약		gamót sa sipón[가몯 사 시뽄]	cold medicine
감다(눈)		pumikít[뿌미낃]	close the eyes
(머리를) 감다		hugasan (ng buhók)[후가-산 (낭 부혹]]	wash (the hair)
(실을) 감다		magkuwerdas (ng talî)[막꾸웨-르다스 (낭 딸리')]	wind (the thread)
감독(스포츠)		mánedyér[마-네제르]	manager
감독/…하다		pangangasiwà[빵앙아시-와']/mangasiwà[망아시-와]	supervision/supervise
감독관		superbisór[수뻐비소-르]	supervisor
감동/…하다		impresyónl[임쁘레숀]/humangà, hangaan[후마-ㅇ아‘, 항아-안] 나는 그의 용기에 감동했다.; Hinangaan ko ang kanyáng katapangan. 사람들은 군인들의 희생에 감동했다.; Humangà ang mgá tao sa sakripisyo ng mgá	impression/be impressed

	sundalo.	
감명	☞감동	
감사	salamat[살라-맡] 감사합니다. 아주머니.; Salamat pô, Tiya.	thanks, gratitude
감사하게 여기다	magpasalamat[막파살라-맡]	thank
감소/…하다	pagbabawas, pag-iklî[빡바바-와스, 빡이끌리']/magbawas, bumabà, umiklî[막바-와스, 부마-바', 움이끌리']	decrease/decrease
감시/감시하다	bantáy/bantayán, magbantáy[반따이/반따얀, 막반따이]	watch/watch
감염/감염되다	impeksyón, hawa/maháwa[임뼄숀, 하-와/마-하-와]	infection/be infected
(다수)감염된	hawa-hawa[하-와하-와] 그들은 이미 그 병에 감염되었다.; Hawa-hawa na silá sa sakít na iyón.	(plural)infected
감자/감자튀김	patatas/piniritong patatas[빠따-따스/삐니리-똥 빠따-따스]	potato/fried potato
감전	de-kuryenteng pagkabiglâ[데꾸리엔-ㄴ뗑 빡까비글라']	electric shock
감전되다	makatanggáp ng[마까땅갚 낭] de-kuryenteng pagkabiglâ	receive an electric shock
감정/…적인	damdamin/maramdamin[담다-민/마람다-민] 그는 감정적인 사람이다; Isáng maramdaming tao siyá.	emotion/emotional
감탄/…하다	paghangà/humangà, hangaan[빡하-○아'/후마-○아', 항아-안]	admiration/admire
갑옷	balutì, kutamaya[발루-띠', 꾸따마-야] 병사들은 갑옷을 사용한다.; Gumágámit ng balutì ang mga sundalo.	armor
갑자기, 갑작스럽게	biglâ[비글라'] 갑자기 말하다; biglâng magsalitâ 갑자기 울다; biglâng umiyák	suddenly
값	☞가격, 값이 내렸다.; Bumabâ ang halagá. 값이 올랐다.; Tumaás ang	price

25

		halagá.	
값을 깎다		**tumawad**[뚜마-완]	discount
강		**ilog**[이-로록]	river
강간/~하다		**panggagahís/gahisín, gumahís**[빵가가히스/가히신, 구마히스]	raping/rape
강당		**awditoryum, bulwagan**[아우디또-륨, 불와-간]	hall
강도(强度)		**katindihán**[까띤디한]	intensity
강도(强盗)/…질을 하다		**manloloób/manloób, agawan**[만로로옵/만로옵, 아가-완]	robber/rob
강도행위		**panloób**[빤로옵]	robbery
강둑		**pampáng**[빰빵] 그들은 강둑으로 소풍을 갔다.; Nagpiknik silá sa pampáng ng ilog.	river embankment
강력하다		**malakás**[말라까스] 강한 파도; malakás na alon	strong
강변		**tabíng-ilog**[따빙 이-로록]	river side
강수량		**dami ng ulán**[다-미 낭 울란] 이 고장은 강수량이 부족하다.; Kulang ang dami ng ulán sa lugár na itó.	amout of rainfall
강심제		**gamót sa pusò**[가못 사 뿌-소']	heart medicine
강아지		**tutà**[뚜-따']	puppy
강연/…하다		**panayám/magpanayám**[빠나얌/막빠나얌]	lecture/give a lecture
강연실		**silíd ng panayám**[실릿 낭 빠나얌]	lecture room
강연자		**tagapagpanayám**[따가빡빠나얌]	lecturer
강의/…하다		**talumpatì, panayám/magtalumpatì, magpanayám**[딸룸빠-띠', 빠나얌 /막딸룸빠-띠'/막빠나얌] 저는 대학에서 강의를 하고 있습니다.;	discourse, lecture/discourse, give a lecture

강조/…하다	Nagpapanayám pô akó sa unibersidád. diín/bigyáng-diín[디인/빅양 디인] 그는 정직의 중요성을 강조했다.; Binibigyáng-diín niyá ang kahalagáhan ng katápatan.	emphasis/emphasize
강철	asero[아세-로]	steel
강하다	☞강력하다, 강하게 누르다.; dumiín nang malakás	strong
갖고 있다	nagkákaroón[낙까-까로온] 돈을 갖고 있다.; Nagkákaroón ng pera.	have
같이	(두 사람)magkasama[막까사-마] (세 사람 이상)magkákasáma [막까-까사-마] 같이 가자.; Tayo na magkasama. 같이 밥먹자.; Magkasama kumain tayo.	together
같이 가다	sumama[수마-마] 당신과 같이 가고 싶어요.; Gustó kong sumama sa inyó.	go together
개	aso[아-소]	dog
개강	simulâ ng panayám[시물라' 낭 빠나얌] 개강하다;magsimulâ ng panayám	beginning of a series of lecture
개구리/…를 잡다	palakâ/mamalakâ[빨라까/마말라까']	frog/catch a frog
개띠	asong sodyak[아-송 소-쟉]	zodiac of dog
개막/…하다	pagtataás ng kurtina/tumaás ng kurtina[빡따따아스 낭 꾸르띠나 /뚜마아스 ~] 오후 6시에 개막한다.; Ang kurtina ay tumataas sa alas seis ng hapon.	raising the curtain/raise the curtain
개미	langgám[랑감] 개미는 계속해서 먹이를 나르고 있다; Patulóy na humáhákot ng pagkain ang langgám.	ant

개선/…하다	pagpabuti/magpabuti[빡빠부-띠/막빠부-띠]	improvement/improve
개성	pagkatao, kakanyahán[빡까따-오, 까깐야한]	personality
개업/…하다	simulâ ng negosyo[시물라' 낭 네고-시오] 개업하다; magsimulâ ng negosyo	beginning the business
개다(날씨)	magliwanag ang langit[막리와-낙 앙 라-ㅇ잍]	become clear
개다(이불, 옷)	magtiklóp, tiklupín[막띠끌롶, 띠끌루삔] 너의 담요를 개라.; Tiklupín mo ang kumot mo.	fold
개인	isáng tao[이상 따-오]	an individual
개인재산	arí-arian ng[아리 아리-안 낭] isáng tao	private property
개인적으로	ang isá sa isá[앙 이사 사 이사]	individually
개인주의	pagkamakasarili[빡까마까사리-리]	individualism
개척/…하다	bagong pagkakábukás/mag-bukás nang bago[바-공 빡까까-부까스 /막부까스 낭 바-고] 그들은 새로운 항로를 개척하였다.; Nagbukás silá ng bagong daanán ng dagat.	cultivation, new opening/ cultivate, open newly
개최/…하다(회의)	pagpupulong/magpulong[빡뿌뿌-롱/막뿌-롱] 그들은 어제 회의를 개최하였다.; Nagpulong silá kahapon.	holding a meeting/hold a meeting
개혁/…하다	pagbabago/magbago[빡바바-고/막바-고]	innovation/innovate
객체	bagay, paksâ[바-가이, 빡사']	object
갯지렁이	bulating-dagat[불라-띵 다-갇]	lugworm
거기	diyán[지얀] 거기 재미있는 것 없어?; Walâ bang kawili-wili diyán?	there
거대하다	nápakalakí[나-빠까라끼]	huge, enormous

거닐다	mamasyál[마마샬] 우리는 해변을 거닐었다.; Namasyál kamí sa tabíng-dagat.	stroll, take a walk
거래소	pámilihan[빠-밀리한]	exchange, place of trade
거래/…하다.	kalakalán, negosyo/magnegosyo[깔라깔란, 네고-시오/막네고-시오]	trade/trade
거리(도로)	daán, lansangan, kalye[다안, 란사-안, 까-르예] 이 거리 명칭은 뭐에요?; Anóng kalye itó, pô? 거리에 차가 많다.; Maraming kotse sa daán.	street
거리(멀기)	layò, kalayuan[라-요', 깔라유-안]	distance
거리 표시판	kilometrahe[낄로메뜨라-헤]	mile marker
거미/…집	gagambá/bahay-gagambá[가감바/바-하이가감바]	spider/web
거북(민물)	pagóng[빠-공]	tortoise
거북(바다)	pawikan[빠-위-깐]	turtle
거스름돈	suklî[수끌리'] 거스름 돈 주세요.; Bigyán ninyó akó ng suklî. 거스름돈은 가지세요.; Itagò ninyó ang suklî.	change
거실	sala[사-르라] 방문객들이 거실에 있다.; Ang mga bisita ay nasa sala.	living room
거울	salamín[살라민]	mirror
거위	gansâ[간사']	goose
거의	halos, muntík na[하-르로스, 문띡 나] 나는 거의 매일 걷는다.; Naglalakád akó halos na araw-araw. 나는 그의 말에 거의 속을 뻔 했다.; Muntík nang nilinláng sa kanyáng sinabi. 너의 노래는 거의 완벽하다.; Ang awit mo ay perpektong halos.	almost

거의 없다(거의 ~않다)	bihirà[비히-라'] 그는 아파서 거의 먹지 못한다. Kumakain siyá nang bihirà dahil siyá ay may-sakít.	seldom
거절/…하다	pagtanggí/tumanggí, tanggihan[빡땅기/뚜망기, 땅기한] 그녀는 페드로의 청혼을 거절했다.; Tinanggihán niyá ang alók ni Pedro na pagpapakasál.	refusal/refuse
거주/…하다	táhanan, tírahan/maniráʼ, tumahán[따-하난, 띠-라한/마니라, 뚜마한] 누가 이 집에 거주하느냐: Sinó ang tumátahán sa bahay na itó?	residence/reside
거주기간	pantahanang panahón[빤따하-낭 빠나혼] 거주와 관련된; pantanahan	residential period
거주자	naninirahan[나니니라-한]	resident
거지	pulubi[불루-비] 그 거지는 거리에서 구걸하고 있다.; Ang pulubi ay nagpápalimós sa lansangan.	beggar
거짓말/…하다	kasinungalingan, kabulaanan/magsinungaling, magbulaan [까시눙알리-ㅇ안, 까불라아-난/막시눙아-ㄹ링, 막불라-안]	lie/tell a lie
거짓말쟁이	sinungaling, bulaan[시눙아-ㄹ링, 불라-안]	liar
거칠다	magaspáng[마가스빵]	coarse
거품/…을 일으키다	bulâ/bumulâ[불라'/부물라']	foam/foam
걱정/…하다	álalahanín/mag-alalá [아-ㄹ라라하닌/막알라라] 걱정하지마.; Huwág kang mag-alalá.	worry/worry
걱정스럽다	alalá[알라라]	be worried
건강/…한	kalusugán/malusóg[깔루수간/말루속] 건강은 어떠세요?; Paáno ang kalusugan ninyó? 건강을 빨리 회복하시길 바랍니다.; Gusto ko'y bawiín ninyó ang kalusugan. 건강을 유지하다; magpanatili ng	health/healthy

	kalusugáng mabuti 건강해지다; maging malusóg	
건강증명서	sertiko ng[세르띠-꼬 낭] kalusugán	medical certificate
건강진단	písikal na checkup[삐-시깔 나 쳄엎]	physical checkup
건국/…하다	bayang pundasyón/itayô ang bayan[바-양 뿐다숀/이따요' 앙 바-얀] 이 승만 대통령은 대한민국을 건국하였다.; Itinayô ng Pangulo Lee Seungman ang Republik Korea.	foundation of a country /found a country
건기	tag-init[딱이-닡]	dry season
건너가다	tumawíd, tawirín[뚜마윋, 따위린]	cross over
(~의)건너편(에)	(sa) kabilâ ng[(사) 까빌라' 낭] 시장은 우체국 건너편에 있다.; Ang palengke ay sa kabilâ ng pos-opis.	the other side
건널목(도로)	táwiran sa kalye[따-위란 사 까-르예]	road crossing
건널목(철도)	táwiran sa perokaríl[따-위란 사 뻬로까릴]	railroad crossing
건더기	solid na sangkáp so sopas[솔리드 나 상깦 사 소-빠스]	solid ingredients in soup
건물	gusalì[구사-ㄹ리']	building
건방지다	☞무례한	
건배!/~하다	Cheers!/tumagay[치어스/뚜마-가이]	toast, cheers
건설…/하다	pagkakayari/magtayô, yariin, yumari[빡까까야-리/막따요', 야리-인, 유마-리]	contruction/construct
건전지	bateryá[바떼리야]	battery
건축가	arkitekto[아르끼떼-ㄱ또]	architecture
걷다	lumakad, maglakad[루마-깓, 막라-깓] 걸어서 약 10분 걸려요.;	walk

		Sampúng minutong maglakád pô. 걸어 갈 수 있어요?; Puwede pô bang maglakád? 걸어 가면서; sa lakad	
걸다(벽 등에)		ibitin, ikabít[이비-띤, 이까빝] 그네를 큰 가지에 걸어라.; Ibitin mo ang duyan sa malakíng sangá.	hang
걸다(내기)		pumustá, pustahán[뿌무스따, 뿌스따한] 나는 한국 팀에 돈을 걸었다.; Pinustahán ko ang Koreanong koponán.	bet
걸레		pamunas[빠무-나스] 걸레로 마루를 닦다; magpunas ng sahíg	dustcloth, rag
걸음/…을 옮기다(걷다)		hakbáng/humakbáng[하끄방/후마끄방] 한걸음 한걸음(한걸음씩, 한단계씩); hakbáng-hakbáng	step
검(무기)		espada[에스빠-다]	sword
검게 타다		masunog nang itím[마수-녹 낭 이띰]	be scorched
검다		maitím[마이띰]	black
검사/…하다.		☞검토/~하다	
검색/…하다.		saliksík, hanap/magsaliksík, hanapin[살릭식, 하-낲/막살릭식, 하나-삔]	search/search
검역소		tanggapan ng kuwarentenas[땅가-빤 낭 꾸와렌떼-나스]	quarantine
검열/…하다		pagsisiyasat, pagsusuri/suriin, siyasatin[빡시시야-샅, 빡수수-리' /수리-인, 시야사-띤]	inspection/inspect
검정색		kaitimán[까이띠만]	black colour
검토/…하다		pagsisiyasat, paglilitis/suriin, siyasatin, alamín[빡시시야-샅, 빡릴리-띠스/수리-인, 시야사-띤, 알라민]	investigation/invesyigate
겉표지(책)		balát[발랕]	cover page

게	alimango[알리마-ㅇ오]	crab
게걸스럽게 먹다	lumamon[루마-몬]	devour
게다가(또한)	patí, din, sakâ[빠띠, 딘, 사까'] 너는 지금 귀가해야 한다. 또한 그 사람도.; Dapat kang umuwî na, patí siyá. 나는 그 사람을 만나기 싫다. 게다가 시간도 없다.; Ayokong makipagkita sa kanyá, at sakâ walá akóng panahón.	moreover
게으른 /게으름	tamád/katámáran[따맏/까따-마-란] 게을러지다; tumamád 게으름 피다; tamarín 그는 교회 가는 것에 게을름을 핀다.; Tinatamád siyáng sumimbá.	lazy/laziness
게이	baklâ[바끌라']	gay
게임	larô[라로'] 게임에서 이기다; magtagumpáy sa larô 게임에 참가하다; makipaglarô	game
게임 상대(동료)	kalarô[깔라로']	game partner
겨	balát ng butil[발랕 낭 부-띨]	husks of grain
겨냥/…하다	puntiryá/ipuntiryá, pumuntiryá[뿐띠랴/이뿐띠랴, 뿌문띠랴]	aiming/aim
겨루다	sumali, maglaban[수마-리리, 막라-반]	compete with
겨울	taglamíg[딱라믹] 겨울엔 밖에 나가기가 싫다.; Ayaw kong lumabás habang taglamíg.	winter
겨울방학	bakasyóng taglamíg[바까시용 딱라믹]	winter vacation
격려/…하다	pagbigáy-siglá/mapasiglá, magpalakás ng loób[빡비가이시글라 /마빠시글라', 막빠라까스 낭 로옵]	encourage

격차	pagkakaibá, diperénsiya[빡까까이바, 디뻬레-ㄴ샤]	gap, difference
견디다	☞인내/~하다	
견본	muwestra[무웨-스뜨라] 견본 좀 보여 주세요.; Ipakita ninyó sa akin ang muwestra.	sample
견인/…하다	hila/hilahin[히-ㄹ라/힐라-힌]	towing/tow
견　　　적	tantiyá[딴띠야] 견적가격; tantiyáng presyo 견적서; papél ng tantiyá sa presyo	estimation
견해(見解)	kuru-kurò[꾸-루꾸-로'] 이것에 대하여 너의 견해는 무엇이냐?; Anó ang kuru-kurò mo tungkól dito?	viewpoint, idea, opinion
결과	resulta[레수-ㄹ따]	result
결국	sa wakás[사 와까스] 결국 그는 찬성했다.; Pumayag siyá sa wakás.	after all, finally
결단코	☞무조건	
결론/…내다	wakás, katapusán/magwakás, tapusin[와까스, 까따뿌산/막와까스, 따뿌-신]	conclusion/conclude
결말	pangwakás na pasiyá[빵와까스 나 빠샤]	an end, ending
결석/…하다	pagliban/lumiban[빡리-반/루미-반] 그는 수업에 결석했다.; Lumiban siyá sa klase.	absence/absent
결승	pangwakás na labanán[빵와까스 나 라바난]	final game
결심/…하다	kapasiyahán/pasiyahán[까빠샤한/빠샤한 나와 함께 갈 것인지 결심해라.; Pasiyahán mo kung ikáw ay sásáma sa akin.	determination/determine
결점/…있는	depekto, sirà/may-depekto[데뻬-ㄱ또, 시-라/마이 데뻬-ㄱ또]	defect, flaw/defective
결점없는	walang depekto[왈랑 데뻬-ㄱ또]	flawless

결정/…하다	pasiyá, kapasiyahán/pasiyahán, magpasiyá[빠샤, 까빠샤한/빠샤한, 막빠샤] 우리가 떠나기 전에 결정해라.; Magpasiyá ka bago tayo umalís.	decision/decide
결정적인	tiyák[띠약] 그는 시험에서 결정적인 실수를 저질렀다.; Ginawâ niyá ang tiyák na pagkakámalî sa iksamen.	decisive
결합/…하다	pagkasasama, pagkahahalò/magsama, maghalò[빡까사사-마, 빡까하하-ㄹ로/ 막사-마, 막하-ㄹ로]	combination/combine
결핵/…의	tisis, pagkatyô/tísiko[띠-시스, 빡까따요/띠시꼬]	tuberculosis/tubercular
결혼/~하다	kasál/ikasál, magkasál[까살/이까살, 막까살] 결혼한 지 3년 됐어요.; Tatlóng taón na akó pong kasál. 결혼했습니까?; Kasál ba kayó? 저는 결혼했습니다.; Kasál akó pô.	marriage/marry
결혼들러리	abay sa kasál[아-바이 사 까살]	groomsman, bridesmaid
결혼들러리(신랑측)	abay na lalaki[아-바이 나 랄라-끼]	groomsman
결혼들러리(신부측)	abay na babae[아-바이 나 바바-에]	bridesmaid
결혼반지	singsíng na pangkasál[싱싱 나 빵까살]	marriage ring
결혼생활	buhay na may-asawa[부-하이 나 마이 아사-와]	married life
결혼식	pagkakasál[빡까까살]	wedding ceremony
결혼정보회사	ahensya ng pag-áasáwa[아헨-ㄴ샤 낭 빡아-아사-와]	marriage agency
결혼피로연	pagdiriwang ng kasál[빡디리-왕 낭 까살]	wedding reception
결혼행진곡	martsa ng kasál[마-르짜 낭 까살]	wedding march
겸손/…한	kahinhinán/mahinhín[까힌히난/마힌힌]	modesty/modest
경감/…하다	pagbabawas/magbawas[빡바바-와스/막바-와스]	reduction/reduce

경계(한계)	hanggán[항간]	boundary
경고/…하다	balà/balaan[바-르라'/발라-안]	warning/warn
경공업	magaáng industriya[마가앙 인두스뜨리-야]	light industries
경과/…하다	paglipas/lumipas[빡리-빠스/루미빠-스]	passage/pass
경기	larô[라로'] 그 경기는 재미가 없었다.; Waláng katúwaan ang laróng iyán. 경기 결과; resulta ng larô	game
경기장	láruan[라-루안]	stadium
경도(經度)	longhitúd[롱히뚣]	longitute
경련(의학)/…이 나다	pulikat/pulikatin[뿔리-깓/뿔리까-띤] 수영하는 사람에게 경련이 났다.; Ang manlalangoy ay pinulikat.	clamp
경매/…하다	subasta/magsubasta[수바-스따/막수바-스따]	auction/sell at auction
경멸/…하다	pangmamatá, panghahamak/humamak, manghamak[빵마마따, 빵하하-막 /후마-막, 망하-막]	disdain/disdain
경멸하는	mapanghahamak, mapandustá[마빵하하-막, 마빤두스따] 경멸하는 시선; tingíng mapanghahamak	disdainful
경보(警報)/…를 내리다	hudyát/humuydát[후지얕/후무지얕]	alert/sound alert-signal
경비(經費)	gastos[가-스또스]	expense, cost
경비(警備)/…하다	bantáy/bantayán, magbantáy[반따이/빤따얀, 막반따이]	guard/keep guard
경비실	bantayan[반따얀]	guardroom
경비원	bantáy[반따이] 경비원을 부르세요.; Tawagan ninyó ang bantáy.	guard
경사(傾斜)/…진	dahiling/madahiling[다히-르링/마다히-르링]	inclination/inclined

경사(慶事)	bagay na batiin[바-가이 나 바띠-인]	matter to congratulate
경사스러운 날	maligayang araw[말리가-양 아-라우]	happy day
경시하는	waláng-halagá[왈랑 할라가]	neglecting
경연대회	paligsahan[빨릭사-한]	contest
경영/…하다	pangangasiwà/mangasiwà, mamahalà[빵앙아시-와/망아시-와', 마마하-르라']	management/manage a firm
경영자	tagapangasiwà[따가빵아시-와']	manager
(~) 경우	sakalì[사까-르리] 후안이 올 경우, 이 책을 그에게 주어라.; Sakaling dumatíng si Juan ay ibigáy mo sa kanyá ang libróng itó.	in case
경우(때)	kalágayan[깔라-가얀] 경우에 따라; ayon sa kalágayan	case
경유(輕油)	krudong langís[끄루-동 랑이스]	crude oil
경유/…하다	pagdaán/dumaán[빡다안/두마안]	passing/pass by
경작/…하다	kalinangán/maglináng[깔리낭안/막리낭]	cultivation/cultivate
경작지	linang, kabukiran[리낭, 까부끼-란] 그는 넓은 경작지를 소유하고 있다.; May maluwág na kabukiran siyá.	farmland
경쟁/…하다.	paglalaban, kompeténsiya/maglaban[빡랄라-반, 꼼뻬떼-ㄴ시야/막라-반]	competition/compete
경쟁자	kalaban[깔라-반] 저 학생은 반에서 경쟁자가 없다.; Ang estudyanteng iyón ay waláng kalaben sa klase.	competitor
경제	ekonomiya, katipirán[에꼬노미-야, 까띠뻬란] 국가의 경제는 매우 중요하다.; Ang katipirán ng isáng bansâ ay lubháng importante. 경제의(~와 관련된); pangkabuhayan[빵까부하-얀]	economy
경제공황	guló sa pananalapî[구-르로' 사 빠나날라삐']	economic crisis

경제성장	unlad ng ekonomiya[우-ㄴ랃 낭 에꼬노미-야] 한국의 경제성장은 기적과 같다. Ang unlad ng ekonomiya ay tulad ng himalâ.	economic growth
경제학	ekonómiko[에꼬노-미꼬] 경제학자;ekonomista[에꼬노미-스따]	economics
경찰	pulís, pulisyá[뿔리스, 뿔리샤] 경찰에 즉시 신고해라.; Iulat mo ang pulís kaagád. 경찰력; pulisyá	police/policeman
경찰서	himpilan ng pulisyá[힘삐-ㄹ란 낭 뿔리샤]	police station
경축/…하다	pandiriwang/magdiwang[빤디리-왕/막디-왕] 그는 어제 그의 생일을 경축했다.; Nagdiwang siyá ng kanyáng kaarawán kahapon.	celebration/celebrate
경축일	pistá[삐스따]	holiday, fiesta
경치	tánáwin[따-나-윈]	scenery
경험/…하다	karanasán/magdanas, dumanas[까라나산/막다-나스/두마-나스], 그 마을은 작년에 큰 변화를 경험했다.; Ang bayan ay nagdanas ng malakíng pagbabago sa nakaraáng taón. 경험 많은; may maraming karanasán 경험 없는; waláng karanasán	experience/experience
계급(지위)	ranggo[라-ㅇ고]	rank
계급(신분)	klase[끌라-세]	class
계급사회	lípunan ng[리-뿌난 낭] klase	class society
계단	hagdanan[학다-난]	stairway
계란/…을 낳다	itlóg/umitlóg[이뜰록/움이뜰록] 계란이 많다; maitlóg 계란장사; mag-iitlóg	egg/lay egg
계산/…하다¹	kalkulá/kalkulahín[깔꿀라/깔꿀라힌] 저의 계산이 잘못됐네요.; Malî pô	calculation/calculate

	ang kalkulá ko.	
계산/…하다²	☞지불/~하다, 계산은 선불로 하나요?; Dapat ba akóng magbayad muna?	payment/pay
계산대	kahero[까헤-로]	cashier
계산서	kuwenta[꾸웨-ㄴ따] 계산서 주세요.; Ákina pô ang kuwenta. 계산서가 잘못됐어요.; Malî pô ang kuwenta.	bill
계속/…하다	pagtutulóy/itulóy[빡뚜뚤로이/이뚤로이]	continuation/continue
계속되는	tulúy-tulóy[뚤로이 뚤로이] 계속되는 차량의 흐름; Ang tulúy-tulóy na pagdaraán ng sasakyán.	continuing
계속해서(계속적으로)	patulúy-tulóy[빠뚤루이 뚤로이] 그냥 계속해서 해라.; Patulúy-tulóy lang.	continuously
계승/…하다	paghalili/humalili[빡할리-ㄹ리/후마리-ㄹ리] 그는 관리자로서 후안을 계승했다.; Siyá ang humalili bilang mánedyér.	succession/succeed
계승하는 사람	kahalili[까할리-ㄹ리]	successor
계십니까?(계세요?)	Tao pô?[따-오 뽀']	Hello!, Excuse me!
계약/…하다	kontrata, kasunduan/makipagkásundô, makipagkontrata[꼰뜨라-따, 까순두-안/마끼빡까-순도', 마끼빡꼰뜨라-따] 계약을 체결할 필요가 있다.; Kailangan ang pakikipagkasunduan. 계약기간은 5년이다.; Ang panahón ng kontrata ay limáng taón.	contract/contract
계약서	kontrata[꼰뜨라-따]	contract document
계약 파기	pagsirà ng[빡시-라' 낭] kontrata	revocation of contract

39

계절	panahón[빠나혼]	season
계좌	kuwenta[꾸웨-ㄴ따] 이 은행에서 계좌를 열고 싶습니다.; Gustó ko pang buksán ang kuwenta sa bangkong itó.	account
계좌 잔액	balansa ng[발라-ㄴ사 낭] kuwenta	balance of account
계획/…하다	plano, balak/iplano, magbalak[쁠라-노, 바-라락/이쁠라-노, 막바-르락] 아직 계획이 없다.; Walâ pang balak. 계획이 다 틀어졌어.; Sirâ nang ganáp ang plano.	plan/make a plan
계획대로	ayon sa plano[아-욘 사 쁠라-노]	as planned
고갈/…되다	pagkaubos/ubusin[빡까우-보스/우부-신]	exhaustion/be exhausted
고고학	aghám ng lumang kultura[아그함 낭 루-망 꿀뚜-라]	archeology
고구마	kamote[까모-떼]	sweet potato
고귀/…한	kamaharlikaán/maharlikâ[까마하르리까안/마하르리까']	nobility/noble
고급(高級)	mataás na klase[마따아스 나 끌라-세]	high class
고기	karné[까르네]	meat
고기를 굽다	iihaw ang[이이하-우 앙] karne	grill the meat
고기잡이를 하다	mangisdâ[마이스다']	catch fishes
고대(古代)	unang panahón[우-낭 빠나혼]	ancient times
고도(高度)	taás[따아스]	altitude
고등학교	mataás na páaralán, high school[마따아스 나 빠-아랄란, 하이 스쿨](※ 필리핀은 중, 고등학교가 하나로 통합된 학제임.)	high school
고려/…하다	pag-iisip, konsiderasyón/isipin, ipalagáy[빡이이-싶, 꼰시더라숀/이시-삔,	consideration/consider

	이빨라가이] 나는 차량 구매를 고려하고 있다; Ipinalálagáy kong bumilí ng kotse.	
고래	balyena[발예-나]	whale
고르다	pumilì, humirang[뿌미-리, 후미-랑] 골라 주세요.; Pakipili ninyó sa akin.	select
고막(신체)	salamín sa tainga[살라민 사 따이-ㅇ아]	eardrum
고맙습니다.	Salamat pô[쌀라-맡 뽀ˈ]	Thank you.
고모	tiyá sa amá[띠야 사 아마]	paternal aunt
고모부	asawa ng tiyá sa amá[아사-와 낭 띠야 사 아마]	husband of paternal aunt, uncle
고무(鼓舞)/~하다	☞장려/~하다	
고무	goma[고-마]	rubber
고무장갑	gomang kuwentas[고-망 꾸웨-ㄴ따스]	rubber gloves
고무줄	lástiko[라-스띠꼬] (머리)고무줄로 묶다; italì (ang buhók) sa lástiko.	rubber band
고발/…하다	sakdál/isakdál, magsakdál[삭달/이삭달, 막삭달] 그는 절도죄로 고발되었다.; Isinakdál siyá sa kasalanang pagnanakaw.	accusation/accuse in court
고백/…하다	pag-amin/umamin, aminin[빡아-민/움아-민, 아미-닌] 그는 죄를 지었음을 고백했다.;Inamin niyáng siyá'y may-kasalanan.	confession/confess
고사성어	nápakatandáng kawikaán[나-빠까딴당 까위까안]	old idiomatic phrase
고상한	makisig, elegante[마끼-식, 엘레가-ㄴ떼]	noble, elegant

고소/…하다	☞고발/~하다	
고속도로	ekpreswey[엑스쁘레-스웨이]	express way
고아/…원	ulila/bahay-ampunan[우리-르라/바-하이 암뿌-난]	orphan/orphanage
고양이	pusà[뿌-사']	cat
고요하다	kalma, tahimik[까-르마, 따히-믹]	calm, quiet
고용/…하다	pagpapaupa/umupa, umarkilá[빡빠빠우-빠/움우-빠, 움아르낄라] 그 호텔은 요리사 20명을 고용하고 있다.; Umúúpa ng dalawampúng kusinero ang otél.	employment, hire/employ, hire
고원	taás[따아스]	plateau
고위계층	mataás na ranggo[마따아스 나 라-ㅇ고]	high class
고유한(…의)	waláng-katulad, tangi, nátatangi[왈랑 까뚜-르랃] 한국 고유의 전통; Ang nátatánging tradisyón ng Korea	proper, peculiar
고유명사(문법)	pangngalang pantangi[빵ㅇ아-르랑 빤따-ㅇ이']	proper noun
고의	pagsadyâ[빡사쟈']	intention, purpose
고의적인(고의적으로)	sinasadyâ[시나쟈'] 고의가 아닌; di-sinasadyá 그는 고의적으로 실수를 했다.; Nakágawâ siyá ng sinasadyáng pagkakamalî.	intentional(intentionally)
고장	lokalidád, lugár[로깔리닫, 루가르]	locality, place
고장(故障)/…나다	pagkasirà/masirà[빡까시-라'/마시-라']	breakdown/get out of order
고적	makasaysayang guhò[마까사이사-양 구-호']	historic ruins
고전문학	klásikong literatura[끌라-시꽁 리떼라뚜-라]	classic culture
고전의	klásiko[끌라-시꼬]	classic

고정된	nakatakdâ[나까딱다']	fixed
고지	kabundukán, matataás na lugár[까분두깐, 마따따아스 나 루가르] 적의 고지를 점령하다.; sakupin ang matataás na lugár ng kaaway.	highlands
고집/…센	kulit/makulít[꾸-르릿/마꿀릿]	stubborn
고체	sólidóng bagay[소-르리동 바-가이] 얼음은 고체다.; Ang yelo ay isáng sólidóng bagay.	solid matter
고추(야채)	sili[시-르리]	hot pepper
고추장	pandikít na yarî sa puláng sili[빤디낕 나 야리' 사 뿔랑 시-르리]	red pepper paste
고층빌딩	nápakataás na gusali[나-빠까따아스 나 구사-르리']	skyscraper
고치다	☞수리/~하다	
고통/…스럽다	sakít/masakít[사낕/마사낕]	pain/painful
고통을 주다	manakít[마나낕] 너의 친구에게 고통을 주지마라.; Huwág mong manakít ang iyóng kaibigan.	give pain
고향	lupang-tinubuan[루-빵 띠누부-안] 고향에 돌아가다.; bumalík sa lupang-tinubuan, 고향이 어디세요?; Saán ang lupang-tinubuan ninyó?	native land
고해성사/고해하다	kumpisál/magkumpisál[꿈삐살/막꿈삐살] 그는 신부에게 자신의 죄들을 고해하였다.; Nagkumpisál siyá sa pari ng kanyáng mga kasalanan.	confession
고혈압	altapresiyón[알따쁘레시욘]	high blood pressure
곤봉(경찰용)	batutà[바뚜-따']	baton
곤충	insekto[인세-ㅋ또]	insect
곧	agád, sa madalíng panahón[아갇, 사 마달링 빠나혼] 그 사람 곧 도착	soon

	할 거야.; Daratíng siyá dito agád. 우리는 곧 만날 것이다.; Magkikíta tayó sa madalíng panahón. 곧 시험이야.; May eksamen sa madalíng panahón.	
곧바로	kaagád[까아갇] 곧바로 집에 돌아 가거라.; Kaagád kang umuwî.	immediately
골(스포츠)	gol[골]	goal
골목(길)	eskina[에스끼-나]	side street, alley
골절	balí ng buto[발리 낭 부-또]	fracture of bone
곰	oso[오-소]	bear
곰팡이/…가 나다	amag/amagín[아-막/아마긴] 곰팡이가 난, 곰팡내 나는; maamag	mold/mold
곱다(외관상)	magandá[마간다] 고운 피부; magandáng balát	beautiful, good-looking
곱다(마음)	mabaít[마바일] 나는 마음이 고운 여자와 결혼하고 싶다.; Gustó kong mag-asawa ng mabaít na babae.	kind, kind-hearted
곳(장소)	lugár[루가르] 그 곳을 좀 아르켜 주세요.; Pakiturò ninyó sa akin ang lugár.	place
공	bola[보-라] 공을 차다; sipain ang bola[시빠-인 앙 보-라]	ball
공간	lugár na waláng lamán[루가르 나 왈랑 라만]	empty space
공개/…하다	pagpapakita/magpakita, ipakita[빡빠끼-따/막끼-따, 이빠끼-따]	opening/open
공격/…하다	salakay/sumalakay[살라-까이/수말라-까이] 공격이 최선의 방어다.; Ang pagsalakay ang pinakámagandáng pagtátanggól.	attack/attack
공격적	pansalakay[빤살라-까이]	aggressive
공경/…하다	paggalang/gumalang, igalang[빡가-르랑/구마-르랑, 이가-르랑]	respect/respect

44

공공기관	pangmadláng instituto[빵마들랑 인스띠뚜-또]	public institute
공공복지	pangmadláng kabutihan[빵마들랑 까부띠-한]	public welfare
공공생활	buhay ng taóng bayan[부-하이 낭 따옹 바-얀]	communal life
공공의	pangmadlâ, públiko[빵마들라', 뿌-브리꼬]	public
공공재산	pangmadláng pag-áari[빵마들랑 빡아-아-리']	public property
공군	hukbóng panghimpapawíd[후끄봉 빵힘빠빠-윋]	airforce
공급/…하다	pagtustós/magtustós, tustusán[빡뚜스또스/막뚜스또스, 뚜스뚜산] 우리 학교는 학생들에게 책을 공급한다.; Ang aming páaralán ay nagtútustós ng mga aklát sa mga estudyante.	supply/supply
공기	hangin[하-○인]	air
공기압력	presyón ng hangin[쁘레시온 낭 하-○인]	pressure of air
공동	pagtutulong-tulong[빡뚜뚜-롱뚜-롱]	cooperation
공동경영	pinagsamang pángasiwaán[삐낙사-망 빠-○아시와안]	joint management
공동묘지	sementeryo[세멘떼-료]	cemetry
공동사회	taong bayan[따-옹 바-얀]	commnity
공동선언	makaisáng pagpapahayag[마까이상 빡빠빠하-약]	joint declaration
공동연구	makaisáng pananaliksík[마까이상 빠나나릭식]	joint research
공동작업	pinagsamang trabaho[삐낙사-망 뜨라바-호]	joint work
공로(空路)	daán sa himpapawíd[다안 사 힘빠빠-윋]	air route
공로(功勞)	dakilang gawâ[다끼-ㄹ랑 가와']	meritorous deed
공립학교	páaraláng bayan[빠-아랄랑 바-얀]	public school

공무	tungkuling panggobyerno[뚱꾸-ㄹ링 빵고비에-르노]	official duties
공무집행	isagawâ ng opisyal na tungkulin[이사가와' 낭 오삐-살 나 뚱꾸-ㄹ린]	execution of official duties
공무원	kawaní ng gobyerno[까와니 낭 고비에-르노]	government employee
공백	blanko, waláng lamán na espasyo[블랑-ㅇ꼬, 왈랑 라만 나 에스빠-쇼]	marginal space
공부/…하다	pag-aaral/mag-aaral[빠가아-랄/마가-랄] 그는 공부를 못한다.; Siyá ay tamád sa pag-aaral. 그는 공부를 잘한다.; Siyá ay maayos sa pag-aaral. 나는 따갈로그어를 열심히 공부하고 있다.; Nag-aaral akó ng Tagalog nang mabuti.	study
공부 잘하는(열심히 하는)	palaarál[빨라아랄]	studying well
공사(工事)/…하다	pagtatayô/magtayô[빡따따요'/막따요']	construction/construct
공사장	lugár ng pagtatayuán[루가르 낭 빡따따유안]	construction site
공산주의/…자	komunismo/komunista[꼬뮤니-스모/꼬뮤니-스따] 공산주의에서는 자유를 잃는다.; Sa komunismo, nawalâ ang kalayaan. 그 대통령은 공산주의자다.; Ang pangulo ay isang komunista.	communism/communist
공산품	mga produkto ng indústriyá[망아 쁘로두-키도 낭 인두-스뜨랴]	industrial products
공상(空想)/…하다	guniguní/máguniguní, gunígunihín[구니구니/마-구니구니, 구니구니힌]	imagination/imagine
공상과학소설	nobela na likháng syentípiko[노베-ㄹ라 나 릭항 시엔띠-삐꼬]	science fiction
공상과학영화	sine na[시-네 나] likháng syentípiko	science fiction film
공식(수학)/공식화하다	pagpanukala/magpanukala[빡빠누까-ㄹ라/막빠누까-ㄹ라]	formular/formalize
공식에 따라	ayon sa[아-욘 사] pagpanukala	according to formular
공식적으로 알리다	magpahayag nang opisyál[막빠하-약 낭 오삐샬]	announce officially

공식적인	opisyál[오삐샬]	official
공약(公約)	pangakó pampubliko[빵아꼬 빰뿌브리-꼬]	public promise
공업	indústriyá[인두-스트리야]	industry
공업의(공업용의)	pang-indústriyá, industriyál[빵인두-스트리야, 인두스트리얄]	industrial
공업지역	purók na[뿌록 나] pang-indústriyá	industrial area
공업화	pagpapaunlad ng[빡빠빠우-ㄴ랏 낭] indústriyá	industrialization
공연	pagpapalabás na pangmadlâ[빡빠빠라바스 나 빵마들라']	public performance
공예(工藝)	pang-indústriyá na sining[빵인두-스트리야 나 시닝]	industrial arts
공원	parke[빠-르께]	park
공유(共有)	makaisáng pagkamay-arì[마까이상 빡까마이 아-리']	joint ownership
공유하다	makipagkáisá sa[마끼빡까-이사 사] pagkamay-arì	own jointly
공작(孔雀)	paboreál[빠보레알]	peacock
공작(公爵)/…부인	duke/dukesa[두께/두께-사]	duke/duchess
공장	págawaan, pábriká[빠-가와안, 빠-브리까] 저의 남편은 자동차공장에서 일하고 있어요.; Nagtátrabáho pô ang mister ko sa pábrikáng kotse.	factory
공장 노동자	manggagawà sa[망가가-와' 사] págawaan	factory worker
공적(功績)	meritoryong gawâ[메리또-룡 가와']	meritorious deed
공정(公正)/…한	katárúngan/makatárúngan[까따-루-ㅇ안/마까따-루-ㅇ안]	justice/just
공제/…하다.	pagbabawas/magbawas, bawasín[빡바바-와스/막바와스, 바와신]	subtraction/subtract
공주	prinsesa[쁘린세-사]	princess

공증/…하다	notaryo/magnotaryo[노따-료/막노따-료]	notary/notarize
공지(公知)/…하다	pahayag/ipahayag, magpahayag[빠하-약/이빠하-약, 막빠하-약] 대통령이 새로운 정책을 공지하였다.; Nagpahayag bagong pátakarán ang pangulo.	public annoucement/announce
공지사항	bagay ng pahayag[바-가이 낭 빠하-약]	article of announcement
공짜/…로 주는	waláng bayad/libre[왈랑 바-얃/리-브레] 이 세상에 공짜 점심은 없다.; Waláng libreng tanghalian sa mundong itó.	free charge
공채(公債)	garantiyá ng publikong utang[가란띠야 낭 뿌브리-꽁 우-땅]	public loan
공평/…한	☞공정(公正)/~한	
공포/…에 질린	takot, sindák/takót, masindák[따-꼳, 신닥/따꼳, 마신닥]	fright/frightful
공포영화	nakakatakot na sine[나까까-꼳 나 시-네]	horror film
공항	páliparan[빠-리리빠란] 공항까지 배웅하겠습니다.; Ihahatíd pô kitá sa páliparan. 공항에 어떻게 갑니까?; Paáno pong pupuntá sa páliparan?	airport
공헌/…하다	abuloy, kontribusyón/magabuloy, magkontribusyón [아부-로이, 꼰뜨리부숀/막아부-로이, 막꼰뜨리부숀]	contribution/contribute
공화(국)	repúblika[레뿌-브리까]	republic
공황(恐慌)	guló[굴로]	panic
공휴일	pistá[삐스따]	holiday
과(책)	kabanata[까바나-따]	section
과거/…의	ang nakaraán/nakaraán[앙 나까라안/나까라안]	the past/past
과거시제	panahóng pangnagdaán[빠나홍 빵낙다안]	past tense

과녁	patamaán[빠-따마안]	target
과부	biyuda, balong babae[비유-다, 바-르롱 바바-에]	widow
과부 신세(생활)	pagkabalo[빡까바-르로]	widowhood
과속/…하다	sobrang tulin/magpatulin nang labis[소-브랑 뚜-르린/막뚜-르린 낭 라-비스] 과속하지 마세요.; Huwág magpatulin ninyóng nang labis.	overspeed/overspeed
과식/…하다	sobrang kain/kumain nang labis[소-브랑 까-인/꾸마-인 낭 라비스] 나는 저녁 식사를 과식했다.; Kumain akó ng hapunan nang labis.	overeating
과음/…하다	sobrang inóm/uminóm nang sobra[소-브랑 이놈/우미놈 낭 소-브라] 과음 때문에 머리가 아프다.; Masakát ang ulo dahil sa sobrang inóm.	excessive drinking/drink too much
과일	prutas, bunga[쁘루-따스, 부-ㅇ아] 그 소녀는 지금 과일을 먹고 있다.; Kumakain ang batang babae ng prutas na.	fruit
과일가게	tindahan ng purtas[띤다-한 낭 쁘루-따스]	fruit shop
과자	kendi[켄디]	confectionery
과장(誇張)/…하다	kalabisan/magpalabis[깔라비-산/막빠라-비스]	exaggeration/exaggerate
과적(過積)/…하다	kargá nang labis[까르가 낭 라비스]/magkargá[막까르가] nang labis	overload/overload
과정(過程)	pagpapatuloy[빡빠-빠뚜-르로이]	process
과학/…적인	siyénsiyá, aghám/siyentípikó, makaaghám[시예-ㄴ샤, 아그함 /시엔띠-삐꼬, 마까아그함]	science/scientific
과학자	siyentípikó[시엔띠-삐꼬] 그는 과학자이다.; Siyá ay isáng siyentípikó.	scientist
관객	mánonoód[마-노노온] 그 경기에 많은 관객이 모였다.; Maraming mánonoód sa larô.	audience

관계(關係)/…를 맺다	kaugnayan/iugnáy[까우그나-얀/이우그나이]	relation/relate
관계대명사(문법)	panghalíp sa pamanggít[빵할맆 사 빠망긷]	relative pronoun
(~에)관계없이	kahit anó[까-힡 아노] 나이와 성별에 관계없이; kahit anóng edád at kasarian	regardless of
관광/…객	turismo/turista[뚜리-스모/뚜리-스따]	tourism/tourist
관광지	turismong lugár[뚜리-스몽 루가르]	tourist resort
관리/…하다	pamamahalà/mamahalà[빠마마하-라'/마마하-라'] 루이스가 공장을 관리할 것이다.; Si Luis ang mamámahalà sa págawaan.	management/manage
관리자	tagapamahalà[따가빠마하-라']	manager
관사(冠詞:문법)	pantukoy[빤뚜-꼬이]	article
관세	bayad sa adwana[바-얃 사 아드와-나]	customs duty
관세청	kawanihán ng[까와니한 낭] adwana	customs office
관세환급	pagsasaulì ng[빡사사우-리' 낭] adwana	customs refund
관세를 내다	magbayad ng[막바-얃 낭] adwana	pay the tariff
관세를 부과하다	magpataw ng[막빠-따우 낭] bayad sa adwana	impose customs duties
관심/…을 갖다	malasakit/ipagmalasakit[말라사-낃/이빡말라사-낃] 그 사람에 대한 너의 관심은 매우 크다.; Nápakalakí ang malasakit mo sa kanyá.	concern/show concern
관습	ugalì, kaugalián[우가-리', 까우갈리안] 그들의 관습은 우리와 다르다.; Ibá ang kaniláng ugalì sa atin.	custom
관장(灌腸)/…하다	labatiba/maglabatiba[라바띠-바/막라바띠-바]	enema/give an enema
관절	kasúkasuan[까수까수안] 관절이 아프다.; Masakít ang aking kasúkasuan.	joint

50

관절부위	paligid ng[빨리-기드 낭] kasúkasuan	part of joint
관절염	rayuma, artritis[라유-마, 아르뜨리-띠스]	arthritis
관점	pagkukurò[빡꾸꾸-로']	point of view
관중	☞관객	
관중석	mga upuan ng mánonoód[망아 우뿌-안 낭 마-노노옫]	seats for audience
관찰/…하다	puná, pagmamanmán/pumuná, magmanmán[뿌나, 빡마만만/뿌무나, 막만만] 그가 하는 것을 관찰해라.; Magmanmán ka sa kaniláng ginágawà.	observation/observe
관찰력이 예민한 사람	taong mapagpuná[따-옹 마빡뿌-나']	man of keen observation
(~에)관하여(관해)	tungkol sa[뚱-ㅇ꼴 사] 그는 한국에 관해 많은 질문을 했다.; Tinanóng niyá marami tungkol sa Korea.	about
광견병	rabis, kamandág na aso[라-비스, 까만닥 낭 아-소]	rabies
광고/…하다	anunsiyó/mag-anunsiyó[아눈시요/막아눈시요]	advertisement/advertise
광대한	malawak[말라-왁]	vast, exrensive
광부	magmiminá, minero[막미미나, 미네-로] 광부의 인생은 항상 위험하다.; Ang buhay ng magmiminá ay laging nasa panganib.	miner
광물	minerál[미네랄]	mineral
광물자원	pinagkukunan ng[삐낙꾸꾸-난 낭] mineral	mineral resource
광산	mina[미-나]	mine
광장	plasa[쁠라-사]	plaza
광주리	bilao[빌라-오]	bamboo basket
굉장한	kahanga-hangá[까항아-ㅇ아 항아]	wonderful

괜찮습니다.	Walâ pong problema.[왈라・ 뽕 쁘로블레마]	No problem.
교과서	aklát-pampáaralán[아끌랕빰빠-아랄란]	textbook
교단	plataporma ng gurò[쁠라따뽀르마 낭 구-로'] 선생으로 교단에 서다; maging gurò	teacher's platform
교류(交流)/…하다	pálitan/magpalít[빨릳/막빨맅]	interchange/interchange
교미(交尾)/…하다	kantót/kumantót[깐똗/꾸만똗]	copulation/copulate
교사	titser, gurò[띠-처, 구-로']	teacher
교수(敎授)	propesór[쁘로뻬소르]	professor
교실	silíd-aralán[실릳아랄란]	classroom
교외	paligid-lungsód[빨리-긷룽솓]	suburb
교육/…하다	pagtuturò, edukasyón/magturò, turuan[빡뚜뚜-로', 에두까숀/막뚜-로', 뚜루-안] 교육이 해결책이다.; Edukasyón ang solusyón.	education/educate
교육부	Ministro ng[미니-스뜨로 낭] edukasyón	ministry of education
교장	punong-gurò[뿌-농 구-로']	principal
교제/…하다	pagsasama-sama/magkásama[빡사사-마사-마/막까사마]	association/associate
교차로	kanto, krus na daán[까-ㄴ또, 끄루스 나 다안]	crossroad
교통	trápiko[뜨라-삐꼬] 서울은 항상 교통이 복잡하다.; Ang Seoul ay palaging masikip sa trapiko.	traffic
교통경찰	trápikong pulís[뜨라-삐꽁 뿔리스]	traffic police
교통법규	palakad sa[빨라-깓 사] trápiko 그 운전수는 교통법규를 어겼다.; Ang tsuper na iyán ay lumabág ng palakad sa trápiko.	traffic regulation

교통사고	aksidente[악시데-ㄴ떼] sa trápiko 그 교통사고는 운전부주의가 원인이다.; Ang aksidente sa trápiko ay dahil sa bulagsák na pagmamaneho.	traffic accident
교통사고를 당하다	magdanas ng[막다-나스 낭] aksidente sa trápiko	suffer a traffic accident
교통사고를 내다	idahilán ang[이다힐란 앙] aksidente sa trápiko	cause a traffic accident
교통수단	paraán ng[빠라안 낭] trápiko	traffic means
교통신호등	ilaw[이-ㄹ라우] trápiko	traffic signal
교향곡	simponya[심뽀-냐]	symphony
교환/…하다	pagpapapalít/ipagpalít, magpalít[빡빠빨릳/이빡빨릳, 막빨릳] 교환되나요?; Puwede pô bang magpalít?	exchange/exchange
(~을)교환하여	bilang palít sa[비-ㄹ랑 빨릳 사]	in exchange of
교회	simbahan[심바-한] 우리 가족은 일요일마다 교회에 간다.; Ang ating pamilya pumúpuntá sa simbahan tuwíng Linggó.	church
구(九)	siyám, nuwebe[시얌, 누웨-베]	nine
구(句)	parirala[빠리라-ㄹ라]	phrase
구걸/…하다	pagpapalimós/magpalimós[빡빠빨리모스/막빨리모스]	begging/beg
구경거리	pánoorin[빠노오린]	something worth watching
구경하다	manoód[마노옫]	spectate
구경꾼	mirón, mánonoód[미론, 마-노노옫]	spectator
구겨지다/구기다	gumusót/gusutín, maggusót[구무솥/구수띤, 막구솥] 옷을 구기지 마라.; Huwág mong gusutín ang damít.	be rumpled/rumple
구두	sapatos[사빠-또스] 나는 구두 한 켤레를 샀다.; Bumilí akó ng isang	shoe

		pares ng sapatos.	
구레나룻	balbás[발바스]		whiskers
구멍/…난	butas/butás[부-따스/부따스]		hole/perforated
구멍을 뚫다	butasan, bumutas[부따-산, 부무-따스]		make a hole
구박하다	taratuhin nang masamâ[따라뚜-힌 낭 마사마']		maltreat
구별짓다	ikaibá[이까이바]		differentiate
구성/…하다	konstitusiyón, pagkakábuô/bumuô[꼰스띠뚜시욘, 빡까까-부오'/부무오'] 7일은 일주일을 구성한다.; Pitóng araw ang bumúbuô ng isáng linggó.		constitution/constitute
구어(口語)	pang-araw-araw na salitá[빵아-라우아-라우 나 살리따']		colloquial speech
구역	purók, poók, distrito[뿌록, 뽀옥, 드스뜨리-또] 그는 좋은 구역에 거주하고 있다.; Sa isáng mabuting purók siyá ay nakatirá.		area, district,
구월(9월)	Septiyembre[셉띠예-ㅁ브레]		September
구유	dambangan[담바-ㅇ안]		trough
구절(문법)	parirala at sugnáy[빠리라-ㄹ라 앋 수그나이]		phrase and sentence
구정	Araw ng Bagong Taón ng kalendaryong lunar[아-라우 낭 바-공 따온 낭 깔렌다-룡 루-나]		lunar New Year's day
구조(構造)	balangkás[발랑까스]		structure
구조(救助)/~하다	pagliligtás/iligtás, magligtás[빡리릭따스/일릭따스, 막리ㄱ따스] 그 개는 그 사람의 생명을 구조했다.; Iniligtás ng aso ang buhay niyá.;		rescue/rescue
구좌	☞계좌		
구체적인	konkreto[꽁끄레-또] 구체적으로 얘기합시다.; Gawín pô natin ang		concrete

	konkretong pakikipag-usap.	
구충제	pampatay na bulati sa bituka[빰빠-따이 나 불라-띠 사 비뚜-까] 구충제를 먹다; uminóm ng pampatay na bulati sa bituka	vermicide
구호	banság[반삭] 그 당시 우리의 구호는 "우리도 한 번 잘 살아 보세!"였다.; Noóng panahón, ang aming banság ay "Mamuhay tayo nang maayos balang araw!"	motto, slogan
국(음식)	sopas[소-빠스] 국을 드시겠어요?; Gustó ba ninyóng kumain ng sopas?	soup
국가(國家) /…의	bansâ/pambansâ[반사'/빰반사']	country
국가(國歌)	pambansáng awit[빰반상 아-윋] 그들은 모두 서서 국가를 불렀다.; Kinantá niláng lahát ang pambansáng awit nang tayô.	national anthem
국경	pambansáng hangganan[빰반상 항가-난] 그들은 국경을 통과하였다.; Silá ay dumaán ng pambasáng hangganan.	border of a country
국고채	pambansáng utang[빰반상 우-땅]	national loan
국고채권	garantíya sa[가란띠-야 사] pambansáng utang	national bond
국기	pambansáng watawat[빰반상 와따-왇] 일출시간에 국기를 게양해라.; Itaás mo ang pambansáng watawat sa oras ng pagsikat ng araw.	national flag
국기에 대한 예절	magandáng panuntunan sa[마간당 빠눈뚜-난 사] pambansáng watawat	etiquette to national flag
국내	loób ng bansâ[로옵 낭 반사']	inside of the country
국내선(항공)	pambansáng airline[빰반상 에어라인]	domestic airline
국립(國立)의	pambansâ[빰반사'] 국립대학: pambansámg unibersidád	national
국민	mga tao ng bansâ[망아 따-오 낭 반사']	a nation

국영	pambansáng pangangasiwà[빰반상 빵앙아시-와']	government management
국자/…로 푸다	salók/sumalók, salukín[살록/수말록, 살루낀] 국자로 국을 푸다; salukín ang sopas	scoop
국적	kabansaán, pagkabansâ, nasyonalidád[까반사안, 빡까반사', 나쇼날리닫]	nationality
국제적인	internasiyonál, pandaigdíg[인떠나시요날, 빤다익딕]	international
국제공항	internasiyonál na páliparan[인떠나시요날 나 빠-르리빠란]	international airport
국제전화	internasiyonál na tawag[인떠나시요날 나 따-왁]	international call
국화(꽃)	krisántemo[끄리산-ㄴ떼모]	chrysanthemum
국화(國花)	pambansáng bulaklák[빰반상 불락락]	national flower
국회	pambansáng pagtitipon[빰반상 빡띠띠-뽄]	national assembly
군고구마	inihaw na kamote[이니-하우 나 까모-떼]	roasted sweet potato
군대(軍隊)	hukbó[훅보] 그는 작년에 군대를 제대했다.; Itiniwalág niyá ang hukbó noóng isáng taón.	troops
군도(群島)	kapuluán[까뿔루안]	archipelago
군중	karamihan ng tao[까라미-한 낭 따-오] * 적은 인원의 군중; umpukan[움뿌-깐]	crowd of people
군함	bapór-de-gera[바뽀르 데 게라]	war ship
굴	tunél[뚜넬]	tunnel
굴(해산물)/굴을 따다	talabá[딸라바]/manalabá[마날라바]	oyster/gather oysters
굴뚝	páusukán[빠-우수깐]	chimney
굵다	makapál[마까빨] 굵은 실; makapál na sinulid	thick

굽다(고기)	iihaw, ihawin[이이-하우, 이하-윈] 고기를 맛있게 구워라.; Ihawin mo ang karné nang masaráp.	roast
굽다(빵)	magtinapay[막띠나-빠이]	bake bread
굽다(과자)	magkeyk[막께이끄]	bake cake
궁궐(宮闕)	palasyo[빨라-쇼] 왕은 궁궐에 살고 있다.; Ang harì ay nakatirá sa palasyo.	palace
궁금증	pagkamausisà, pagkausyoso[빡까마우시-사', 빡까우쇼-소]	curiosity
궁금한	mausisà, usisero, usyoso[마우시-사', 우시세-로, 우쇼-소] 나는 궁금한 건 못 참는다.; Hindî ko matiís ang usyosong bagay.	curious
궁금해 하다	gustóng máláman[구스똥 마-르라-만]	wonder
궁지	mahirap na kalágayan[마히-랂 나 깔라-가얀]	predicament, corner
권	책을 세는 단위; yunit ng pagbilang sa aklát 책 3권; tatlóng aklát	
권력	kapangyarihan[까빵야리-한]	power, might
권리	karapatán[까라빠딴] 경찰은 그의 권리를 박탈했다.; Umagaw ang pulís ng karapatán niyá.	right
권태/…로운	pagkainíp/nakaíinip[빡까이닢/나까이-이닢]	boredom/boring
귀	tainga, tenga[따이-ㅇ아, 떼-ㅇ아]	ear
귀걸이	hikaw[히-까우]	earring
귀 기울이다.	manainga, pakinggán[마나이-ㅇ아, 빠낑간]	listen
귀가(歸家)/…하다	uwî/umuwî[우위'/움우위'] 늦었다. 빨리 귀가해라.; Hulí na. Umuwî ka nang madalî.	returning home/return home

귀국	pagbabalík sa bansâ, balíkbayan[빡바발릭 사 반사', 발릭바-안]	homecoming
귀국준비	paghahandâ para sa[빡하한다' 빠라 사] pagbabalík sa bansâ	preparation for home coming
귀머거리	waláng tainga, bingí[왈랑 따이-ㅇ아]	deaf person
귀빈	panauhing pandalagál[빠나우-힝 빤달라갈]	VIP
귀신/…에 홀리다	asuwáng, multó/máasuwáng[아수왕, 물토/마-아수왕] 그 사람은 귀신을 보았다고 말했다.; Sinabi niyáng nakita ang aswáng.	ghost/be bewitched by ghost
귀여운	magandá, guwapo[마간다, 구와-뽀]	cute
귀중품	mahalagáng bagay[마할라강 바-가이]	precious things
귀중품 보관함	kahón ng[까혼 낭] mahalagáng bagay	box for precious things
귀찮다	mapang-guló, nakayáyamót[마빵굴로, 나까야-아몯]	troublesome, annoying
귀찮게 하다	mang-abala, abalahin[망아바-ㄹ라, 아발라-힌] 나 귀찮게 하지마.; Huwág mo akóng abalahin.	bother
규정	tuntunin, kautusán, palakad[뚠뚜-닌, 까우뚜산, 빨라-깓]	regulation
규정을 지키다	pumansín ng[뿌만신 낭] tuntunin	observe the regulation
규칙	reglamento[레글라메-ㄴ또]	rule
균형	balanse[발라-ㄴ세]	balance
균형을 잡다	manimbáng[마님방]	balance oneself
귤	kahél, dalandán[까헬, 달란단]	orange
그(것)	iyán[이얀] 그 소식을 들었어?; Náriníg mo ba ang balitang iyán? 그게 내 전문이다.; Iyán ay ang espesyalidád ko. 그게 바로 나야.; Iyán ay ang sarili ko lang. 그거 필요 없다.; Hindî ko kailangan iyán. 그것뿐이	that

	야?; Iyán ba lang?	
그것(사람, 물건 등)의	niyán[니얀] 그 사람의 어린이는 영리하다.; Marunong ang anák niyán.	of that
그것(사람, 물건 등)처럼	ganyán[간얀] 너의 집도 그 집처럼 크냐?; Ganyán ba kasinglakí ang bahay mo?	like that
그 외에	pa, ibá[빠, 이바] 그 외에 누가 오느냐?; Sino pa ang dáratíng?	else
그건 그렇고	panoó't panoó man[빠노올 빠노오 만]	anyhow
그걸로 됐습니다.	Ok na pô.[오케이 나 뽀']	That's OK.
그날	araw na iyán[아-라우 나 이얀]	that day
그냥	lamang, lang[라-망, 랑] 그냥 구경하는 거예요.; Nanonoód lang.	just
그네/…를 타다	duyan/magduyan[두-얀/막두-얀]	swing/swing
그 다음 날	kinabukasán[끼나부까산]	the next day
그동안	habang oras na iyán[하-방 오라스 나 이얀]	during the time
그들(주격, 목적격)	silá[실라] 그들은 몇 시에 도착해요?; Anó pong oras dárating silá?	they
그들의(소유격)	kanilá, nilá[까닐라, 닐라] 그들의 연필은 길다.; Mahabà ang kaniláng lapis.(Mahabà ang lapis nilá.)	their
그들에게	sa kanilá[사 까닐라]	to them
그들에 의해(조격)	kanilá, nilá[까닐라, 닐라]	by them
그들을 위해	para sa kanilá[빠-라 사 까닐라]	for them
그때	noón, noó'y[노온, 노오이] 그때 나는 밥 먹고 있었어.; Noo'y kumakain akó.	at that time
그래?	Totoó ba?[또또오 바]	Sure?

그래도	gayunmán[가윤만] 그래도 정말 다행이야.; Gayunmán sobrang mapalad.	however, nevertheless
그래서	kayâ[까야'] 그래서 나는 노래하기를 싫어한다.; Kayâ ayaw akong umawit.	so, therefore
그래프	grap, talánggúhit[그랖, 딸라-ㅇ구-힡]	graph
그러나	pero, ngunit, gayón man[뻬-로, ㅇ우-닡, 가윤 만]	but
그러면	kung gayón[꿍 가욘] 그러면, 모레는 어때?; Kung gayón, paáno ang samakalawá?	if so, then
그러지 마.	Huwág mo na.[후왁 모 나]	Don't do that.
그런데	sa paanóng paraán[사 빠노옹 빠라안]	by the way
그럼에도 불구하고	kahit gayón[까힡 가욘]	notwithstanding
그렇게	gayón din[가욘 딘] 내가 하는 것을 보고 너도 그렇게 해.; Tingnán mo ang ginágawâ ko, gayón din ang gawín mo.	likewise
그렇게는 안 돼.	Hindî gayón namán.[힌디' 가욘 나만]	No, not like that.
그렇군요!	Oo ngâ![오오-ㅇ아]	Oh, yes!
그룹	grupo[그루뽀]	group
그릇	mangkók[망꼭]	bowl
그리다(그림)	magdrowing, pintahán[막드로-잉, 삔따한]	draw
그리스/…사람, …의	Gresya/Griyego[그레-샤/그리예-고]	Greece/Greek
그림	drowing, dibuho[드로-잉, 디부-호]	drawing, picture
그림같은(아름다운)	parang larawan[빠-랑 라라-완]	like a picture
그만하다	humintô[후민또'] 그만 하자.; Humintô tayo. 그만, 그만, 진정하세요.;	stop

	Hintô na hintô, huminahon kayó.	
그물	lambát[람밭]	net
그 근처에	sa malapít doón[사 말라삗 도온]	thereabout
그을리다(햇볕)	masunog sa pamamagitan ng araw[마수-녹 사 빠마마기-딴 낭 아-라우]	sunburn
그을리다(연기)	umusok[움-우-속]	smoke
그이(주격)	siyá[시야]	he, she
그이를 위해	para sa kanyá[빠-라 사 깐야]	for him, for her
그이의(소유격)	kanyá, niyá[깐야, 니야] 그의 신발은 깨끗하다.; Malinis ang kanyáng sapatos.(Malinis ang sapatos niyá)	his, her
그이에게	sa kanyá[사 깐야]	to him, to her
그이에 의해(조격)	kanyá, niyá	by him, by her
그치다	tumigil, humintô[뚜미-길, 후민또']	stop, be ceased
그 후에	pagkatapos noón[빡까따-뽀스 노온]	thereafter
극(연극)	drama, dulâ[드라-마, 둘라']	play
극동	Dulong Silangan[두-르롱 실라-ㅇ안]	Far east
극복/…하다.	pagtatagumpáy/mapagtagumpayán[빡따따굼빠-이/마빡따굼빠얀] 그는 공부를 방해하는 모든 장애를 극복했다.; Napagtagumpayán niyáng lahát ang sagabal sa kanyáng pag-aaral.	surmounting/surmount
극장	sine, dulaan, teatro[시-네, 둘라-안, 떼아-뜨로]	theater
극히(매우)	nápaka[나-빠까]+형용사 어근, 그녀는 극히 아름답다.; Siyá ay nápakagandá.	extremely

근거/ …로 하다.	bátáyan/ibatay[바-따-안/이바-따이]	basis/base on
근대(近代)	makabagong panahón[마까바-공 빠나혼]	modern times
근로자	manggagawà[망가가-와']	worker
근면한	masipag[마시-빡]	industrious
근본	☞근거	
근시(近視)의	korta-bista[꼬-르따비-스따]	near sighted
근심/…하다	pag-áalalá/mag-alalá[빡아-알랄라/막알랄라]	anxiety/be anxious
근심스러운	alalá[알랄라]	worried, anxious
근심거리	álaalahanín[아-ㄹ라알라하닌]	cause of worry
근원	simulâ, umpisá[시물라', 움뻬사']	root, source, origin
근육	lamán, kalamanán[라만, 깔라마난]	muscle
근육(질)의	maskulado, malamán[마스꿀라-도, 말라만] 근육질의 팔; maskuladong bisig	muscular
근육통	pananakít ng[빠나나낕 낭] lamán	muscular pain
근접한	malapit[말라-삗]	near
(~의)근처에	sa lapit ng …[사 라-삗 낭] 우리 집 근처에 큰 나무가 많다.; Marami ang malakíng punò sa lapit ng ating bahay.	in the near of
금	gintô[긴또']	gold
금고	kaha-de-yero[까-하 데 예-로]	safe
금도금하다	gintuín[긴뚜인]	gild
금메달	gintóng medalya[긴똥 메다-르야]	gold medal

금방(今方)	kaagád[까아갇] 금방 그칠거야.; Titigil kaagád.	soon
금방(金榜)	tindahan ng pandáy-gintô[띤다-한 낭 빤다이 긴또']	goldsmith's shop
금붕어	gintóng isdâ[긴똥 이스다']	goldfish
금 세공인	pandáy-gintô[빤다이 긴또']	goldsmith
금속	metál[메딸]	metal
금요일	Biyernes[비예-르네스]	Friday
금욕주의/~자	asetisismo/taong mapagpeniténsiyá[아세띠시-스모/따-옹 마빡뻬니떼-ㄴ샤]	asceticism/ascetic
금지/…된	pagbabawal/bawal[빡바바-왈/바-왈]	prohibition/prohibited
금지하다	ipagbawal, magbawal[이빡바-왈, 막바-왈]	prohibit
금지품	bawal na bagay[바-왈 나 바-가이] 금지품을 소지하고 계십니까?; Mag-ari pô ba kayó ng bawal na bagay?	forbidden items
급료	suweldo, sahod[수웨-ㄹ도, 사-혿]	salary
급료를 지급하다	magsuweldo, suwelduhán[막수웨-ㄹ도, 수웰두한]	pay salary
급우	kaklase[까끌라-세]	classmate
급하다(일)	mádalian, kailangang-kailangan[마-달리안, 까일라-ㅇ앙 까일라-ㅇ안] 급한 일이 생겼어.; Meron isáng kailangang-kailangan.	urgent
급하다(성격)	waláng-pasyensya[왈랑 빠셰-ㄴ샤]	impatient
급한 성격	pagkataong[빡까따-옹] waláng-pasyensya	impatient character
긍정/…하다	patotoó/magsabi(sabihin) na totoó[빠또또오/막사-비(사비-힌) 나 또또오]	affirm
긍정적인	sang-ayón[상아욘] 그의 답은 긍정적이다.; Sang-ayon ang kanyáng sagót.	positive

기(旗)	bandilà, watawat[반디-ㄹ라', 와따-왙]	flag
기간(期間)	panahón[빠나혼]	period
기계	mákina[마-끼나] 기계가 고장 난 것 같아요. 한번 봐주세요.; Mukháng sirâ ang mákina, pakisiyasat ninyó.	machine
기관 (機關)	motór[모또르], mákina	engine
기관지(機關紙[誌])	bulitín[불리띤]	bulletin
기꺼이 ~하다	handâ[한다'] 기꺼이 기다리고 있겠다.; Akó'y handáng humihintay.	be willing to
기내(機內)	loób ng eruplano[로옵 낭 에루쁠라-노]	the inside of an airplane
기내 수화물	bitbít na bagahe sa[빝빝 나 바가-헤 사] loób ng eruplano	hand carry luggage
기념/…하다.	gunitá/gumunitâ, gunitaín[구니따/구무니따', 구니따인] 그 영웅을 기념하자.; Gunitaín natin ang bayani.	commemoration/commemorate
기념비	bantayog[반따-욕]	monument
기념식수	pagtataním ng punong pang-alaala[빡따따님 낭 뿌-농 빵알아라-ㄹ라]	planting a memorial tree
기념품	tagapagpagunitá[따가빡빠구니따']	souvenior
기능(技能)	kasanayán[까사나얀]	skill
기능(機能)	tungkulin[뚱꾸-ㄹ린] 그는 모든 기능을 발휘하였기 때문에 승리할 수 있었다.; Dahil ipinakita niyá ang lahát ng tungkulin, nakatagumpáy siyá.	function
기다(기어 가다)	gumapang[구마-빵]	crawl
기다리게하다	magpahintáy, papaghintayín[막빠힌따이/빠-빡힌따이인] 그녀는 그들로 하여금 기다리게 했다.; Nagpahintáy siyá sa kanilá.	make someone wait

기다림/기다리다	paghihintáy/maghintáy, humintáy[빠히힌따이/막힌따이, 후민따이] 기다리지 마세요.; Huwág kayóng humintáy. 그가 돌아올 때까지 기다리는 동안 쉬자.; Tayo ay magpahingá habang naghíhintáy sa kanyáng pagbabalík.	waiting/wait
기다리는 장소	hintayan[힌따-얀]	waiting place
기대/…하다	pag-asa/asahan, umasa, hintayín[빡아-사/아사-한, 움아-사, 힌따이인]	expection/expect
기도/…하다	dasál, panalangin/magdasál, manalangin[다살, 빠나라-ㅇ인/막다살, 마나라-ㅇ인]	pray/pray
기둥	haligi, poste[할리-기, 뽀-스떼] 집안의 기둥(아버지);haligi ng tahanan	pillar, post
기록/…하다	talâ/italâ, magtalâ[딸라'/이딸라', 막딸라']	record/record
기르다	magpalakí[막빠라끼']	bring up
기름(석유 등)	langís[랑이스]	oil
기름(지방)	tabâ[따바']	fat
기름기가 많은	malangís, matabâ[마랑이스, 마따바']	oily, fatty
기반	pundasiyón[뿐다숀]	foundation
기본	saligán, bátayan[살릭안, 바-따-얀]	basis
기본적인	saligán, batayán[살릭안, 바따얀]	basic
기부(寄附)/…하다	abuloy/magabuloy[아부-ㄹ로이/막아부-ㄹ로이]	donation/donate
기분	damdamin[담다-민] 기분이 더 좋아졌다.; Naging mas mabuti ang damdamin. 기분이 어때?; Anong damdamin mo?	feeling
기쁘다	masayá, nagágalák[마사야, 나가-갈락]	happy

기쁨/기뻐하다	sayá, galák/sumayá, magalák[사야, 갈락/수마야, 마갈락]	happiness/be glad
기사(신문)	lathalà(ng diyaryo)[랕하-ㄹ라(낭 지아료-료)] 그 신문기사 읽었어요?; Bumasa ba kayó ng lathalà ng diyaryo?	article
기숙사	dormitoryo[도르미또-료]	dormitory
기술(技術)	teknolohiya, kasanayán[떼끄놀로히-야, 까사나얀]	technology, skill
기술자	téknikó[떼-끄니꼬]	technician
기어 오르다	gumapang nang pataás[구마-빵 낭 빠따아스]	crawl up
기억/…하다	alaala, tandâ, memorya/maalaala, magtandâ, isaulo[알라아-ㄹ라, 딴다', 메모-랴/마알아아-ㄹ라, 막딴다', 이사우-ㄹ로] 기억이 나지 않아요.; Hindî kong puwedeng maalaala.	memory/remember
기억력	pantandâ[빤딴다'] 그의 기억력은 매우 좋다.; Napakaganda ng kanyang pantandâ.	ability to remember
기억해 내다.	alalahanin[알랄라하-닌] 그 이야기는 아직도 다시 기억해 낼 수 있다.; Maáari ko pang alalahaning mulî ang kuwentong iyán.	recollect
기여/…하다.	☞기부/~하다	
기원(起源)	pinagsimulâ, umpisá[삐낙시물라', 움삐사]	origin
기원(祈願)/…하다	hangád/hangarín, maghangád[항앋/항아린, 막항앋] 그는 필리핀의 대통령이 되기를 기원했다.; Hinangád niyáng maging Pangulo ng Pilipinas.	desire/desire
기일(期日)	nararapat na petsa[나라라-빹 나 뻬짜]	due date
기입(記入)/…하다	pagtatalâ/italâ[빡따딸라'/이딸라'] 노트에 기입하다; italâ sa kuwaderno	entry
기자	mámamahayág[마-마마하약]	newspaper reporter

기자회견	balitang komperénsiya[발리-땅 꼼뻬레-ㄴ샤]	press conference
기저귀	lampín[람삔] 아기 기저귀 좀 갈아주세요.; Palitán ninyó ang lampín ng sanggól.	diaper
기준(基準)	pamantayan[빠만따-얀]	standard
기준가격	pamantayang halagá[빠만따-양 할라가]	standard price
기준시간	pamantayang oras[빠만따-양 오-라스]	standard time
기질(氣質)	ugali, pag-uugalì[우가-리, 빡우우가-ㄹ리'] 강한 기질; malakás na pag-uugali	temperament
기차	tren[뜨렌] 기차는 가격은 싸지만 느리다.; Ang tren ay mura pero mabagál.	train
기차역	estasyón ng[에스따숀 낭] tren	railway station
기찻길	perokaríl, daáng-bakal[뻬로까릴, 다앙바-깔]	railway
기체(氣體)	singáw[싱아우]	vapor
기초	☞기본	
(~에) 기초를 두다	magsalig, másalig[막사-ㄹ릭, 마-살릭]	base on
기침/…하다	ubó/umubó[우보/움우보]	coughing/cough
기타(악기)	gitara[기따-라]	guitar
기한(期限)	takdáng panahón[딱당 빠나혼]	term, time limit
기호(記號)/…를 붙이다	tandâ/itandâ, magtandâ[딴다'/이딴다', 막딴다']	sign, mark/mark
기호(嗜好)	pagkagustó[빡까구스또]	taste, liking
기호식품	pagkain ng[빡까-인 낭] pagkagustó	favorite food

기화/…하다	pagsingáw/sumingáw[빡싱아우/수밍아우]	vaporization/vaporize
기회	pagkakataón[빡까까따온] 다음 기회에 또 만나자.; Sa susunod na pagkakataón mákíta tayo. 나에게 한번의 기회가 있었다.; Nagkaroón akó ng isáng pagkakataón. 기회를 놓쳐 버렸어요.; Nawalán ko ang pagkakataón, pô.	chance, time
기회를 잡다	tumaón[뚜마온]	take the chance
기후	☞날씨	
긴급한	mádalian[마-달리안]	urgent
긴장/…한	nérbiyós/nerbiyoso[네-르비요스/네르비요-소]	nervousness/nervous
긴장시키다/…하다	makanérbiyós/nérbiyusín[마까네-르비요스/네-르비유신]	make nervous/be nervous
길	daán, kalakarán, kalye, lansangan[다안, 깔라까란, 까-르예, 란사-ㅇ안]	sreet, road, way
길 건너편	kabilâ ng[까빌라' 낭] daán	opposite side of street
길다	mahabà[마하-바'] 긴 생머리; mahabang likás na buhók	long
길을 건너다	tumawíd sa kalye[뚜마윋 사 까-르예]	cross the road
길을 떠나다	umalís[움알리스]	depart
길을 안내하다	ipatnubay[아빹누-바이]	guide
길을 잃다	máligáw[마-리가우] 저는 길을 잃었어요.; Nalíligáw pô akó.	be lost
길이 막히다	sarado ang daán[사라-도 앙 다안]	The street is dead-end.
길이	habà[하-바']	length
김치	kimchi[김치](kaugaliang ulam sa Korea), 김치 먹어본 적 있어요?; Nakakain na ba kayó ng kimchi? 김치는 발효 식품이다.; Kimchi ay	kimchi

		pagkaing nangasím.	
깃발		기(旗)	
깃대		tagdán ng watawat[딱단 낭 와따-왙]	flagpole
깃털		bagwís, plumahe[박위스, 쁠루마-헤]	feather
깊이/깊은		lalim/malalim[라-르림/마라-르림]	depth
까다		balatan[발라-딴] 마늘을 까라.; Balatan mo ang bawang.	peel
까마귀		uwák[우왘]	crowd
깎다(머리)		이발/…하다	
깎다(값)		tawaran, tumawad[따와-란, 뚜마-왇] 그는 테이블 하나에 100페소를 깎았다.; Tinawaran niyá ng isáng daáng peso ang isáng mesa. 아줌마, 좀 깎아 주세요.; Bigyán ninyó akó ng tawad, tita.	bid, ask for discount
깎다(잔디, 풀 등)		magtabás, gumapas, gapasan[막따바스, 구마-빠스, 가빠-산] 정원의 잔디를 깎아라.; Gapasan mo ang damó sa hardín.	mow
깎을 수 있는(가격)		matawad[마따-왇]	discountable
깔때기		imbudo[임부-도]	funnel
깔때기처럼 생긴		balisungsóng[발리숭송]	funnel-shaped
깜빡거리다		kumisáp[꾸미샆] 불이 깜빡거리고 있다.; Kumíkisáp ang ilaw.	blink
깜박하다		malimutan na lang[말리무-딴 나 랑] 그녀는 깨끗한 손수건을 가져오는 것을 깜빡했다.; Nalimutan na lang niyáng magdalá ng malinis na panyô.	forget momentarily
깜짝 놀라다		gulatin, sindakín[굴라-띤, 신다낀]	be startled

깡통	latang waláng lamán[라-땅 왈랑 라만]	empty can
깡패	sánggano[싸-ㅇ가노] 깡패는 나쁜 사람이니 조심해라.; Ang sánggano ay masamáng tao, kayâ mag-ingat ka.	rascal
깨(곡물)	lingá[링아]	sesame
깨끗하다	malinis[말리-니스]	clean
깨다(잠을)	gumising[구미-싱]	wake
깨다(깨뜨리다)	mabasag[마바-삭] 유리컵을 깨뜨렸다.; Nabasag ang salamíng tasa.	break
깨우다	gisingin[기시-ㅇ인] 내일 아침 일찍 깨워 주세요.; Gisingin ninyó akó maagang umaga ng bukas..	wake up
깨지기 쉽다	mabasag nang madalî[마바-삭 낭 마달리']	easily break
꺼내다	humugot, hugutín[후무-곹, 후구띤] 그는 지갑에서 100페소를 꺼냈다.; Humugot siyá ng sangdaáng peso mulâ sa kanyáng pitakà.	pull out
꺾다(방향)	lumukô, ilikô[루무꼬',일릭꼬'] 왼쪽으로 꺾으세요.; Ilikô ninyó sa kaliwâ, 저기 모퉁이에서 오른쪽으로 꺾으세요.; Ilikô ninyó sa kanan sa kanto roon.	turn
꺾다(부러뜨리다)	pumutol, putulin[뿌무-똘, 뿌뚜-리린] 나는 나뭇가지 하나를 꺾었다.; Pumutol akó isáng sangá ng punò.	break off
껌	pepsin[뻬-프신]	chewing gum
껍질	balát[발랕]	skin
껍질이 두꺼운	balát-kalabáw[발랕깔라바우]	thick skinned
껍질이 얇고 부드러운	balát-sibuyas[발랕시부-야스]	thin and soft skinned

껍질을 벗기다	magbalát[막발랕]	peel off
껴안다	yumakap, yumapós, yakapin[유마-깝, 유마뽀-스, 야까-삔] 나는 그녀를 껴안았다.; Yinakap ko siyá.	embrace
꼬막(조개)	damít-pusà[다밑 뿌-사']	species of shellfish
꼭(틀림없이)	sigurado[시구라-도] 꼭 일찍 일어나세요.; Siguradong gumising kayó maaga. 꼭 한번 봐요.; Sigurado pong mákikíta tayo.	sure, certain
꽂다	ipaloób, ipasok[이빠로옵, 이빠-속]	insert
꽃	bulaklák[부락락] 그녀는 흰 종이에 꽃 한송이를 그렸다.; Pinintahán niyá ang isáng bulaklák sa puting papél.	flower
꽃가게	tindahan ng[띤다-한 낭] bulaklák	flower shop
꽃가루	pulbós ng[뿔보스 낭] bulaklák	pollen
꽃꽂이	kaayusan ng bulaklák[까아유-산 낭 불락락] 나의 누나는 꽃꽂이를 좋아한다.; Gustó ng aking ate(nakatatandáng kapatíd na babae) ang kaayusan ng bulaklák.	floral arrangement
꽃다발	pumpón ng mga[뿜뽄 낭 망아] bulaklák, tungkós[뚱꼬스] 나는 그녀에게 꽃다발을 선물했다.; Bigyán ko siyá ng tungkós.	bouquet
꽃무늬	dibuho ng[디부-호 낭] bulaklák	floral pattern
꽃병	plorera[쁠로레-라]	flower vase
꽃이 피다	mamuláklák[마무락락]	bloom
(꿈을) 꾸다	managinip[빠나기-닙/마나기-닙] 그는 돼지 꿈을 꾸었다고 말했다.; Nanaginip daw siyá ng baboy;	have a dream

(돈을) 꾸다	manghirám, mangutang[망히람, 망우-땅] 그는 친구로부터 돈을 꾸었다.; Nanghirám siyá ng pera sa isáng kaibigan.	borrow
꾸짖다	magmura, murahin[막무-라, 무라-힌]	scold, rebuke
꿀/…벌	pulút-pukyutan/pukyutan[뿔룯뿌규-딴/뿌규-딴]	honey/bee
꿀벌통	bahay-pukyutan[바-하이뿌규-딴]	beehive
꿈	panaginip/[빠나기-닙] 나는 어젯밤 나쁜 꿈을 꾸었다.; Akó ay may masamang panaginip kagabí.	dream
꿰매다	tahiín, magtahî[따히인, 막따히] 나는 찢어진 옷을 꿰맸다.; Nagtahî akó ng punit na damít.	stitch
(방구를) 뀌다	umutót[움우똗] 방귀 뀌어서 미안해.; Pasensya ka na, umutót akó.	break wind
끄다(불, 전기)	patayín[빠따이인] 그녀는 잠자러 가기 전에 불을 껐다.; Pinatáy nila ang apóy bago matulog.	switch off, extinguish
(고개)끄덕이다/끄떡임	tumangô/tangô[두망오', 땅오'] 그의 끄떡임은 찬성을 뜻했다.; Ang kanyáng tangô ay nagpakilala ng pagpayag.	nod/nod
(~에게)끄떡이다	tanguán[땅우안]	nod to
끈/…으로 묶다	sintás, talì/itali, magtalì, talian[신따스, 따-리'/이따-리', 막따-리', 딸리-안] 그의 두 손을 묶어라.; Talian mo ang kanyáng mga kamáy.	string, cord/tie, fasten
끈적거리다	madikít, malagkít[마디낕, 말락낕]	sticky
끌/…로 파다(새기다)	paít/magpaít, paitín[빠읻/막빠읻, 빠이띤]	chisel/chisel
끊다(철사, 끈 등)	lumagót, malagót, lagutín[루마곧, 말라곧, 라구띤] 철사 줄이 끊어졌다.; Nalagót ang alambre.	snap, break asunder

끊다(담배 등)	humintô, tumigil[후민또', 뚜미-길] 그는 담배를 끊었다.; Humintô (Tumigil) na siyá sa paninigarilyo.	stop, leave off
끊다(전화)	ibabà[이바-바'] 끊지 말고 기다리세요.; Huwág ninyó munang ibábabâ ang teléphono.	hang up
끓다/끓이다	kumulô/magpakulô[꾸물로'/막빠꿀로'] 여덟 시간 동안 끓였다.; Waló ng oras nagpakulô. 끓는 물; tubig na nagpápakulô, 마실 물 좀 끓여줘.; Pakuluin mo ang inumín	boil
끝	tapos, pagkatapos[따-뽀스, 빡까따-뽀스]	end
끝나다/끝난	matapos, magwakás/tapós, tapós na[마따-뽀스, 막와까스/따뽀스, 따뽀스 나] 다 끝났다.; Tapos na ang lahát.	end
끝내다	magtapós, tapusin[막따뽀스, 따뿌-신]	finish
끝없는	waláng-hanggán, waláng-katapusán[왈랑 항간, 왈랑 까따뿌산]	endless
(안경을)끼다	magsalamín[막살라민]	wear eyeglasses
(소름을) 끼치다	mangilabot[망일라-볻] magpapangilabot, papangilabutin[막빠빵일라-볻, 빠빵일라부-띤]그 책의 이야기는 나에게 소름을 끼쳤다.; Nagpapangilabot ang kuwento ng aklát na iyán sa akin.	feel goose-flesh
낄낄웃다/낄낄우슴	mápaalik-ík, umalik-ík/alik-ík, halikhík[마-빠알릭익, 움알릭익/아릭익, 할릭흑]	giggle, chuckle

ㄴ 나

나(주격, 목적격)	akó[아꼬] 나 어때요?; Paáno akó? 나도 기뻐.; Natútuwâ ako rin. 나를 빼놓고 가려고요?; Pupuntá ba kayó kundî akó?	I
나를 위해	para sa akin[빠-라 사 아-낀]	for me
나에게	sa akin	to me
나에 의해(조격)	akin(전부수식), ko(후부수식)[아-낀, 꼬]	by me
나의(소유격)	akin(전부수식), ko(후부수식), 나의 집은 작다.; Ang aking bahay ay maliít.(=Ang bahay ko ay maliít.)	my
나날이	araw-araw[아-라우아-라우] 환자가 나날이 좋아지고 있다.; Araw-araw nagiging mas mabuti ang pasyente. 회사가 나날이 발전하고 있다.; Araw-araw tumutubò ang bahay-kalakal.	day by day
나누다	humati, hatiin, biyakín[후마-띠', 하띠-인, 비야낀] 빵을 둘로 나누었다.; Hinatì ko ang tinapay sa dalawá.	divide
나 대신	sa halíp ko[사 할립 꼬] 나 대신 그가 대답할 것이다.; Siyá ay sasagót sa halíp ko.	instead of me
나라	☞국가(國家)	
나라를 세우다	itatag ang bansâ[이따-딱 앙 반사']	found a country
나로서는	bilang[비-ㄹ랑] akó	as for me
나르다	humakot, hakutín[후마-꼿, 하꾸-띤] 그는 방으로 책 상자를 방으로 날랐다.; Humakot siyá ng isáng kahón ng aklát sa kanyáng kuwarto.	carry, transport
나머지	ang butál[앙 부딸] 나머지 하나; ang butál na isá 남겨진; butál	the odd, the left-over

나무	punò[뿌-노'] 나는 나무 밑에 숨었다.; Tumagò akó sa ibabâ ng punò.	tree
나뭇가지	sangâ ng[상아' 낭] punò 가지 많은 나무; sangâ-sangáng punò	branch of tree
나뭇잎	dahon[다-혼]	leaf
나병(한센병)	ketong[께-동]	leprosy
나비	paruparó[빠루빠로]	butterfly
나쁘다	masamâ[마사마']	bad
나서다(밖으로)	lumabás[루마바스]	go out
나약/…한	hinà/mahinà[히-나'/마히-나'] 그는 심성이 나약하다.; Mahinà ang kaisipán niyá.	weakness/weak
나약해지다	huminà[후미-나']	weaken
나오다	lumabás[루마바스]	come out
나이/… 많은	edád/matandá[에달/마딴다] 나이 많은 사람들이 그녀를 좋아한다.; Gustó ng mga matandáng tao siyá.	age/old
나중에(금일 중)	mámayâ[마-마야'] 나중에 다시 전화하겠습니다.; Tatawag pô akó mámayáng ulît.	later
나중에(미래 어느 날)	sa ibáng araw[사 이방 아-라우]	later, some other day
나침반	aguhon, brúhula[아구-혼, 브루-홀라]	compass
나타나다	mákíta, lumitáw[막빠끼-따, 루미따우] 혜성이 동쪽에서 나타났다.; Nákíta ang kometa sa dakong kanrulan. 뱀 한 마리가 길에 나타났다.; Lumitáw ang isáng ahás sa daán.	emerge, appear
(갑자기) 나타나다	sumulpót[수물뿔] 갑자기 숲에서 토끼 한 마리가 나타났다.; Sumulpót	appear unexpectedly or suddenly

	ang isáng kuneho galing sa gubat.	
나팔	**trumpeta**[뜨룸뻬-따]	trumpet, bugle
낙관(樂觀)/…론자	**optimismo/optimista**[옾띠미-스모/옾띠미-스따]	optimism/optimista
낙담/…하다	**pagsirà ng loób/magpahinà ng loób**[빡시-라' 낭 로옵/막빠히-나' 낭 로옵]	disappointment/ be disappointed
낙선(落選)/…하다	**pagkabagsák sa hálalan**[빡까박삭 사 하-ㄹ라-ㄹ란]/**bumagsák**[부막삭] sa hálalan	failure in election/lose an election
낙제(落第)/…하다	**pagkabagsák sa iksamen**[빡까박삭 사 잌사-멘]/**bumagsák**[부막삭] sa iksamen	failure in examination/fail in examination
낙타	**kamelyo**[까메-ㄹ요]	kamel
낙태/…하다	**pagpapalaglág/magpalaglág**[빡빠빠락락/막빠락락]	abortion/abort
낙후된	**atrasado, waláng-kaunlarán**[알라사-도, 왈랑까운라란] 그 나라는 문화가 낙후되어 있다.; Ang bansáng iy ayán atrasado sa sibilisasyón.	backward, unprogressive
낚시(질)/…하다	**pangingisdâ/mangisdâ**[빵잉이스다'/망이스다']	fishing/do fishing
낚시바늘	**tagâ**[따가']	fishhook
낚시줄	**pansíng**[빤싱]	fishing line
낚시터	**pángisdaan**[빠-ㅇ이스다-안] 이 강은 좋은 낚시터이다.; Ang ilog na itó ay mabuting pángisdaan.	place for fishing
난로	**pugón, kalán**[뿌곤, 깔란]	stove
날개(새)	**bagwís, pakpák**[박위스, 빡빡]	wing
날다	**lumipád**[루미빧]	fly

날씨	panahón[빠나혼] 거기 날씨는 어떻습니까?; Anó pong lagáy ng panahón diyán? 날씨가 나쁘다.; Masamâ ang panahón. 날씨가 좋다.; Magandá ang panahón. 날씨가 덥다.; Mainit ang panahón. 날씨가 매우 춥다.; Totoóng magináw ang panahón.	weather
날씬하다	payát[빠얃] 와, 날씬해 졌어요!; Uuuuy, ang payát ninyó na, ah! 와, 날씬해 보여요!; Wow, mukhâ ninyó payát!	slim, slender
날이 갈수록	☞나날이	
날조/…하다	dayà/magdayà[다-야'/막다-야']	fabrication/fabricate, fake
날짜	petsa[뻬-짜]	date
낡은	lumà[루-마']	old
남(방향)	timog[띠-목] 남한; timog Korea	south
남극	Antártikó[안따-르띠꼬]	the Antarctic
(이익을)남기다	magtubò, makinabang[막뚜-보', 마끼나-방] 그는 그 거래에서 천 페소를 남겼다.; Nakinabang siyá ng isáng libong peso sa transaksyóng iyón.	make profit
(유산을) 남기다	magpamana, mag-iwan[막빠마-나, 막이-완] 아버지는 자식들에게 각자 백만 페소씩 유산으로 남겼다.; Nagpamana ang amá ng isáng milyóng peso sa bawa't anák.	bequeath
남녀	lalaki at babae[랄라-끼 앝 바바-에]	man and woman
남다	maiwan[마이-완] 모두 떠나고 나는 혼자 남았다.; Umalís ang lahát at naiwan akóng mag-isá.	be left over
남동생	nakababatang kapatíd na[나까바바-땅 까빠띧 나] lalaki	younger brother

남매	kapatíd na lalaki at babae[까빠띧 나 랄라-끼 앝 바바-에]	brother and sister
남부지역	timog na purók[띠-목 나 뿌록]	southern area
남북	timog at hilagà[띠-목 앝 힐라-가']	south and north
남성의, 남성용	panlalaki[빤랄라-끼]	masculine, for man
남자	lalaki[랄라-끼]	man
남자답다	maginoó[마기노오] 그는 남자다운 행동을 과시하였다.; Ipinakilala niyá ang kilos na maginoó.	manly
남자역활을 하다	maglalaki[막랄라-끼]	do a role as a man
남자친구	lalaking kaibigan[랄라-낑 까이비-간] 그녀의 남자친구는 어떤 일을 해?; Anó ang trabaho ng lalaking kaibigan niyá?	boyfriend
남쪽/…으로	dakong timog/patimóg[다-꽁 띠-목/빠띠목]	direction to south, southern
남편	asawang lalaki[아사-왕 라라-끼]	husband
납세하다	bumayad ng buwís[부마-얃 낭 부위스]	pay tax
낫다(질병)	manubalik[마누바-ㄹ릭] 병이 나았어요.; Nanumbalík pô akó sa sakít.	recover, get better
낭만적인	(여자)romántiká, (남자)romántikó 그녀는 매우 낭만적이다.; Nápakaromántiká siyá.	romantic
낭비/…하다	pag-aaksayá/mag-aksayá[빡아악사야/막악사야]	waste
낭비적인	aksayá, gastadór(남성), gastadora(여성)[악사야, 가스따도르, 가스따도-라]	spendthrift
낮	araw[아-라우]	day
낮다	mababà[마바-바'] 그는 시험에서 낮은 점수를 받았다.; Mababà ang	low

	marka niyá sa iksamen.	
낮잠/…자다.	siyesta/magsiyesta[시예-스따/막시예-스따]	nap/take a nap
낮추다	pababaín, ibabâ[빠바바인, 이바바'] 목소리를 낮춰라.; Pababaín mo ang iyóng boses.	lower, drop
낱말	salitâ[살리따'] 우리는 말할 때, 낱말들을 사용한다.; Gumágámit tayo ng mga salitâ kapág tayo'y nangúngúsap.	word
낳다	magsilang[막시-ㄹ랑] 그녀는 어제 남자 아기를 낳았다.; Kahapon nagsilang siyá ng sanggól na lalaki.	give birth to
내(가)	☞나, 내가 말했잖아.; Sinabi ko na, eh., 내가 뭐라고 말했어?; Anó ang sinabi ko?, 제가 뭘 잘못 했어요?; Anó pô ang pagkakámalî ko?	I
내가 말하려는 것은	Ang sasabihin ko[앙 사사비-힌 꼬]	What I'm going to say
내가 알기로는	Sa kináláman ko[사 끼나-ㄹ라-만 꼬]	To my knowledge
내가 알았을 때	Nang naintindihan ko[난 나인띤디-한 꼬]	Whem I was informed
내구력/…이 있는	katibayan/matibay[까띠바-얀/마띠-바이]	durability/durable
내기/…하다	pustá/pumustá[뿌스따/뿌무스따]	gambling/gamble
내내	lagí[라기]	always
내년	sa isáng taón[사 이상 따온]	next year
내려가다, 내리다	bumabà[부마-바'] 여기서 내리겠어요.; Bábabà pô akó rito.	go down
내려주다	ibabà[이바-바'] 여기 내려 주세요.; Ibabà ninyó kami dito.	get off
내부/…에	loób/nasa loób[로옵/나사 로옵]	the inside/inside
내 생각에는	sa akalà ko[사 아까-ㄹ라' 꼬]	I think

내수(內需)	paggamit sa loób ng bansâ[빠가-밑 사 로옵 낭 반사']	domestic consumption
내어 놓다	ilabás[일라바스] 자동차를 바깥으로 내어 놓겠다.; Ilálabás ko ang kotse.	take out
내용	lamán[라만]	content
~ 내에	sa loób ng ~[사 로옵 낭] 왕복하는데 한 시간 내에 될까? Puwede ba ang pumuntá at bumalík nasa loób ng isáng oras?	within
내일	bukas[부-까스] 내일 이 시간에 다시 올게요.; Páparito ako sa parehong oras ng bukas., 내일 보는 거다. 응?; Mákíta tayo bukas, ha?	tomorrow
내일 밤	bukas ng gabí[부-까스 낭 가비]	tomorrow night
내일 아침	bukas ng umaga[부-까스 낭 우마-가]	tomorrow morning
내일 오후	bukas ng hapon[부-까스 낭 하-뽄]	tomorrow afternoon
내장(內臟)	bituka[비뚜-까]	intestines
내조	tulong ng asawang babae para sa asawang lalaki niyá[뚜-롱 낭 아사-왕 바바-에 빠-라 사 아사-왕 랄라-끼 니야]	one's wife's help
내조하다	tulungan ng asawang babae ang asawang lalaki niyá.[뚤루-ㅇ안 낭 아사-왕 바바-에 앙 아사-왕 랄라-끼 니야]	help one's husband
냄비	kawali[까와-리']	pan
냄새/…맡다	amóy/amuyán[아모이/아무얀] 이 향수 냄새 맡아보세요.; Amuyán ninyó ang pabangóng itó.	smell, aroma/smell, sniff
냄새를 제거하다	mag-alís ng [막알리스 낭] amóy	remove the smell
냄새를 풍기다	mangamóy[망아모이]	smell, emit bad odor

냉수	malamíg na tubig[말라믹 나 뚜-빅]	cold water
냉장고	ref, prídyedér[렢, 쁘리-제데르]	refrigerator
냉차	tsaang may-yelo[짜-앙 마이 예-로]	iced tea
너(주격)	ikáw(1형식), ka(2형식)[이까우, 까] 너는 예쁘다.; Ikáw ay magandá. 너는 학생이냐?; Estudyante ka ba?	you
너를 위한	para sa iyó[빠-라 사 이요]	for you
너무	masyado[마샤-도] 저의 남편은 요즘 너무 바빠요.; Ang asawa ko pô ay masyadong matrabaho sa mga araw na itó.	too much, excessive
너에게	sa iyó	to you
너에 의해(조격)	iyó(전부수식), mo(후부수식)[이요, 모]	by you
너의(소유격)	iyó(전부수식), mo(후부수식)[이요, 모]	your
너저분하다	maguló, waláng-ayos[마굴로, 왈랑아-요스] 내방은 너저분하다.; Waláng-ayos ang kuwarto ko.	in a mess
너희들(주격, 목적격)	kayó[까요]	you
너희들에게	sa inyó[사 인요]	to you
너희들에 의해(조격)	inyó(전부수식), ninyó(후부수식)[인요, 닌요]	by you
너희들의(소유격)	inyó(전부수식), ninyó(후부수식)[인요, 닌요]	your
넓다/넓이	malapad, malawak/lapad[말라-빧, 말라-왁/라-빧]	broad, wide/width
넓이뛰기	mahabang talón[마하-방, 딸론]	long jump
넓적다리	hità[히-따']	thigh
(~를) 넘어가다	pumunát sa ibabaw ng ~[뿌문따 싸 이바-바우 낭) 그는 저 언덕을	go over

	넘어갔다.; Pumuntá siyá sa ibabaw ng buról na iyón.	
넘어지다	mabuwál[마부왈] 그 어린이는 계단에서 넘어졌다.; Nabuwál sa hagdaan ang batá.	tumble down
넘치다(넘쳐 흐르다)	umapaw[움아-빠우] 그녀의 가슴은 기쁨이 넘쳐 흐른다.; Ang kanyáng puso'y umáápaw sa galák.	overflow
넣다	ipasok, ipaloób[이빠-속, 이빠로옵]	put in
네 번째	ikaapat, pang-apat[이까아-빨, 빵아-빨]	the fourth
네.(대답)	Opô.[오-뽀']	yes, sir.
네가 원하는 대로	kung anóng gustóng mo[꿍 아농 구스또 모]	as you want
네모/…진	kuwadriláterál/kuwadrado[꾸와드릴라-떼랄/꾸와드라-도]	quadrilateral/square
넥타이	kurbata[꾸르바-따] 그의 넥타이는 셔츠에 잘 어울린다.; Ang kanyáng kurbata ay kabagay sa kamisadentro.	necktie
넷(숫자)	apat, kuwatro[아-빨, 구와-뜨로] 네 개; apat na piraso 오후 네 시; alas kuatro ng hapon	four
년	taón[따온] 5년; limáng taón, 1년 후; sa isáng taón, 1년전; noóng isáng taón	year
노동	paggawâ[빡가와']	labor
노동력	lakás-tao[라까스 따-오]	labor power
노동력을 낭비하다	mag-aksayá ng[막악사야 낭] lakás-tao	waste labor power
노동시간	paggawáng oras[빡가왕 오-라스]	hours of labor
노동자	manggagawà[망가가-와']	laborer

노동조합	paggawáng unyón[빠가왕 우니욘]	labor union
노랑/노란	diláw/madiláw[딜라우/마딜라우] 노란 옷이 너에게 어울린다.; Ang madiláw na damít ay bagay sa iyó.	yellow
노래	☞가요, 와아! 노래 잘 한다.; Aba! Mahusay um-awit ka., 노래 그만 불러라.; Humintô ka ng awit., 노래도 괜찮다.; Mabuti rin ang kantá.	song
노래방	karaoke[까라오-께] 우리 모두 노래방에서 노래합시다.;Um-awit pô tayong lahát sa karaoke., 저는 노래방을 싫어합니다.;Ayoko ang karaoke pô.	karaoke
노래와 춤	kantá at sayáw[깐따 앝 사야우]	song and music
노래하다	um-awit, kumantá[움아-윝, 꾸만따]	sing
노력/…하다	subok/subukan[수-복/수부-깐] 너는 노력이 필요하다.; Kailangan mo ang subok. 따갈로그어를 배우기 위해 노력중이다.; Sinusubukan kong mag-aral ng Tagalog.	effort/make efforts
노련한	☞능숙한	
노/…를 젓다.	gaod/gauran[가-옫/가우-란]	oar/pull oar
노름/~하다	sugál/magsugál[수갈/막수갈]	gambling/gamble
노름꾼	manunugal[마누누-갈]	gambler
노벨상	Nobel-premyo[노-벨 쁘레-묘]	nobel prize
노선(路線)	daanan, ruta[다아-난, 루-따]	route
노예	alipin[알리-삔]	slave

83

노인	matandáng tao[마딴당 따-오]	old man
노크/…하다	tuktók, katók/tumuktók, kumatók[뚝똑, 까똑/뚜묵똑, 꾸마똑]	knock/knock
노트	kuwaderno[꾸와데-르노]	notebook
노파	matandáng babae[마딴당 바바-에]	old woman
녹/…쓸다	kalawang/magkalawang[깔라-왕/막깔라-왕] 그 철은 녹쓸고 있다.; Nagkákaláwang ang bakal.	rust/be rusted
녹음	pagtatalâ ng tunóg[빡따딸라' 낭 뚜녹]	sound recording
논	palayan[빨라-얀]	rice field
논문	tisis[띠-시스]	thesis
논쟁/…하다	pagtatalo/magtalo[빡따따-로/막따-로] 논쟁하지 말자.; Huwág tayong magtalo.	dispute/disputation
놀다	maglarô[막라로'] 놀러 나가자.; Lumabás tayo sa larô, 놀러 와.; Pumarito ka sa larô.	play
놀라다	gumulat, biglaín[구무-랕, 비글라인] 깜짝 놀랄만한; kagulat-gulat, 당신이 놀랄까봐 걱정했어요.; Nag-alalá akó pong biniglâ ninyó.	be surprised
농구	basketbol[바스께-트볼]	basketball
농담/…하다	birò/bumirò, biruin[비-로'/부미-로', 비루-인] 농담처럼 말하지 마.; Huwág mong sabihin parang birò.	joke/joke
농민	magsasaká, magbubukíd[막사사-까, 막부부낃]	farmer
농사를 짓다	magsaka, magbukíd[막사-까, 막부낃]	do farming
농업	pagsasaka, pagbubukíd[빡사사-까, 빡부부낃]	agriculture

농장	sakahán, kabukiran[사까한, 까부끼-란]	farm
농촌	bayang pansaka[바-양 빤사-까]	agricultural village
높다	mataás[마따아스]	high
높은 위치	mataás na kalagayan[마따아스 나 깔라가-얀]	high position
높이/높이다	taás/itaás[따아스/이따아스]	height/heighten
높이뛰기	mataás na tumalón[마따아스 나 뚜말론]	high jump
놓다	ilagáy[일라가이] 나는 탁자 위에 꽃병을 놓았다.; Inilagáy ko ang plorera sa hapág.	put
뇌	utak[우-딱] 당신의 뇌에 심각한 문제가 있습니다.; Mayroón ang seryosong problema sa utak ninyó.	brain
뇌진탕	pagkalóg ng[빡깔록 낭] utak	concussion of brain
누구	sino[시-노] 거기 누구세요?; Sino pô iyón?,당신은 누구십니까?; Sino pô ba kayó? 누가 나이가 더 많아요?; Sino pô ang mas matandâ? 누구 차례예요?; Sino pô ang susunód? 누가 알고 싶어요?; Sino pô ang gustong alam? 누구를 찾으세요?; Sino pô ang hinahanap?	who
누구나	sínumán[시-누만]	anybody
누구를 위해	para sa kanino[빠-라 사 까니-노]	for whom
누구세요?(방문자에게)	Sino pô kayó?[시-노 뽀' 갈라]	Who is it?
누구에게	sa kanino[사 까니-노]	to whom
누구와	sa kanino[사 까니-노], 누구와 통화했어요?; Sa kanino nagsalitâ ka sa telépono?	with whom

85

누구의	kanino[까니-노] 누구 집에 가세요?; Kaninong bahay magpuntá kayó?	whose
누나(언니)	ate, nakatátandáng kapatíd na babae[아-떼, 나가따-딴당 까빠띧 나 바바에]	elder sister
누룽지	tutóng[뚜똥]	scorched rice in the pot
누르다	idiín[이디인]	press
누설(漏泄)/…하다	tagas/tumagas[따-가스/뚜마-가스]	leakage/leak out
눅눅한/눅눅해지다	basâ-basâ/basaín[바사바사/바사인]	damp/dampen
눈(기후)/…이 오다	niyebe/magniyebe[니예-베/막니예-베]	snow/it snows
눈의(눈이 내리는)	maniyebe[마니예-베]	snowy
눈(신체)	matá[마따] 눈이 부시다.; Silawin ang mata. 눈이 나쁘니 안경을 써라.; Magsalamín ka sa masamáng matá. 눈이 아프다.; Masakít ang matá ko.	eye
눈을 감다/눈을 감은	pumikít/pikít[뿌미낃/삐낃]	close the eyes/eyes-closed
눈을 뜨다	dumilat[두미-르랕]	open the eyes
눈 감아주다	makaligtaán[마까릭따아안]	overlook
눈동자	balintatáw[발린따따우]	pupil of the eye
눈물/…을 흘리다	luhà/lumuhà[루-하'/루무-하']	tear/shed tears
눈물을 흘리며	luhaán[루하안]	in tears
눈병	sakít sa matá[사낃 사 마따]	eye disease
눈보라	malakás na hangin kasama niyebe[말라까스 나 하-ㅇ인 까사-마 니예-베]	snowstorm
눈사람/…을 만들다	niyebeng tao[니예-벵 따-오]/gawín ang[가윈 앙] niyebeng tao	snowman/make snowman

눈송이	manipís na piraso ng[마니삐스 나 삐라-소 낭] niyebe, snowflake[스노우플레이크]	snowflake
눈싸움	laban na gamitin ang bola ng[라-반 나 가미-띤 앙 보-라 낭] niyebe	snowballing
눈싸움하다	maglaban sa pamamagitan ng[막라-반 사 빠마마기-딴 낭] bola ng niyebe	play snowballs
눈썹	kilay[끼-라이]	eyebrows
눈에 거슬리는	di-kawili-wili sa matá[디까윌-리리위-리]	offend the eye
눈짓(윙크)/…하다	kindát/kumindát[낀닫/꾸민닫]	wink/wink
눈치	táktiká[딱-ㅋ띠까] 눈치가 빠른; matáktiká 눈치 없는; waláng táktiká	tact
눈처럼 하얗다	busilak, napakaputi[부시-르락, 나빠까뿌-띠']	snow-white
뉘앙스	mahinang tabing na kahulugán[마히-낭 따-빙 까훌루간]	nuance
뉴스	balità[발리-따'] 티브 뉴스를 듣고 있다.; Nakikinig ako ng balità sa telebisyón.	news
느긋한	malubáy[말루바이] 느긋한 생활;malubáy na buhay	relaxed
느낌/느끼다	damdamin/makáramdám[담다-민, 마까-람담] 목에 통증을 느낀다.; Nakararamdám akó ng sakít sa leég.	feeling/feel
느끼하다	mamantikà[마만띠-까']	be greasy, be oily
느리다	mabagal, maluwát, makupad[마바-갈, 말루왈, 마꾸-빧] 달팽이는 느리게 움직인다.; Mabagal na gumágaláw ang susô.	slow
늘어나다	lumawak, lumaki[루마-왁, 루마끼]	augment, increase
늙은	matandâ[마딴다']	old

늙은이	matandáng tao[마딴당 따-오]	old man
능(陵;왕의 무덤)	pangharíng libingan[빵하링 리-빙안]	royal tomb
능동적인	bukál, likás[부깔, 리까스]]	spontaneous
능동태(문법)	táhásang tinig[따-하-상 띠-닉]	active voice
능력/…있는	kakayahán/may-kaya[까까야한/마이까-야]	ability/able
능률	kasanayán[까사나얀] 그녀의 일에 대한 능률은 대단히 뛰어나다.; Pambihirà ang kanyáng kasanayán sa trabaho.	efficiency
능숙한	bihasa, sanáy[비하-사, 사나이]	proficient, skillful
능숙해지다.	manihasa, kasanayan[마니하-사, 까사나-얀]	become proficient
늦은	nahulí[나훌리] 그들은 수업에 늦었다.; Nahulí silá sa klase. 그는 늦게 도착하였다.; Nahulí siyáng dumatíng. 나는 늦게 일어났다.; Nahulí akóng gumisíng. 늦어서 미안합니다.; Pasensiya kayó nang nahulí ako.	late
늦잠/…자다	labis na tulog/matulog nang labis[라-비스 나 뚜-ㄹ록/마뚜-ㄹ록 낭 라비스] 어제는 늦잠을 잤어요.; Natulog pô akó nang labis kahapon.	oversleeping

ㄷ 다

다(전부)	lahát[라핱] 다 주세요.; Bigyán ninyó akó ang lahát. 다 알고 있어.; Alam ko ang lahát. 음식을 다 먹어 버렸어요.; Kumain na pô akó ng lahát ng pagkain., 내가 말한 거 다 알아들었어?; Naintindihán ninyó ba ang lahát na sinabi ko?, 다 팔렸어.; Ubos na.	all
(~에)다가가다	pumuntá sa lapit ng ~[뿌문따 사 라-삗 낭]	approach
다가오다	lumapit, lapitan[루마-삗, 라삐-딴] 그녀는 나에게 다가왔다.; Lumapit siyá sa akin.	come close
다르다	ibá[이바] 다른 것들도 보여 주세요.; Ipakita ninyó ang mga ibáng bagay din. 다른 색도 있어요.; May ibáng kulay pô. 다른 방법으로 해야겠어요.; Gagamitin ko pô ang ibáng pamamaraán. 주문한 음식을 다른 것으로 바꿔도 돼?; Puwede ko bang ipagpalít ang nag-order sa ibáng menu?	other, another
(서로) 다르다	(두 개)magkaibá, (세 개 이상)magkakaibá[막까이바, 막까까이바] 이것과 저것은 (서로) 다르다.; Itó at iyón ay magkaibá.	different, unlike
다른 면	ibáng mukhâ[이방 묵하']	other side
다리(건축)	tuláy[뚤라이] 다리를 고치다.; Kumpunihín ang tuláy.	bridge
다리(인체)	bintî[빈띠'] 다리를 다치다.; Masaktán ang bintî.	leg
다리미/다림질하다	plantsa[쁠라-ㄴ짜]/magplantsa[막쁠라-ㄴ짜]	iron/iron
다만	lamang, lang[라-망, 랑] 다만 한번; isáng beses lang	only

다발	kumpól[꿈뽈] 꽃 한 다발; isáng kumpól na bulaklák	bunch, cluster
다사다난	maraming pangyayari[마라밍 빵야야-리] 다사다난했던 지난 해; noóng isáng taóng maraming pangyayari	many events
다섯(숫자)/…번째	limá, singko/ikalimá, panlimá[리마, 시-ㅇ꼬/이까리마, 빤리마]	five/fifth
다소	humigít-kumulang[후미깉꾸무-ㄹ랑]	more or less
다수(多數)	karamihan[까라미-한]	majority
다시	ulî, mulî[울리', 물리'] 내일 다시 전화 할게.; Tatawag akó bukas ulî. 다시 말해 보세요.; Subukin mong sabihin ulî. 다시 잘 찾아 보세요.; Hanapin mo mabuti ulî. 다시 만날때까지 안녕히 계세요.; Paalam na pô, hanggáng sa mulî. 다시 또 오세요.; Pumarito kayó ulî. 다시 한 번 더 합시다.; Gawín pô natin isá pa ulí.	again
다음	kasunód, súsunód[까수놀, 쑤-수놀] 다음 회의는 언제, 어디서 열려?; Kailán at saán ang kasunód na miting? 다음 역에서 내리세요.; Bumabà ninyó sa kasunód na istasyón!	the next/next
다음 날	kasunód na araw, kinabukasan[까수놀 나 아-라우, 끼나부까-산]	the next day
다음 달	sa isáng buwán[사 이상 부완]	next month
다음 번	kasunód na beses[까수놀 나 베-세스]	next time
다음 부터	buhat sa kasunód[부-핱 사 까수놀]	from the next
다음에	sa ibáng araw[사 이방 아-라우] 다음에 다시 전화할게.; Tatawag akó sa ibáng araw ulî.	some day
다음 일요일	sa isáng Linggó[사 이상 링고]	next Sunday

다음 주	sa linggóng daratíng[사 링공 다라띵]	next week
다이어트/…하다.	diyeta/magdiyeta[디예-따/막디예-따]	diet/diet
다지다(요리)	magtadtád[막땃딷] 다진 고기(육류); tinadtád na karné 다진 생선; pikadilyo,	mince
다치다	masaktán[마삭딴] 사고에서 4명이 다쳤다.; Nasaktán ang apat na tao sa aksidenteng iyán.	be injured
다큐멘터리	dokumentarya[도꾸멘따-랴]	documentary
다투다/다툼	mag-away, makipag-away/pag-aaway[막아-와이, 마끼빡아-와이 /빡아아-와이] 친구들과 싸우지 마라.; Huwág kang makipag-away sa mga kaibigan.	quarrel/quarreling
다행이다	masuwerte, mapalad[미수웨-르떼, 마빠-라드]	fortunate, lucky
닦기/닦다	punas/magpunas, punasan[뿌-나스/막뿌-나스, 뿌나-산] 테이블을 닦아라.; Punasan mo ang mesa,	wiping/wipe
단결/…하다	pagkakaisá/isahín, pagsamá-samahin[빡까까이사/이사힌, 빡사마사마-힌]	unity/unite
단계	hakbáng[학방] 일 단계; unang hakbáng	step
단독(單獨)	isáng-tao, solo, kaisahán[이상 따-오, 까이사한]	singleness, independence
단련/…하다(심신)	pinagsanayan/magsanay[삐낙사나-얀/막사-나이]	training/train
단련/…하다(쇠붙이)	pagpapandáy/magpandáy[빡빠-빤다이/막빤다이]	tempering/temper
단발머리	bab[밥] 너에게는 단발 머리가 잘 어울린다.; Bagay sa iyó ang bab nang mabuti.	bobbed hair
단백질	protein[프로티-인]	protein

단식/…하다	pag-aayuno/mag-ayuno[빠아아유-노/막아유-노] 나는 3일간 단식했다.; Nag-ayuno ako tatlóng araw.	fast/fast
단식요법	lunas sa pag-aayuno[루-나스 사 빠아아유-노]	fasting treatment
단식투쟁	paghampás sa pamamagitan ng pag-aayuno[빡함빠스 사 빠마마기-딴 낭 빠아아유-노]	hunger strike
단어	salitâ[살리따'] 괄호에 적합한 단어를 넣으세요; Ilagáy ninyó ang tamang salitâ sa panaklóng.	word
단어집	talahuluganan[딸라훌루가-난], diksyunaryo[딕슈나-료]	vocabulary, dictionary
단언(斷言)하다	magpahayag, ipahayag[막빠하-약, 이빠하-약] 그는 그 이야기가 거짓이라고 단언했다.; Ipinahayag niyáng hindî totoó ang kuwentong iyán.	assert
단위	yunit[유-닡] 측정단위; yunit ng pagsusukat	unit
단 음식	matamís na pagkain[마따미스 나 빡까-인] 단 음식은 건강에 해롭다.; Ang matamís na pagkain ay nakapípinsalà sa kalusugan. 단 거 너무 많이 먹지마.; Huwág kang kumain ng matamís na pagkain masyadong marami.	sweet food
단장(團長, 우두머리)	punò ng isáng grupo[뿌-노' 낭 이상 그루-뽀]	leader
단조롭다	waláng-pagbabago, dî nagbábágo, iyó't iyón din[왈랑 빡바바-고, 디' 낙바-바-고, 이욷 이욘 딘] 그 노래는 매우 단조롭다.; Sobrang dî nagbábágo ang kantáng iyán. 그의 생활은 항상 단조롭다.; Lagíng waláng-pagbabago ang kanyáng buhay.	monotonous
단지	tapayan[따빠-얀]	clay pot
단지(但只, 오직)	lamang, lang[라-망, 랑] 오직 너 뿐; ikáw lamang	only

단체	grupo, koponán[그루-뽀, 꼬뽀난]	group
단체 여행객	grupong biyahero[그루-뽕 비야헤-로]	group tourists
단체손님	grupong bisita[그루-뽕 비시-따]	group guests
단추/…를 달다	butones/ibutones[부또-네스/이부또-네스]	button/put on a button
단팥죽	matamís na lugaw ng redbean[마따미스 나 루-가우 낭 레드빈]	sweet red-bean porridge
닫다	ipinid, isará[이삐-닏, 이사-라']	close
달(기간)	buwán[부완] 일년은 12달, 365일이다.; Ang isang taon ay may labíndalawáng buwán at tatlóng daá't animnapû't limá.	month
달(천체)	buwán	moon
달다(맛)	matamís[마따미스]	sweet
달라붙다	dumikít[두미낃]	stick
달러	dolar[도-르라]	dollar
달력	kalendaryo[깔렌다-리오]	calendar
달리기/달리다	takbó/tumakbó[딱보/뚜막보]	running/run
달리기 경주	takbuhan[딱부-한]	race of running
달면서 맛있다	matamís at masaráp[마따미스 앋 마사랍]	sweet and delicious
달성/…하다	katúpáran/tumupád, tuparín[까뚜-빠-란/뚜무빧, 뚜빠-린] 나는 그 사람에게 한 약속을 달성했다(완수했다.).; Tinupád ko ang aking pangakò sa kanyá.	fulfillment/fulfill
달아나다	tumakas[뚜마-까스]	run away
달팽이(통칭)	susô[수소'] 그의 행동은 달팽이처럼 느리다.; Ang kilos niyá ay	snail

	kasíngkupad ng susò.	
닭	manók[마녹] 닭 머리하고 다리는 잘라 주세요.: Pakipútol ninyó ang ulo at bintí ng manók.	kitchen
닭고기	karnéng manók[까르네 낭 마녹]	meat of kitchen
닭 날개	pakpák ng[빡빡 낭] manók	wing of kitchen
닭띠	manók na sodyak[마녹 나 소-쟉]	zodiac of kitchen
닮다	makatulad[마까뚜-르랃] 당신들은 매우 닮아 보이네요.; Kayó ay mukháng makatulad sobra.	resemble
담	padér[빠데르]	wall
담담하다	kalmado[깔마-도] 담담한 기분; kalmadong damdamin	caim and serene
담당/…하다.	bahalà/mamahalà[바하-르라/마마하르-라] 이 의사가 그 환자를 담당합니다.; Ang manggamót na itó ay namamahalà sa pasyenteng iyán.	charge/be in charge
담배/…를 피우다	sigarilyo/magsigsrilyo[시가리-료/막시가리-료] 담배를 피워도 될까요?; Puwede pô ba akóng magsigarilyo?, 담배 피우지마.; Huwág kang magsigarilyo. 저는 담배를 피우지 않습니다.; Hindî akó pô magsigarilyo. 그는 담배를 끊었다.; Humintô siyá ng pagsisigarilyo.	smokke/smoke
담보	panagót[빠나곧]	security, mortgage
담보대출	utang sa pinanagót[우-땅 사 삐나나곧]	secured loan
담요	blanket, kumot na lana, manta[블라-ㅇ켈, 꾸-몯 나 라-나, 마-ㄴ따]	blanket
담임선생	gurong namámahalà sa isáng klase[구-롱 나마-마하-르라' 사 이상 끌라-세]	class teacher

답/…하다	sagót/sumagót, sagutín[사곧/수마곧, 사구띤] 그는 나의 편지에 답을 했다.; Sinagót niyá ang aking sulat.	answer/answer
(가슴이) 답답하다	mabigát sa dibdib[마비같 사 딥딥] 그의 바보스러움에 나는 가슴이 답답했다.; Mabigát ang dibdíb ko dahil sa katangahán niyá.	feel heavy(in the chest)
(장소가) 답답하다	naíinís, barado, masikíp[나이-이니스, 바라-도, 마시낍] 방이 너무 작아서 답답한 기분이다.; Ang silíd ay napakaliít, kayâ barado ang pakirandám.	stifling, stuffy, lacking in space
답례/…하다	bati bilang kapalít/bumatì bilang kapalít[바-띠' 비-ㄹ랑 까빨릍/부마-띠' 비-ㄹ랑 까빨릍]	return salute/return a salute
답변	kaságútan[카사-구-딴]	answer
당근	karot[까-롣]	carrot
당부(當付)/~하다.	pakikiusap/ipakiusap[빠끼끼우-삽/이빠끼우-삽]	request/request
당신('너'의 높임 말, 주격)	kayó[까요] 당신을 알게 되어서 매우 기뻐요.; Ikininagágalák kong mákilala kayó. 당신께 행운이 있기를 빕니다.; Nais kong magkaroón kayó ng mabuting kapalaran., 당신이 호세씨 이신가요?; Kayó ba si Jose?	you
당신에게	sa inyó[사 인요]	to you
당신에 의해(조격)	inyó, ninyó[인요, 닌요] 당신도 그녀를 아세요?(그녀가 당신에 의해 알려져 있습니까?); Alám ba ninyó rin siyá? 당신 뜻대로 하세요.(당신의 뜻이 당신에 의해 이루어 지세요); Gawín ninyó bilang kaloóban ninyó.	by you
당신을 위해	para sa inyó[빠-라 사 인요]	for you

당신을 사랑해요.	Mahál kitá.[마할 끼따]	I love you.
당신의(소유격)	inyó, ninyó, 당신의 말씀이 맞아요.; Tamà na ang sabi ninyó. 당신의 말을 못 알아듣겠어요.; Hindî ko náiintindihán ang sabi ninyó.	your
당연하다	siyempre, siyangâ[시예-ㅁ쁘레, 샹아'] 그럼 당연하지.; Siyangâ palá.	of course
당황/…하게 하다	kahihiyán/hiyáin, mapahiyâ[까히히얀/히야인, 마빠히야'] 친구들 앞에서 그녀를 당황하게 하지 마.; Huwág mo siyáng hiyaín sa haráp ng mga kaibigan.	embarrassment/be embarrassed
닻	angkla[아-ㅇ끌라] 닻을 내려라.; Ihulog mo ang ankla.	anchor
대(나무)	kawayan[까와-얀]	bamboo
대강	humigít-kumulang[후미깃꾸무-ㄹ랑] 대강 얼마나 걸려?; Gaáno katagál nang humigít-kumulang?	approximately
대규모	malakíng sukat[말라낑 수-깟]	large scale
대기(大氣)	atmospera[앝모스뻬-라]	atmosphere
대기자 명부	talaan ng naghihintáy[딸라-안 낭 낙히힌따이]	waiting list
대단한	kahanga-hangà[까하-ㅇ아 하-ㅇ아'] 대단한 가수; kahangang-hangang mang-aawit	great
대단히(매우)	sobra, lubhâ[소-브라, 룹하'] 그녀는 대단히 아름답다.; Sobrang magandá siyá, 비행기는 매우 빠르다.; Ang eruplano ay lubháng mabilís.	very
대담하다	waláng-takot, matapang[왈랑따-꼳, 마따-빵] 대담하게 처리해라.; Gawín mo nang waláng-takot.	bold, daring

대답/…하다.	대답/…하다 그녀의 대답은 전부 맞다.; Tamang lahát ang kanyáng mga sagót.	
대량	malakíng dami[말라낑 다-미]	large quantity
더러운 것/더럽다	dumí/marumí[두미/마루미] 여긴 정말 더럽군.; Ang dumí rito, palá.	dirt, feces/dirty
더러워지다	márumihán[마-루미한]	become dirty
더럽히다	magparumí[막빠루미]	contaminate, stain
대령(육군, 공군)	koronél[꼬로넬]	colonel
대령(해군)	kapitán[까삐딴]	captain
대륙	kontinente, lupalop[꼰띠네-ㄴ떼, 루빠-ㄹ롭]	continent
대리점	ahénsiyá[아헤-ㄴ시야]	agent
대명사(문법)	panghalíp[빵할립]	pronoun
대법원	Kátaás-taasang Húkúman[까-따아스따아-상 후-꾸-만]	supreme court
대변(大便)/…보다	tae/magtae[따-에/막따-에] 대변이 마려워요.; Kailangan kong tumae.	feces/move bowels
대변인(代辯人)	tagapagsalitâ[따가빡살리따']	spokesperson
대본	Sulat-kamáy ng isáng dulà[수-ㄹ랕 까마이 낭 이상 두-ㄹ라']	script
대부분	ang karamihan[앙 까라미-한] 이 마을 사람들은 대부분 어부이다.; Ang karamihan sa mga tao ng nayong itó ay mga mángingisdâ.	most of, majority of
대사	Embahadór[엠바하도-ㄹ]	ambassador
대사관	embahada[엠바하-다] 대사관 가는 중이에요.; Pumúpuntá pô akó sa embahada.	embassy
대신하다	ihalíp, halipán[이할립, 할리빤] 그 학생이 너를 대신하고 있다.;	take someone's place

	Hináhalipán ka ng estudyanteng iyán.	
(~를)대신하여	sa halíp ng ~[사 할맆 낭] 나를 대신하여 그녀가 회의에 참석했다.; Nakibahagi siyá sa pulong sa halip ng akó.	instead of ~
대양(大洋)	karagatan, dagat[까라가-딴, 다-갇]	ocean
대영제국	Bretanya[브레따-냐]	Great Britain
대위(육군, 공군)	kapitán[까삐딴]	captain
대위(해군)	pangunang tenyente[빵우-낭 떼녜-ㄴ떼]	lieutenant
대의(大義)	mahalagáng katarungan[마할라강 까따루-ㅇ안]	great duty
대장(육군, 공군)	henerál[헤네랄]	general
대장(해군)	almirante[알미라-ㄴ떼]	admiral
대장장이	pandáy[빤다이]	blacksmith
대접(待接)하다	maghandóg ng kasáyáhan[막한독 낭 까사-야-한]	treat
대중	madlâ, madláng tao[마들라', 마들랑 따오]	public, masses
대중교통	públikong trápiko[뿌-브리꽁 뜨라-삐꼬]	public traffic
대치/…하다	pagharáp/humaráp, harapín[빡하랖/후마랖, 하라삔] 경찰이 강도들과 대치하고 있다.; Hináharáp ng mga pulís ang mga magnanakaw.	confrontation/confront
대처하다	makaya, kayahin[마까-야, 까야-힌] 그녀가 그 일을 대처하기에는 아직 너무 약하다.; Siyá'y totoóng mahinà upang makaya ang trabahong iyán.	cope with
대체로	pangkaraniwan[빵까라니-완] 그는 대체로 정시에 도착한다.; Pangkaraniwa'y dumáratíng siyá sa oras.	generally

대체(代替)하다.	ihalíp, halipán[이할립, 할리빤]	subsitute
대출(貸出)/…하다	pautang/ipautang[빠우-땅/이빠우-땅] 대출기한은 얼마인가요?; Gaanó pô katagál ang panahón ng pautang? 나는 은행에서 대출을 받았다.; Ginawâ ko ang pautang sa bangko.	loan/get a loan
대칭/…을 이룬	simetria/may-simetria[시메-뜨리아/마이 시메-뜨리아]	symmetry/simmetrical
대통령	pangulo[빵우-르로] 우리는 애국심이 강한 대통령을 뽑아야 한다.; Dapat nating iboto ang pangulo na may malakás na pagkamakabayan.	president
대패/…질 하다	katám/magkatám, katamín[까땀/막까땀, 까따민]	plane/plane
대표	kinatawán, representante[끼나따완, 레쁘레센따-ㄴ떼]	representitive
대표팀	kumakataváng koponán[꾸마까따왕 꼬뽀난]	representing team
대학교	unibersidád[우니베르시닫]	university
대학원	postgraduate school[포스트그래듀잍 스쿨]	postgraduate school
대학원생(석사과정)	mastrál na estudyante[마스뜨랄 나 에스뚜디야-ㄴ떼]	student of master course
대학원생(박사과정)	doktoral[독또-랄] na estudyante	student of doctor course
대합실	hintayan[힌따-얀]	waiting room
대항/…하다	laban/lumaban, maglaban[라-반/루마-반, 막라-반]	opposition/oppose
(~에) 대항하여	laban sa ~[라-반 사] 우리는 공산주의에 대항하여 싸운다.; Nag-ááway tayo laban sa komunismo.	against
대화/…하다	pag-uusap/mag-usap[빡우-우-삽/막우-삽]	talk/have a talk
대회(큰모임)	pagtitipun-tipon[빡띠띠-뿐띠-뽄]	great meeting
대회(경기)	torneo[또르네-오]	tournament

대회장	tipunán[띠뿌안]	place of assembly
댄스	sayáw[사야우]	dance
더	mas, lalò, pa[마스, 라-르로', 빠] 점점 더.;l alo't lalò, 영어는 한국어 보다 더 쉽다.; Wikang Íngles ay mas madalí kaysa sa wikang Koreano. 필리핀은 미국보다 더 아름답다.; Pilipinas ay lalong magandá kaysa sa Amérika. 피터는 존보다 영리하다.; Si Peter ay lalong marunong kaysa kay John. 더 드세요.; Kumain pa kayó. 한 번 더 합시다.; Gumawâ pô tayo isáng beses pa. 한 개 더.; Isá pa. 아직 더 있다.; Merón pa.	more
더디다	☞느리다	
더러움/더럽다	dumí/marumí[두미/마루미] 여긴 정말 더럽군.; Ang dumí rito, palá.	dirt, feces/dirty
더러워지다	márumihán[마-루미한]	become dirty
더럽히다	magparumí[막빠루미]	make dirty
더불어	☞함께	
더블룸	kuwartong may dalawáng kama[꾸와-르똥 마이 달라왕 까-마]	double bed room
더치페이(각자 계산)	kanyá-kanyáng bayad[깐야깐양 바-얃] 우리 더치페이해요.; Kanyá-kanyá tayong magbayad.	dutch pay
덕(德)	kabutihan, birtúd, kabanalan[까부띠-한, 비르뚣, 까바나-르란]	virtue
덕담	banál na pangung-usap[바날 나 빵웅우-삽]	well wishing remarks
덕택	kabutihang-loób[까부띠-항로옵] 당신 덕택에 우리는 행복하게 살고 있습니다.; Sa kabutihang-loób ninyó, mamumuhay tayo nang maligaya.	kindness, favor
던지다	ibató, ihagis[이바또, 이하-기스]	throw

던져버리다	itapon, ibasura, magbasura[이따-본, 이바수-라, 막바수-라]	throw away
덜다	bawasin, alisán[바와-신, 알리산]	reduce
(~보다)덜 ~하다(~보다 못하다)	hindî kasíng[힌디' 까싱] 메리는 영희보다 덜 똑똑하다.; Si Mary ay hindî kasíndúnong ni Younghee., 내 아이는 그의 아이보다 덜 건강하다.;A ng aking anák ay hindî kasínlusóg ng anák niyá.	less
덥다	mainit[마이-닡] 매우 덥다; totoóng mainit	hot
덫	panghuli, bitag[빵후-리, 비-딱] 새가 덫에 걸렸다.; Náhúli sa bitag ang ibon.	trap
덮다	magtakíp, takpán[막따낍, 딲빤] 추워서 담요를 덮었어요.; Nagtakíp pô ako ng kumot dahil malamíg. 식탁의 음식을 덮어라.; Takpán mo ang pagkain sa mesa.	cover
덮다(책)	isará[이사라] 책을 덮고 잠을 잤다.; Isinará ang aklát, tapos natulog.	close
데다(불에)	magsunog[막수-녹]	get burned
데리고 오다	kumuha, kunin[꾸무-하, 꾸-닌]	bring
데이트/…를 약속하다	tipán/magtipán[띠빤/막띠빤] 후안과 로사는 오늘 밤 데이트하기로 약속했다.; Si Juan at si Rosa ay nagkásundóng magtipán mámayáng gabí.	date/have a date
데치다	magpakulô nang bahagyâ[막빠꿀로' 낭 바하갸']	parboil
덴마크	Denés[데네-스]	Denmark
도(度)	grado[그라-도] 40도; apatnapúng grado	grade
도구	kagamitán, kasangkapan[까가미딴, 까상까-빤]	tool, instrument
도구로 사용하다	kasangkapanin[까상까빠-닌]	use something as a tool

101

도금/…하다	paggintô/gintuín[빡긴또'/긴뚜인]	gilding/gild
도기	palayók[빨라욕]	earthenware
도달/…하다	dating, sipót/dumatíng, sumipót[다띵, 시뽈/두마띵, 수미뽈]	arrival/arrive
도덕	moralidád[모랄리닫]	morality
도둑/…질	magnanakaw/pagnanakaw[막나나-까우/빡나나-까우]	thief/theft
도둑질하다	magnakaw, mangupit[막나-까우/망우-뻴] 후안은 닭을 도둑질하다가 잡혔다.; Náhúli si Juang nagnánákaw ng manók.	steal
도를 넘다	lumabis, humigít[루마-비스, 후미긷]	go to excess
도마	tadtaran[닫따-란]	chopping board
도마뱀	butikî[부띠끼']	lezard
도망/…가다	pagtakas/tumakas, magtakas[빡따-가스/뚜마-가스, 막따-가스]	escape/run away
도망자(탈주자)	takas[따-가스] 그는 교도소 탁주자이다.; Siya'y takas sa bílangguan.	fugitive
도매/도매의(…로)	pakyáw/pakyawan[빠꺄우/빠꺄-완] 우리는 도매로만 판다.; Nagbébénta kamí sa pakyawan lang.	wholesale
도매로 사다	pumakyáw, mamakyáw[뿌마까우, 마마꺄우]	buy by wholesale
도매로 팔다	magpapakyáw[막빠-빠꺄우]	sell by wholesale
도매상	mámamakyáw[마-마마꺄우]	wholesaler
도서관	aklatan[아끌라-딴]	library
도서목록	talaaklatan[딸라아끌라-딴]	book list
도시	lungsód[룽솓]	city
도심지	bayanan, kabayanan, sentro ng bayan[바야-난, 까바야-난, 쎄-ㄴ뜨로 낭	downtown

102

	바-얀]	
도우미	katulong[까뚜-ㄹ롱]	helper
도움/돕다	tulong/tulungan, tumulong[뚜-ㄹ롱/뚤루-ㅇ안, 뚜무-ㄹ롱] 저 노파를 좀 도와주세요.; Pakitulungan ninyó ang matandáng babae. 그녀는 도움이 필요하다.; Kailangan niyá ang tulong. 무엇을 도와드릴까요?; Anóng maitutulong ko sa inyó? 실례지만 좀 도와 주시겠어요?; Puwede ba ninyó akóng tulungan? 어떤 도움이라도 필요하면 말씀하세요.; Kung kailangan anumáng tulong, sabihín ninyó sa akin. 도와 드릴까요?; Tulungan pô ba kitá?	help/help
도움이 되는	matulungín[마뚤룽인]	helpful
도자기	palayók[빨라욕]	pottery
도지사	gubernadór ng probinsya[구베르나도-르 낭 쁘로비-ㄴ샤] 도지사는 틀린 방향으로 도민을 통치했다.; Pinamahalaán ng gubernadór ng probinsya ang mga tao sa maling direksyón.	provincial governor
도착/…하다	datíng/dumatíng[다띵/두마띵] 그는 내일 우후에 도착할거야.; Daratíng siyá bukas ng hapón.	arrival/arrive
독립/…하다	kalayaan, kasarinlán/magsarilí[깔라야-안, 까사린란/막사릴리] 우리는 어제 우리나라의 독립을 기념했다.; Kahapon ipinagdiwang ang kasarinlán ng ating bansá.	independence/become independent
독(毒)/독성의	lason/nakakalason[라-손/나까까라-손]	poison/poisonous
독살하다	manlason[만라-손]	poison
독수리	ágila[아-길라]	eagle

독신	iisáng buhay[이이상 부-하이]	a single life
독일/…인, …의	**Alemanya/Alemán**[알레마-냐/알레만]	Germany/German
독자(구독)	**mambabasa**[맘바바-사]	reader
독점/…하다	**monopolyo, pagsarili/masarili**[모노뽀-르요, 빡사리-르리/마사리-르리]	monopoly/monopolize
독창성	**orihinalidád**[오리히날리닫]	originality
독창적인	**káuná-unahan, bago**[까-우나우나-한, 바-고]	unique
독특한	**waláng-katulad, kakaibá**[왈랑까뚜-랃, 까까이바]	peculiar
돈	**pera, kuwalta, salapî**[뻬-라, 꾸와-르따, 살라삐'] 돈 없어요.; **Waláng pera pô**. 그 사람은 돈이 많다.; **Marami siyáng kuwalta**. 돈 좀 빌려 주실 수 있으세요?; **Puwede pô ba akóng manghirám ng pera sa iyó?** ATM에서 돈 좀 뽑아 주세요.; **Kumuha kayó ng pera sa ATM para sa akin.**	money
돈을 받다	**tanggapín ang**[땅가-뻰 앙] **salapî**	receive money
돈을 벌다	**kumita ng**[꾸미-따 낭] **kuwalta**	earn money
돈을 송금하다	**magpadalá ng**[막빠달라 낭] **kuwalta**	remit money
돈을 인출하다	**kumuha ng**[꾸무-하 낭] **pera**	withdraw money
돌다(방향)	☞꺾다	
돌다(트랙 등)	**umikot**[움이-꼳] 그는 운동장을 뛰어서 돌았다.; **Nakatakbóng umikot siyá ng pálaruán.**	revolve, turn around
돌다(순회)	**maglibót, libutin**[마그리볻, 리부-띤] 그는 공장 외부를 돌았다.; **Maglibót siyá sa labás ng págaawan.**	go around

돌다(팽이 등)	☞회전/…하다	
돌려주다	magsaulì, isaulì[막사우-리, 이사우-리] 빌린 거 돌려드리러 왔어요.; Pumarito pô akó para isaulì ang hiramín ko.	return
돌리다(팽이 등)	☞회전시키다	
돌보다	alagaan[알라가-안] 그 아이들을 돌보아라.; Alagaan mo ang mga batang iyán	take care of
돌아가다	bumalík[부말릭] 공장으로 돌아가서 일을 시작하자.; Bumalík tayo sa pábriká, tapos magsimulâ ng trabaho.	return
돌아 다니다	gumala-galà[구마-ㄹ라가-ㄹ라] 그는 마닐라시내를 돌아 다녔다.; Gumala-galà siyá sa Maynilà.	go around
돌연히	biglâ[비글라'] 나의 친구들은 갑자기 학교로 달려갔다.; Biglâng tumakbó ang mga kaibigan ko sa páaralán.	suddenly
돌쩌귀	bisagra[비사-그라]	hinge
돕다	☞도움/돕다	
동(東;방향)	silangan[시라-ㅇ안]	east
동(銅;금속)	tansô[딴소']	copper
동갑	parehong edád[빠레-홍 에닫]	the same age
동굴	kuweba, yungíb[꾸웨-바, 융입] 동굴 속은 어둡다.; Madilím ang loób ng kuweba.	cave
동남아	timog-silangang Asya[띠-목실라-ㅇ안 아-샤]	South-East Asia
동료	kasama[까사-마], kasamahán(직업, 전문분야)[까사마한] 메리는 나의	companion

	사무실 동료다.; Si Mary ay kasamahán sa opisina.	
동메달	tansóng medalya[딴송 메다-르랴]	bronze medal
동명사(문법)	pandiwang makangalan[빤디-왕 마깡아-르란]	gerund
동물	hayop[하-욥] 소, 말, 돼지는 동물이다.: Ang baka, kabayo at baboy ay mga hayop.	animal
동물원	hayupan, soó[하유-빤, 소오]	zoo
동물학/…자	soolohiya/soólogo[소올로히-야/소오-로고]	zoology/zoologist
동반/…하다	pagsasama/sumama[빡사사-마/수마-마]	company/accompany
동반자/…관계	kasama/pagkakasama[까사-마/빡 까까사-마]	partner/partnership
동봉/…하다	lakip/maglakip, ilakip[라-낍/막라-낍, 일라-낍] 당신에게 편지쓸 때 사진을 동봉하겠습니다.; Maglálakíp akó ng larawan sa sulat sa inyó.	enclosure/enclose
동사(문법)	pandiwà[빤디-와']	verb
동상(銅像)	tansóng rebulto[딴송 레부-르또]	bronze statue
동생(남)	nakababatang kapatíd na lalaki[나까바바-땅 까빠띨 나 랄라-끼]	younger brother
동생(여)	nakababatang kapatíd na babae[나까바바-땅 까빠띨 나 바바-에]	younger sister
동시대의 (사람)	kapanahón, (둘 이상일 경우)magkapanahón[까빠나혼, 막까빠나혼] 그의 할아버지는 박 대통령과 동시대 사람이었다.; Ang lolo niyá ay kapanahón ni Pangulo Park.	contemporary
동시적(同時的)인	sabáy-sabáy[사바이사바이]	simultaneous
동시에	panabáy[빠나바이]	at the same time
동시에 발생하다	magkasabáy[막까사바이]	occur at the same time

(~)동안	habang, samantala[하-방, 사만따-ㄹ라] 그가 마닐라에서 일하는 동안 나는 지방에 있었다.; Habang nagtátrabaho siyá sa Maynila, akó'y sa probinsiyá. 이번 여름 동안 유럽을 여행하겠다.; Maglálakbáy akó sa Europa habang darating tag-init. ※ 숫자로 표현하는 시간의 단위는 별도의 전치사가 없다. 예)한 달 동안; isáng buwán 3일 동안; tatlóng araw 5시간 동안; limáng oras	while, during
동업자	kasamahán[까사마한]	fellow businessman
동유럽	silangang Europa[실라-ㅇ앙 유로-빠]	East-Europe
동의어	singkahulugán[싱까훌루간]	synonym
동의하다	umayon, ayunan[움아-욘, 아유-난]	agree
동정	pagkabirhen[빡까비-르헨] 동정을 잃다; mawalán ng pagkabirhen 동정을 지키다; panatilihin ang pagkabirhen	virginity
동정녀	ang Birheng Maria, ang Mahál na Birhen[앙 비-르헹 마리-아, 앙 마할 나 비-르헨]	
동정/...하다	awà, pakikiramay/maawà, makiramay[아-와', 빠끼끼라-마이/마아-와', 마끼라-마이] 그는 가난한 사람들을 진심으로 동정했다.; Taós-pusò siyáng nakiramay sa mga mahihirap. 나는 고통 받는 사람들을 동정한다. Akó'y naáawà sa mga nagtítiís	pity/feel pity
동정심 있는	maawaín, nakíkirámay[마아와인, 나끼-끼라-마이]	sympathetic
동포	kababayan[까바바-얀] 그는 나의 동포다.; Kababayan ko siyá.	compatriot
돛/···을 올리다.	layag/maglayag[라-약/막라-약]	sail/hoist a sail
돼지/···	baboy/karnéng baboy[바-보이/까르넹 바-보이]	pig

돼지띠	baboy na sodyak[바-보이 나 소-쟉]	zodiac of pig
(~이/가) 되다	maging[마깅] 나는 선생님이 되겠다.; Akó'y magigíng gurò. 그는 변호사가 되었다.; Siyá'y naging abogado.	become
되풀이/…하다	ulit/ulitin, umulit[우-리릳/울리-띤, 움우-리릳]	repetition/repeat
두 번	dalawáng beses[달라왕 베-세스]	two times
두 번째	ikalawá, pangalawá[이깔라와, 빵알라와]	second
두 개로 자르다	humati, hatiin, biyakín[후마-띠, 하띠-인, 비야낀]	divide into two pieces
두고 가다	iwan, maiwan[이-완, 마이-완] 그는 책상에 책을 두고 갔다.; Inawan niyá sa mesa ang aklát.	leave behind
두근거림/두근거리다	mabilís na tibók/tumibók nang mabilís[마빌리스 나 띠볶/뚜미볶 낭 마빌리스]	palpitation/palpitate
두꺼비	kabatsoy, palaká[까바-쪼이, 빨라까]	toad
두다	☞놓다	
두드리다	tumuktók[뚜묵똑] 문을 두드리다.; tumuktók ng pintó	knock
두려움/두려워하다	katakutan/matakot[까따꾸-딴/마따-꼳] 그 사람을 두려워하지 마라.; Huwág kang matakot sa kanyá.	fear/fear
두렵게 하다	makatakot[마까따-꼳] 그 사고는 아이들을 두렵게 했다.; Nakatakot sa mga batà ang aksidenteng iyán.	fearful
두부	tokwa[또-크와]	bean curd
두 시	alás-dos[알라스 도스]	
두통	sakít sa ulo[사낕 사 우-로로] 두통이 있어요.; Masakít pô sa ulo ko.	headache

둑	pampáng[빰빵]	bank
둔화/…되다	katumalan/tumumal[까뚜마-ㄹ란/뚜무-말] 판매가 둔화되고 있다.; Tumútumal ang benta.	slow-down/slacken
둘(숫자)	dalawá, dos[달라와, 도스]	two
둘 다(모두)	kapwà[까-쁘와'] 그들 둘 다 떠났다.; Kapwà silá umalís. 그 책 두권은 모두 후안의 것이다.; Ang aklát ay kapwà kay Juan.	both of
둘러보다	tingín-tingín sa paligid ng~, tingán ang paligid ng~[띵인띵인 사 빨리-긴 낭, 땅안 앙 빨리-긴 낭] 해변을 둘러보고 싶다.; Gusto kong tingín-tingín sa paligid ng tabing-dagat./Gusto kong tingán ang paligid ng tabing-dagat.	look around
둘러싸다/둘러싸인	pumaligid/nalíligid[뿌말리-긴/날리-ㄹ리-긴]	surround/surrounded
둘러싸이다	maligiran[말리기-란] 나의 집은 공장들로 둘러 쌓였다.; Ang aking bahay ay nalíligiran ng mga págawaan.	be surrounded
둘레	kabilogan, paligid[까빌로-간, 빨리-긴]	circumference
둥글다	bilóg[빌록]	round
뒤/뒤로	likód/palikód[리꼳/빠리꼳]	back/backward
뒤뜰	likód-bahay[리꼳 빠-하이]	backyard
뒤로 돌다	tumalikód[뚜마리꼳] 그는 우선 뒤로 돌고 나서 재채기를 했다.; Tumalikód muna siyá at sakâ bumahín.	turn back
뒤꿈치	sakong[사-꽁]	heel
뒤죽박죽	gulúng-guló, maguló[굴룽 굴로, 마굴로] 이 방은 뒤죽박죽이다.;	topsy-turvy

109

	Gulúng-guló ang silíd na itó.	
뒤집다/뒤집힌(안과 밖)	baligtarín, bumaligtád/baligtád[발릭따린, 부말릭딷/발릭딷] 너의 내의가 뒤집혔다.; Baligtád ang iyóng kamiseta.	turn inside-out/inside-out
뒤집히다	☞전복되다	
뒤쪽	likuran[리꾸-란] 당신 뒤쪽에 있는 사람들은 뉩니까?; Anó ang mga tao sa likuran ninyó?	backside
뒤쫓다	habulin, humabol[하부-리린, 후마-볼]	trace
뒷담화	koblíng salaysáy[꾸블링 살라이사이]	hidden story
뒷면	hulihán[훌리한]	back side
드라이브하다	magmaneho[막마네-호]	drive
드라이하다(머리)	magblower[막불로-워]	dry
드럼(악기)	tamból[땀볼]	drum
드럼 스틱	panamból[빤암볼]	drum stick
드리다	magalang na pananalitâ ng 주다(ibigáy, bigyán)	
드물다	bihirà, pambihirà[비히-라', 빰비히-라']	rare
드시다	magalang na pananalitâ ng 먹다(kumain), 드세요.; Kumain pô kayó.	
득점/…을 내다	puntós/makapuntós[뿐또스/마까뿐또스]	score/make score
듣다	makiníg[마끼닉]	hear
들다(손에)	humawak, tumangan, tangnán[후마-왁, 뚜마-○안, 땅난] 이것 좀 들고 계세요.; Pakitangnán ninyó ngâ itó.	hold
들뜨다(마음)/들떠있는	lumikót/malikót[루미꼳/말리꼳]	be unsteady/restless

들리다	dumalaw, bisitahin, dumaán[두마-ㄹ라우, 비시따-힌, 두마안]	stop by, visit
들볶다	☞귀찮게 하다	
들어가다	pumasok[뿌마-속] 들어가도 돼?; Puwede bang pumasok?	enter
들어 올리다	magtaás, itaás[막따아스, 이따아스] 그 상자를 들어 올려라.; Itaás mo ang kahóy na iyán.	lift
들판	bukid[부-낃]	plain
등(인체)	likód[리꼳]	the back
등(燈)	lámperá[라-ㅁ뻬라]	lamp
등교/…하다	pasok sa eskuwelahán[빠-속 사 에스꾸웰라한/pumasok[뿌마-속] sa eskuwelahán	attend school
등급	baitáng[바이땅]	grade, degree
등기로 부치다 (우편물)	iparehistro, magparehistro[이빠레히-스뜨로, 막빠레히-스뜨로] 이 편지 등기로 보내주세요.; Iparehistro ninyó ang sulat na itó.	register
등기소	pátalaan, párehistruhan[빠-딸라안, 빠-레히스뜨루한]	registry office
등대	parola[빠로-ㄹ라]	lighthouse
등록…/하다.	pagtatalâ, paglilistá/ilistá, ipagtalâ[빡따딸라', 빡리리스따/일리스따, 이빡딸라']	registration/register
등록증	sertipiko ng[세르띠삐-꼬 낭] pagtatalâ	certificate of registration
등뼈	gulugód[굴루곧]	spine
등장(연극)	pagpasok[빡빠-속] 그 배우의 등장은 갈채를 받았다.; Sinalubong ng pálakpakan ang pagpasok ng artista.	entrance on stage

디자인/…하다.	disenyo/gawín ang disenyo[디세-뇨/ 가윈 앙 디세-뇨]	designing/design
디저트	matamís, himagas[마따미스, 히마-가스] 그들은 후식으로 사과를 준비했다.; Naghandá silá ng mansanas bilang himagas.	dessert
따다(과일, 꽃 등)	pumitás[뿌미따스] 그녀는 예쁜 꽃을 많이 땄다.; Pumitás siyá ng maraming magandáng bulaklák	pick
따뜻하게 하다	magpainit[막빠이-닡]	warm up
따뜻하다	mainit[마이-닡]	warm
(~에)따라	ayon sa …[아-욘 사]	according to
따라가다	sumunód, sundán[수무놀, 순단]	follow
따라잡다/따라잡힌	umabot/abot[움아-볻/아볻]	overtake/overtaken
따로 놓다/따로 놓인	ibukod/bukód[이부-꼳/부꼳]	separate/separated
따르다(사람, 명령 등)	sumunód, sundín[수무놀, 순딘]	follow
따르다(액체)	magsalin, isalin[막사-린, 이사-린] 나는 컵에 차를 따랐다.; Nagsalin akó ng tsa sa isáng tasa.	pour
따지다	magtanóng, tanungín[막따농, 따눙인] 나는 그의 잘못에 대해 따졌다.; Tinanóng ko nang mabuti ang kanyáng pagkakamalí.	ask carefully
딱딱한	matigás[마띠가스]	hard
딸	anák na babae[아낙 나 바바-에]	daughter
딸기	presa, istroberi[쁘레-사, 이스뜨로베-리]	strawberry
딸꾹질/…하다	sinók/sinukín[시녹/시누낀]	hiccup/hiccup
땀/…을 흘리다	pawis/magpawis[빠-위스/막빠-위스]	perspiration/perspire

땅	lupà, lote[루-빠', 로-떼]	earth, land
땅을 갈다(경작하다)	mag-araro[막아라-로]	plough
땅임자	maylupà[마이루-빠']	landowner
땅콩	manî[마니']	peanut
때때로	paminsán-minsán[빠민산 민산] 그는 때때로 여기에 옵니다.; Pumáparito pô siyá paminsan-minsan.	now and then
때리기/…다	palò/pumalò[빠-ㄹ로'/뿌마-ㄹ로'] 그 애의 엉덩이를 철썩 때렸다.; Pumalò sa puwít ng bata.	spanking/spank
때문에	dahil (sa…)[다-힐(사)] 너라는 사람이 있기때문에; dahil may isang ikaw, 너 때문에; dahil sa iyó	because (of)
떠나다	umalís, pumuntá[움알리스, 뿌문따] 그는 떠났다.;Umalís siyá.	leave
떠오르다(생각 따위)	pumasok sa isip[뿌마-속 사 이-싶] 갑자기 좋은 생각이 떠 올랐다.; Bigláng pumasok ang mabuting ideya sa isip ko.	come to mind
떠올리다(기억 등)	ipaalaala[이빠알라아-ㄹ라] 때때로 그녀를 떠올리곤 합니다.; Paminsán- minsán ipinaáalaala ko siyá.	think out
떡	bibingka, puto[비비-ㅇ까, 뿌-또]	rice cake
떨어지다	mahulog, lumaglág, malaglág[마후-ㄹ록, 루막락, 말락락] 테이블에서 책이 떨어졌다.; Nalaglág ang libró mulâ sa mesa.	drop
떼(무리)	grupo[그루-뽀]	group
또	☞다시	
또는(아니면)	o[오] 달아요, 아니면 시어요?;Matamís ba o maasim? 너 아니면 나;	or

	ikáw o akó	
또라이	sirâ ang ulo[시라' 앙 우-르로]	crazy man
똑같다	pareho[빠레-호]	same
똑같이 ~하다	magkasing[막까싱]+형용사 어근, 메리와 켈리는 똑같이 예쁘다.; Si Mary at Si Kelly ay magkasinggandá. ※셋 이상의 경우는 magkákasing[막까-까싱]+형용사 어근	
똑똑하다	marunong[마루-농]	clever
똑똑히 말하다	bumikás nang maliwanag[부미까스 낭 말리와-낙]	articulate
똑바로 가세요.	Diretso pô lang.[디레-쪼 뽀' 랑]	Go straight.
뚜껑/…을 덮다	takíp/takpán[따낍/딱빤] 단지의 뚜껑을 제거해라.; Alisín mo ang takíp ng tapayan.	cover/cover
뚱뚱하다/뚱뚱해지다	matabâ/tumabâ[마따바'/뚜마바'] 그 아이는 돼지고기를 많이 먹어서 뚱뚱해졌다.; Ang bat àay kumain ng maraming karnéng baboy kayâ tumabâ.	fat
뛰다	tumakbó[뚜막보]	run
뜨거운	mainit[마이-닡] 뜨거운 물 한 컵 주세요.; Bigyán ninyó akó ng isáng basong tubig na mainit.	hot
뜨게질하다	magniting[막니-띵]	knit
뜨다(물에서)	lumutang[루무-땅]	float
뜨다(연예인)	maging kilala, maging sikat-sikat[마-깅 낄라-라, 마-깅 시-깥시-같]	become famous
뜨다(해)	sumikat[수미-깥] 해는 동쪽에서 뜬다.; Sumisikat ang araw sa silangan.	rise

뜨다(눈)	mumulat, imulat[무무-르랄, 이무르-랕] 그는천천히 눈을 떴다.; Dahan-dahan niyáng iminulat ang kanyáng matá.	think out
뜯다	pumunit, punitin[뿌무-닡, 부니-띤] 종이를 뜯지마라.; Huwág mong punitin ang papél.	tear
뜸(한방)	pagpasò ng moxa sa balát[빡빠-소' 낭 모-`사 사 발랕] 상처에 뜸을 뜨다; pasuin ang sugat sa pamamagitan ng moxa	moxa cautery
뜻(의미)	kahulugán[까훌루간] 이 단어의 뜻은 뭡니까?; Anó pô ang kahulugán ng salitâ nitó?	meaning

ㄹ 라

~라고(~고) 하다	daw, raw[다우, 라우] * daw는 앞 단어의 마지막 문자가 자음일 경우, raw는 모음일 경우 필리핀은 더운 나라라고 말한다.; Ang Pilipinas daw ay isáng mainít na bansâ. 한국의 경치는 매우 아름답다고 한다 .; Nápakagandá raw ng tánáwin ng Korea.	be said, they say
라디오	radyo[라-죠]	radio
라디오 방송국	istasyón ng[이스따숀 낭] radyo	radio broadcasting station
라면	instant pansít, ramyon[인스턴트 빤싣, 라-면]	ramyon
라이터	pansindí[빤신디]	lighter
라임(과일)	dayap[다-얖]	lime
라틴 아메리카	Amérika-Latina[아메-리까 라띠-나]	Latin-America
랍스타	uláng[울랑]	lobster
러시아/ ···인, ···의	Rusya/Ruso[루-샤/루-소]	Russia/Russian
런던	Londres[로-ㄴ드레스]	London
레몬	limón[리몬]	lemon
레벨(수준)	kapantayán, antás[까빤따얀, 안따스] 그들의 영어 레벨(수준)은 매우 높다.; Ang antás ng Íngles nilá ay sobrang mataás.	level
레스토랑	restawrán[레스따우란]	restaurant
렌즈	lente[레-ㄴ떼]	lens

로맨스/로맨틱한	romansa/romántikó(남자), romántiká(여자)[로마-ㄴ사/로마-ㄴ띠꼬, 로마-ㄴ띠까] 그는 로맨틱한 남자다.; Siyá ay isáng romántikóng lalaki.	romance/romantic
로비	bulwagan, lobi[불와-간, 로-비]	lobby
로비하다/로비스트	maglobi/maglolobi[막로-비/막로로-비]	lobby/lobbyist
~로서	bilang[비-랑] 그는 교사로서 회의에 참석했다.; Dumaló siyá sa pulong bilang isáng gurò.	as
로션/…을 바르다	losyón/maglosyón[로숀/막로숀] 나는 세면 후에 얼굴에 로션을 발랐다.; Naglosyón akó sa mukha pagkatapos kong maghugas ng mukhá.	lotion/apply lotion
로터리	bilog ng trápikó[비-로록 낭 뜨라-삐꼬]	rotary, traffic circle
루마니아	Romania[로마-니아]	Rumania
루비	rubí[루비]	ruby
리더쉽	liderato, pagkapangulo[리데라-또, 빡까빠웅우-로]	leadership
리듬/…을 타다	ritmo, indayog[리-뜨모, 인다-욕]/umindayog[우민다-욕] 리드미칼한; maindayog	rhythm/have rhythm
리본/…을 달다(묶다)	laso, ribon/lasuhan, italì ang laso[라-소, 리-본/라수-한, 이따-리 앙 라-소] 메리의 머리에 리본을 달아라.; Lasuhan mo si Maria sa ulo./Italì mo ang laso sa buhók ni Maria.	ribbon/put on a ribbon, tie a ribbon
리셉션/… 파티	pagsalubong[빡살루-봉]/resepsyón, pagtitipon[레셉숀, 빡띠띠-뽄]	reception/reception party
리스트	listahan[리스따-한]	list
리찌(과일)	letsiyas[레찌-야스]	lychee
리터	litro[리-뜨로] 물 1리터; isáng litro ng tubig	liter
립스틱/…을 바르다	lípstik/maglípstick[리-프스띡/막리-프스띡]	lipstick/apply lipstick

ㅁ 마

마늘	bawang[바-왕]	garlic
마루	sahíg[사힉] 마루의 쓰레기를 쓸어라.; Walisán mo ang basura sa sahíg. 마루의 먼지를 깨끗하게 닦아라.; Magpunas ka ng alikabók sa sahíg nang malinis.	floor
(~하지)마세요(마라)	huwág[후왁] 제발 나에게서 떠나지 마세요.; Pakiusap na huwág kang umalís sa akin.	do not
마르다/마른(건조)	tuyuín/tuyô[뚜유인/뚜요'] 젖은 옷을 말려라.; Tuyuín mo ang mga basâ damít.	dry
마르다/마른(몸)	pumayát/payát[뿌마얃/빠얃] 이런, 몸이 많이 말랐군요!; Ay, ang payát mo na.	thin
마무리하다	hustuhín[후스뚜힌]	give the last touches
마부	kalesero[깔레세-로]	horse driver
마술/…사	salamangka/salamangkero[살라마-ㅇ까/살라망께-로]	magic/magician
마스크	máskara[마-스까라]	mask
마시다	uminóm, inumín[움이놈, 이누민] 함께 마시다; mag-inuman 그는 우유를 마시고 있다.; Umíinóm siyá ng gatas.	drink
마실 것	ínumin[이-누-민]	beverage
마실것을 대접하다	magpainóm[막빠이놈]	give something to drink
마약/…을 하다	narkótiko/magnarkótiko[나르꼬-띠꼬/막나르꼬-띠꼬]	drug/take a drug

마을	nayon, baryo[나-욘, 바-료]	village
마을 사람	taong-nayon[따-옹 나-욘]	people of a village
마을 중심가	kanayunan[까나유-난]	center of village
마음	isip, isipan[이-싶, 이시-빤] 마음을 바꾸다; magbago ng isip 마음이 넓다(열린 마음); bukás ang isip 저 노인 마음은 어린애 마음 같다.; Ang isip ng matandáng taong iyán ay parang batà. 마음에 드세요?; Gusto ba ninyó?	mind
마이너스(- :빼기 부호)	panandâ ng pagpagbabawas, minus[빠난다' 낭 빡바바-와스, 마이너스] 5 마이너스 3은 2다.; Limá minus tatló ay dalawá.	minus
마중 나가다	sumalubong, salubungin[수말루-봉, 살루부-ㅇ인] 역으로 모친을 마중하러 나가야 한다.; Dapat akóng pumuntá sa istasyón upang salubungin ang aking iná.	go out to meet
마중하다	☞배웅하다	
마지막/…의	wakás, katapusán[와까스, 까따뿌산]/hulí, katapusán[훌리, 까따뿌산] 'Z'는 영어의 철자에서 마지막 문자이다.; Ang 'Z' ay katapusáng titik sa abakadang Inglés.	last/last
마차/…를 타다	kalesa/magkalesa[깔레-사/막깔레-사]	carriage/ride in a carriage
마찬가지/…로	kapareho/gayundín, sa kapareho[까빠레-호/가윤딘, 사 까빠레-호]	duplicate/likewise
마찬가지의(같은)	pareho[빠레-호] 그들은 같은 능력을 가지고 있다.; May parehong kakayahán silá.	same
마찰/…하다	kiskís/kumiskís, kiskisín[끼스끼스/꾸미끼스, 끼스끼신]	friction/rub

마찰(알력)	álítan[아-ㄹ리-딴] 사장과 사원 사이에 마찰이 있다.; May álítan ang mánedyér at kanyáng mga empleado.	conflict
마천루	nápakataás na gusali[나-빠까따아스 나 구사-ㄹ리]	skyscraper
마취/…하다	pampamanhíd/magpamanhíd[빰빠만힌/막빠만힌]	anesthesia/anesthetize
마치다/마침	magtapós, tapusin/wakás, tapos[막따보스, 따부-신/와까스, 따뽀스] 점심 전에 그 일을 마치도록 노력해라.; Pilitin mong tapusin ang trabaho bago tumanghali. 경기가 마칠 때까지 기다리자.; Maghintáy tayo hanggáng sa wakás ng larô.	finish
마침내	sa wakás[사 와까-스] 그는 마침내 신에게로 돌아왔다.; Sa wakás ay bumalík- siyá sa Diyós.	finally, at last
마침표/…를 찍다	tuldók/magtuldók, ilagáy ang tuldók[뚤독/막뚤독, 일라가이 앙 뚤독]	period/put a period
막(연극)	yugtó[육또]	act
막내	bunsô[분소]	the youngest child
막다	humadláng, hadlangán[후마들랑, 하들랑안]	obstruction/obstruct
막 ~하려고 하다	akmáng ~, nasa aktong ~[악망, 나사 아-ㄱ똥] 늑대가 양을 막 물으려고 하고 있다.; Nasa aktong sasakmalín ng lobo ang tupa.	be going to
막 ~했다(완료 상태)	ka[까]+어근 첫음절+어근, bagong[바공]+동사 어근, 이제 막 식사 끝냈어요.; Kakakain ko lang pô. 그는 이제 막 일어났다.; Bagong gising siyá.	just
만(바다)	loók[로옥]	bay, gulf
만기/…가 되다.	wakás ng panahón/magwakás ang panahón[와까스 낭 빠나혼/막와까스	expiration of term/expire

		앙 빠나혼]	
만나다		mákíta, sumalubong[마-끼-따, 수말루-봉] 나는 너를 곧 만나겠다.; Mákikíta kitá agád. 나는 부두에서 그녀를 만났다.; Sumalubong ako siyá sa daungan. 빨리 만나고 싶어요.; Gustó pô kitáng makita agad.	meet, see
만두		siomay[쇼-마이]	dumpling
만들다		gumawâ, gawín[구마와', 가윈] 나는 지금 빵을 만들고 있다.; Ginagawâ ko na ang tinapay.	make
(~로) 만들어지다		yarî (sa ~)[야리' 사] 이 집은 대나무로 만들어졌다.; Ang bahay na itó ay yarî sa kawayan.	be made by(from, of)
만물(萬物)		lahát ng nilikhâ[라핱 낭 닐릭하']	all creatures
만약		kung, pag, kapág[꿍, 빡, 까빡] 만약 내가 부자라면; Kung akó ay mayaman, 만약 내가 너라면; Kung akó ay ikáw, 만약 지금 너가 여기에 있으면; Kung náritó ka, 만약 너가 같이 간다면 지금 출발하겠다.; Kung sasama ka, aalís akó ngayón. 만약 비가 오면; pag umulán	if
만약 그렇다면		kung gayón[꿍 가욘]	if so
만약 그렇지 않다면		kung di-gayón[꿍 디가욘]	if not so
만약 필요하다면		kung kailangan[꿍 까일라-ㅇ안] 만약 너에게 내가 필요하면; Kung kailangan mo akó	if necessary
만족/…하다		kasiyahán/masiyá[까시야한/마시야] 만족스러운; nakasísiyá, kasiyá-siyá	satisfaction/be satisfied
만족시키다		makasiyá[마까시야] 그의 선물은 모친을 만족시켰다.; Nakasiyá sa kanyáng iná ang kanyáng regalo.	satisfy

121

만화	kartún[까르뚠]	cartoon
~만큼	pareho ng(사물)/ni(인명) , gaya ng/ni[빠레-호 낭, 가-야 낭] 차는 기차 만큼 빠르다.; Ang kotse ay mabilís pareho ng tren. 철수만큼; gaya ni Cheolsu	as ~ as
많다/많음	marami/dami[마라-미/다-미] 톰은 돈을 많이 가지고 있다.; Maraming pera si Tom. 아직 밥이 많이 있다.; Marami pang kanin. 내 아들은 친구가 많다.; Maraming kaibigan ang anák na lalaki ko.	many(much)/being many(much)
맏아들	panganay na lalaki[빵아-나이 나 랄라-끼]	the eldest child
말(언어)/…하다	wikà, salitâ/magsalitâ[위-까', 살리따'/막살리따'] 따갈록어로 말해라.; Magsalitâ ka sa Tagalog. 당신은 지금 따갈로그어로 말하고 계십니까?; Nagsásalitâ pô ba kayóng sa Ragalog? 한국말 할 수 있어요?; Puwede ba kayóng magsalitâ ng wikang Koreano?	language/talk
말(동물)/…을 타다	kabayo/magkabayo[까바-요/막까바-요]	horse/ride on horse
말띠	kabayong sodyak[까바-용 소-쟉]	zodiac of horse
말라보이다	mukháng payát[묵항 빠얃]	look thin
말리다(일반적)	matuyô, magpatuyô, patuyuín[마뚜요', 막빠뚜요', 빠뚜유인] 젖은 옷을 말려라.; Patuyuín mo ang basáng damít.	make dry
말리다(햇볕으로)	magbilád, ibilád[막빌랃, 이빌랃] 햇볕에 옷을 말려라.; Ibilád mo sa sikat ng araw ang mga damít.	dry by exposing in the sun
말싸움/…하다	☞논쟁/~하다	
말씀	magalang na pananalitâ ng 말(wikà, salitâ)	

말하자면	ganoón na magsalitâ[가노온 나 막살리따']	so to speak
맑다	malinaw[맬리나우], maliwanag[말리-나우, 말리와-낙] 맑은 하늘; maliwanag na langit	clear
맛/… 보다	tikím, lasa/tumikím, tikmán[띠낌, 라-사/뚜미낌, 띡만] 제가 만든 샐러드 맛 좀 봐 주겠어요?; Ibig ba ninyóng tikmán ang aking ensalada?	taste/taste
맛없다	di-masaráp[디마사랍]	untasty
맛있다	masaráp, malinamnám[마사랍, 말리남남] 매우 맛있어요.; Sobrang masaráp. 그녀는 우리에게 맛있는 요리들을 내 놓았다.; Dinulutan niyá kamí ng masasaráp na pagkain.	delicious
망가뜨리다	sumirà, sirain, magwasák, wasakín[수미-라', 시라-인, 막와삭, 와사낀] 강력한 태풍은 그의 농장을 망가뜨렸다.; Isáng malakás na bagyo ang sumirà sa kanyáng sakahán.	ruin, spoil
망각/…하다	limot[리-몯]/☞잊다	oblivion
망고	manggá[망가]; 망고는 필리핀의 대표적인 과일이다.; Ang manggá ay isáng kinatawán ng prutas ng Pilipinas.	manggo
망설이다/망설임	mag-alangán, mag-atubilí/pag-áalinlangan, pag-áatubilí[막알랑안, 막아뚜빌리/빡아-알린라-○안, 빡아-아뚜빌리]	hesitate/hesitation
망설이는	nag-áalanganin, nag-áatubilí[낙아-알랑아-닌, 낙아-아뚜빌리]	hesitant
망아지	bisirong kabayo[비시-롱 까바-요]	colt
망치/…로 치다	martilyo/magmartilyo[마르띠-르요/막마르띠-르요] 망치를 가져 오너라.; Kunin mo ang martilyo.	hammer/hammer
망치다	☞망가뜨리다	ruin, spoil

맞다(옳다)	tamà, wastô[따-마', 와스또'] 이것 맞아?; Tamà na ba itó?	right, correct
맞다(얻어 맞다)	paluin[빨루-인]	be struck, be spanked
(~의)맞은편	☞(~의)건너편	
맞추다(맞게하다)	iayos, isaayos[이아-요스, 이사아-요스]	adjust
맡기다	ipagkátiwalà[이빡까-띠와-르라'] 그녀는 돈을 나에게 맡겼다.; Ipinagkatiwalà niyá ang pera sa akin.	entrust
맡다	mag-alagà[막알라-가'] 호세는 친구의 자동차를 맡고 있다.;Si Jose ay nag-áalagà ng kotse ng kaibigan.	keep and take care of
매끄러운	makinis[마끼-니스] 그 목재는 매끄럽지 않다.; Hindî makinis ang kahoy.	even, like glass
매너	kilos, asal[끼-르로스, 아-살] 그는 매너가 나쁘다.; Masamáng asal mayroón siyá.	manner
매년	taóng-taón[따옹-따온]	every year
매니큐어	mánikyúr[마-니뀌르]	manicure
매다	magbuhól, talian[막부-홀, 딸리-안]	tie, bind
매듭	buhól[부홀] 많은 종류의 매듭이 있다.; Marami ang uri ng buhól.	knot
매력	pang-akit, panghalina, alindóg[빵아-낕, 빵할리-나, 알린독]	attraction
매력적인(…있는)	kaakit-akit, kahalí-halina[까아-낕아낕, 까할리할리-나]	attractive
매우	sobra, nápaka-[소-브라, 마샤-도, 나-빠까] 그녀는 매우 아름답다.; Siyá ay nápakagandá. 매우 맛있다; sobrang masaráp 매우 비싸다; sobrang mahál 매우 당황하다; mapahiyâ sobra	very, exceedingly

매우 조금	kauntî sobra[까운띠'(꼰띠') 소-브라]	very little
매운/… 맛	maangháng/angháng[마앙항/앙항]	pungent/pungency
매일	araw-araw[아-라우아-라우] 그는 매일 일한다.; Nagtátrabaho siyá araw-araw.	everyday
매주	linggu-linggó[리-ㅇ구링고]	every week
매진된	ubós[우보스] 매진입니다.; Ubós na pô.	sold out
매트(침대)	baníg[바닉]	mat
매표소	takilya[따끼-ㄹ랴]	ticket office
매혹/…하다	pagkahalina/humalina, halinahin[빡까할리-나/빅하니-인, 할리나-힌] 그녀의 아름다움은 모두를 매혹했다.; Ang kagandahan niyá ay humáhalina sa lahát. 매혹적인; kahali-halina	fascination/fascinate
맥박	pulsó[뿔소] 그의 맥박은 약하다.; Ang pulsó niyá ay mahina. 맥박이 정상이다.; Normál ang pulsó.	pulse
맥주	serbesa[세르베-사] 맥주 4병;apat na boteng serbesa	beer
맵다(매운-)	maangháng[마앙항]	pungent, spicy
맹장/…염	apendiks/apendisitis[아뻰디-ㅋ스/아뻰디시-띠스]	appendix/appendicitis
맺다(끈, 매듭)	magbuhól[막부홀]	tie up
맺다(계약)	gawín (ang kontrata)[가윈 (앙 꼰뜨라-따)]	make a contract
맺다(약혼)	magkásundô (ng kasal)[막까-순도']	engage
맺다(열매)	magbunga, mamunga[막부-ㅇ아, 마무-ㅇ아] 이 망고나무는 열매를 많이 맺는다.; Namúmúnga nang marami ang punong manggáng itó.	bear fruit

머리	ulo[우-르로]	head
머리가 나쁘다	☞아둔하다	
머리가 좋다	☞영리하다	
머리카락	buhók[부혹]	hair
머무르다	tumirá, manarihan[뚜미라, 마나리-한] 아리스는 숙모 집에 머므르고 있다.; Tumítirá si Alicia sa bahay ng kanyáng tiyá.	stay
머뭇거리다	mag-atubilí[막아뚜빌리]	hesitate
머저리	luku-lukò, ulòl, gago, [루-꾸루-꼬', 울롤, 가-고]	fool
먹다	kumain[꾸마-인] 저녁 먹었어?; Kumain ka ba ng hapunan? 자, 밥 먹자.; Kumain tayo na.	eat
먼(거리)	☞멀다	
먼저	muna[무-나] 너가 먼저 먹어라.; Ikáw muna ang kumain. 내가 먼저 그 책을 읽겠다.; Babasa muna akó ng aklát na iyán. 먼저 가도 될까요? ; Puwede pô ba muna akóng umalís?	first
먼지/…투성이인	alikabók/maalikabók[알리까복/마알리까복]	dust/dusty
멀다	malayò[말라-요'] 거기는 얼마나 멀어요?; Gaano kalayó diyán?	far
멀리뛰기	mahabang pagtalón[마하-방 빡딸론]	long jump
멀리하다	lumayô[루마요'] 유혹을 멀리해라.; Lumayô ka sa tuksó.	keep away
멀미/…하다	alibadbád, pagkahilo/alibadbarán, maalibadbarán, mahilo[알리받받, 빡까히-로/알리받바란, 마알리받바란, 마히-로] 뱃멀미; pagkahilo sa dagat	nausea/feel nauseate

멀미를 멈추게 하다	umapulà ng[움아뿌-ㄹ라 낭] alibadbád	stop the nausea
(~이, ~가)멈추다	tumigil, humintô[뚜미-길, 후민또'] 아기가 울음을 멈췄다.; Tumigil ang sanggól sa pag-iyák.	stop, come to an end
(~을)멈추게 하다	magpatigil, maghintô[막빠띠-길, 막힌또'] 그들은 소란스러움을 멈추게 했다.; Nagpatigil silá ng ingay.	stop, put an end to
멈칫거리다	magpaulik-ulik[막빠우-ㄹ릭우-ㄹ릭]	hesitate
멋지다	kalugúd-lugód, nakasísiyá[까루굳루곧, 나까시-시야]	nice
멍청하다/멍청이	ulól, hangál, tangá/luku-lukó[울롤, 항알, 땅아/루꾸루꼬]	stupid/stupid
메뉴	menú[메누] 메뉴판 주세요.; Akiná ang menú pô.	menu
(어깨에)메다	bumalikat, ibalikat[부말리-깓, 이발리-깓]	carry on one's shoulder
메달	medalya[메다-ㄹ랴] 그는 좋은 성적으로 메달을 수여받았다.; Binigyán siyá ng medalya dahil sa kahusayan sa pag-aaral.	medal
메뚜기	balang, típaklóng[바-ㄹ랑, 띠-빠끌롱-]	grasshopper
메리 크리스마스!	Maligayang Paskó![말리가-양 빠스꼬]	Merry Christmas!
메모	táláan[따-ㄹ라-안]	memorandum
메스껍다	maalibadbád[마알리받받]	nauseated
메시지/…를 보내다.	mensahe/ipadalá ang mensahe[멘사-헤, 이빠달라 앙 멘사-헤]	message/send a message
멕시코	Méhiko[메-히꼬]	Mexico
멜로디	melodya, himig[멜로-쟈, 히-믹]	melody
멤버/멤버쉽	miyembro, kasapi, kaanib/pagkakásapi, pag-anib[미예-ㅁ브로, 까사-삐', 까아-닙/빡까까-사-삐', 빡아-닙]	member/membership

127

며느리	manugang na babae[마누-강 나 바바-에]	daughter in law
며친 날(며칠)	anóng petsa[아농 뻬-짜] 오늘 며칠(며친 날)이야?; Ano ang petsa ngayon? 며칠(며친 날) 표를 살꺼야?; Anong petsa ng tiket bibilí ka?	what date
며칠(동안)	iláng araw[일랑 아-라우]	for some days
면도기/면도하다	labaha/maglabaha[라바-하/막라바-하]	razor/shave
면도칼	talím ng[딸림 낭] labaha	razor blade
면목(面目)이 없다	mahiyâ, makaramdám ng hiyâ[마히야', 마까람담 낭 히야'] 정말 면목 없습니다.; Nakakáramdám pô akó ng hiyâ sa pusò.	feel ashamed
면밀한/면밀하게	detalyado/mulâ sa punò hanggáng sa dulo[데딸야-도/물라' 사 뿌-노' 항강 사 두-르로]	in detail/detailedly
면세점	tindahang waláng buwís[띤다-항 왈랑 부위스]	tax free shop
면적	lawak[라-왁]	area
면접/…하다	pakikipanayám/makipanayám[빠끼끼빠나얌/마끼빠나얌]	interview/have an interview
멸치	dilis[디-르리스]	anchovy
명령/~하다	utos/utusan, iutos[우-또스/우뚜-산, 이우-또스] 중대장은 병사들에게 즉시 공격하라고 명령했다.; Iniutos ng kapitán sa mga kawal na silá ay sumalakay agád.	command/command
명령문(문법)	pangungusap na pautós[빵웅우-삽 나 빠우또스]	imperative sentence
명령체계	sistema ng utos[시스떼-마 낭 우또-스]	command system
명부	talâ ng pangalan[딸라' 낭 빵아-르란]	list of names
명사(문법)	pangngalan[빵ㅇ아-르란]	noun

명사구(문법)	pangngalang pariralà[빵ㅇ아-ㄹ랑 빠리라-ㄹ라']	noun clause
명사절(문법)	pangngalang sugnáy[빵ㅇ아-ㄹ랑 수그나이]	noun sentence
명성	kabantugán, kabunyián[까반뚜간, 까분위안]	fame, reputation
명승지	bantóg na lugár na may magandáng tanawin[반똑 나 루가르 나 마이 마간당 따나-윈]	place of beautiful scenery
명암	liwanag at dilím[리와-낙 앝 딜림]	light and darkness
명예/…스러운	dangál/marangál[당알/마랑알] 사람에게 명예는 귀중하다.; Mahalagá sa tao ang dangál.	honor/honorable
명절/…을 쇠다	pistá/magpistá[삐스따/막삐스따] 그 명절은 그들 모두에게 행복한 날이다.; Masayáng araw ang pistá sa kaniláng lahát.	festive day, holiday/celebrate festive day
명중/…하다	pagtamà/tamaan, tumamà[빡따-마'/따마-안, 뚜마-마'] 그는 화살로 새를 명중했다.; Tinamaan niya ng palasô ang ibon.	hitting the target/hit the target
명함	tarheta[따르헤-따]	name card
명확한	tiyák, malinaw[띠약, 말리-나우] 명확한 해명을 요구한다.; Nangangailangan ng malinaw na paliwanag.	definite
몇 (가지)	ilán[일란] 몇 가지 종류;i láng urí, 몇 가지 방법; iláng paraán, 몇 가지 종류나 옷이 있어요?; Mayroón ba kung iláng uri ng damít?; 몇 가지 내 의견을 말하겠다.; Sasabihin ko iláng palagay ko.	how many, some
몇 곳	iláng lugár[일랑 루가르] 몇 곳 소개해 주세요.; Iturò mo sa akin iláng lugár.	how many places, some places
몇 년	iláng taón[일랑 따온] 나는 여기에 벌써 몇년 살았다.; Nakatirá na	how many years, some years

	akó iláng taón dito.	
몇 년도	anóng taón[아농 따온]	what year
몇 번	iláng beses[일랑 베-세스] 몇 번이나 했어?; Iláng beses ginawâ mo?	how many times
몇 살	iláng taón[일랑 따온] 지금 몇 살이야?; Iláng taón ka na?	how old
몇 시	anóng oras[아농 오-라스] 지금 몇 시야?; Anóng oras na? 우리 몇 시에 떠납니까?; Anó pong oras aalís tayo? 몇 시에 일어나요?; Anó pong oras gigisingín natin?	what time
몇 일전에	noóng iláng araw[노옹 일랑 아-라우]	some days ago
몇 주 (동안)	iláng linggó[일랑 링고] 몇 주 동안 그는 학교를 결석했느냐?; Iláng linggó liban siyá sa páaralán?	how many weeks, for some weeks
몇 층?	anóng palapág?[아농 빨라빡]	what floor?
몇 컵	iláng tasa[일랑 따-사]	how many cups
몇몇의	ibá-ibá, mga ilán[이바이바, 망아 일란]	some, several
모	punláng palay[뿐랑 빠-라이] 논에 모를 심었다.; Nagtaním ng punláng palay sa palayan.	young rice plant
모계(母系)	panig ng iná[빠닉 낭 이나]	maternal line
모계제도	makaináng sistema[마까이낭 시스떼-마]	maternal system
모기	lamók[라목] 모기에 물렸어요.; Nakagát pô akó ng lamók.	mosquito
모기장	kulambô, moskitero[꿀람보', 모스끼떼-로]	mosquito net
모두	lahát[라핱] 모두 얼마예요?; Magkano pô ang lahát. 가족모두에게 안부 전해주세요.; Ikumusta ninyó akó sa lahát ng pamilya. 모두가 파티	all

	에 갈 것이다.; Lahát ay pupuntá sa handaan.	
모래	buhangin[부하-0인] 바람부는 모래언덕에서; sa buról ng buhangin na mahangin	sand
모레	samakalawá[사마깔라와]	the day after tomorrow
모르다	di-alám, di-kilala, ewan[디알람, 디낄라-ㄹ라, 에-완] 나는 그녀를 모른다.; Ewan ko siyá. 나는 대통령 이름을 모른다.; Hindî ko alam ang pangalan ng pangulo.	do not know
모방/…하다(닮다)	tulad/tumulad, tularan[뚜-ㄹ랃/뚜무-ㄹ랃, 뚤라-란] 동정녀 마리아를 모방하도록(닮도록) 노력하세요.; Sikaping ninyó tularan ang Mahál na Birhen.	immitation/immitate
모성(母性)	pagka-iná[빡까이나]	motherhood
모성애	makaináng pagmamahál[마까이낭 빡마마할]	motherly love
모스크바	Mosku[모-스꾸]	Moscow
모양	anyô[안요] 이것의 모양은 매우 아름답다.; Sobrang magandá ang anyô nitó.	shape
모으다	magtipon, tipunin[막띠-뽄, 디뿌-닌] 아이들을 모아라.; Tipunin mo ang mga batà.	collect
모이다	magkatipon, magkalipumpón[막까띠-본, 막까리뿜뽄] 많은 사람이 광장에 모였다.; Maraming tao ay nagkalipumpón sa plasa.	come together
모임	pagtitipon[빡띠띠-뽄]	gathering
모자/…를 쓰다	sombrero/magsombrero, magsuót ng sombrero[솜브레-로/막솜브레-로, 막수옫 낭 솜브레-로] 햇볕이 뜨거우니 모자를 써라.; Magsuót ka ng	hat/wear a hat

	sombrero dahil sa kainitan ng araw.	
모자라다	kulang[꾸-ㄹ랑]	lack, insufficient
모조품	kopya, sipì[꼬-삐야, 시-삐']	immitation, fake
모퉁이	kanto[까-ㄴ또]	corner
목	leék[레엑]	neck
목구멍	lalamunan[랄라무-난]	throat
목걸이	kuwintás[꾸윈따스] 그녀는 예쁜 목걸이를 차고 있다.; Isinsúuót niyá ang magandáng kuwintás.	necklace
목격자	testigo, saksí[떼스띠-고, 삭시] 그는 그 범죄의 목격자이다.; Saksí siyá sa krimeng iyán.	eyewitness
목격하다	tumestigo, testiguhan[뚜메스띠-고, 떼스띠구-한]	witness
목덜미/…를 때리다	batok/batukan[바-똑/바뚜-깐]	nape
목도리/…를 하다	balabal/magbalabal[발라-발/막발라-발]	muffler/wear muffler
목록	talâ, listahan[딸라', 리스따-한]	list
목소리	tinig, boses[띠-닉, 보-세스] 그녀의 목소리는 달콤하다.; May matamís na tinig(boses) siyá.	voice
목사	pastór[빠스또르]	pastor
목수	karpintero, anluwagi[까르삔떼-로, 안루와-기] 나는 실력있는 목수가 필요하다.: Kailangan ko anf isáng magalíng na karpintero.	carpenter
목요일	Huwebes[후웨-베스]	Thursday
목욕/…하다	paligò/maligò[빨리-고'/말리-고']	bath/bathe

목이 쉬다	maging malát[마-깅 말랕] 쉰 목소리;malát na tinig	hoarse
목재	kahoy[까-호이] 그 목수는 장난감 집을 짓기 위해 목재를 샀다.; Bumilí ng kahoy ang karpintero upang gawíng baháy-bahayan.	lumber
목적	pakay, sadyâ[빠-까이, 사쟈ʼ] 너가 여기에 오는 목적이 무엇이냐?; Anó ang pakay mo sa pagparito?	purpose, aim
목적격(문법)	kaukuláng palayón[까우꿀랑 빨라욘]	objective case
목적어(문법)	layon[라-욘]	an object
목적을 달성하다	katapusán ng pakay[까따뿌산 낭 빠-까이]	accomplish the purpose
목표	túngúhin, hangád, hángárin[뚜-ㅇ우-힌, 항앋, 하-ㅇ아-린] 나의 목표는 공부를 마치는 것이다.; Ang hángárin ko ay makatapos ng pag-aaral.	goal
(~에)몰두하다	Ang buóng pag-iisip ay nasa ~[앙 부옹 빡이이-싶 아이 나-사] 그는 영어공부에 몰두하고 있다.; Ang buóng pag-iisip niyá ay nasa pag-aaral ng Íngles.	be indulged in
몰래	nang palihim[낭 빨리-힘] 몰래 도망하다.; tumakas nang palihim. 몰래 먹다.; kumain nang palihim. 몰래 보다.; tingnán nang palihim.	secretly
몰상식하다	waláng sentido komún[왈랑 센띠-도 꼬문]	have no common sense
몸	katawán[까따완]	body
몸매	hugis ng[후-기스 낭] katawán	shape of body
몸무게	timbáng[띰방] 몸무게가 얼마야?; Anó ang timbáng mo?	weight of body
못(도구)/…을 박다	pakò/ipakò, magpakô[빠-꼬ʼ/이빠-꼬ʼ, 막빠-꼬ʼ] 예수는 십자가에 못박혔다.: Ipinakò sa krus si Jesus.	nail/drive a nail

못생긴	☞추한	
몽둥이/…로 때리다	garote/garotihin, gumarote[가로-떼/가로띠-힌, 구마로-떼]	cudgel
묘	puntód, líbingan[뿐똗, 리-빙안]	tomb, grave
묘비	lápida[라-삐다]	gravestone
묘사/…하다	paglalarawan/ilarawan[빡랄라라-완/일라라-완]	description/describe
무겁다	mabigát[마비갇]	heavy
무게	timbáng, bigát[띰방, 비갇]	weight
무관심한	waláng malasakit, walâ sa loób[왈랑 말라사-낃, 왈라' 사 로옵]	indifferent
무너지다	gumuhò, bumagsák[구무-호', 부막삭] 홍수에 강둑이 무너졌다.; Ang pampáng ng ilog ay gumuhò sa bahâ.	collapse
무담보	waláng panagót[왈랑 빠나곧]	unsecured
무당	mangkukulam, maggagaway[망꾸꾸-르람, 막가가-와이]	exocist
무대(연극)	entablado[엔뜨블라-도]	stage
무덤	☞묘	
무덥다	maalinsangan[마알린사-ㅇ안]	sultry
무력하다	mahinà[마히-나']	weak
무례하다	bastós, waláng-galang[바스또스, 왈랑 가-르랑]	rude
무료	gratis, waláng-bayad, libre[그라-띠스, 왈랑바-야드, 리-브레]	free of charge
무릎	tuhod[뚜-혿] 그는 무릎에 상처를 심하게 입었다.; Nasugatan siyá sa tuhod nang malubhâ.	knee

무방비	waláng-pananggól[왈랑 빠낭골]	defenseless
무선	waláng-kawad[왈랑 까-왇]	wireless
무설탕	waláng-asukal[왈랑 아수-깔]	sugarless
무술(무도)	militár na kasanayan[밀리따르 나 까사나-얀]	martial art
무승부	patas[빠-따스]	tie in a game
무엇(무슨, 뭐)	anó[아노] 이름이 뭐예요?; Anó pô ang pangalan? 무슨 말인지 모르겠어요.; Hindî ko naiintindihan kung anó ang sabi ninyó. 지금 뭐하세요?; Anó ang ginagawâ ninyó ngayón? 그 교회에서는 목사가 무슨 언어로 설교해요?; Sa anóng wikà pô magsermon ang parì sa simbahan na iyán? 무슨 책이 필요하세요?; Anóng aklát kailangan ninyó? 무엇을 먹고 싶은지 말하세요.; Sabihin ninyó anó ang gustong kainin.	what
무엇보다	bagóng lahát[바공 라핱]	by the way
무역/…하다	kálakalán(pakikipagkálakalán) sa ibáng bansâ[깔-라깔란 (빠끼끼빡까-ㄹ라깔란) 사 이방 반사/magkálakalán[막까-ㄹ라깔란] sa ibáng bansâ	trade/trade
무역법	batás ng[바따스 낭] kálakalán sa ibáng bansâ	law of trade
무역상	mángangalakál(negosyante)[마-ㅇ앙알라깔(네고시야-ㄴ떼)] sa ibáng bansâ	trader
무역풍	sabalás, amihan[사발라스, 아미-한]	trade wind
무제한(無制限)의	waláng-takdâ[왈랑 딱다']	limitless
무조건	waláng-kondisyones[왈랑 꼰디시요-네스]	unconditional
무죄의	waláng-kasalanan[왈랑 까살라-난]	guiltless

135

무지개	bahághari, balangáw[바하-ㄱ하-리', 발랑아우]	rainbow
무한한	waláng-hanggán[왈랑 항간], waláng-takdâ[왈랑 딱다'] 그는 자신의 능력이 무한하다고 생각한다.; Ang akalà niyá ay waláng hanggán sa kanyáng kapangyarihan.	unlimited/ limitless
무협/…영화	giting/sine ng giting[기-띵/시-네 낭 기-띵]	chivalry/chivalry movie
묵다	☞숙박하다	
묶다	itali, talian[이따-ㄹ리, 딸리-안] 그의 손을 묶어라.; Talian mo ang kanyáng mga kamáy.	fasten
문	pintó[삔또] 문 좀 열어줘요.; Buksán ninyó ang pintó. 문 좀 닫아 주세요.; Isará ninyó ang pintó. 문을 잠그세요.;P akikandado ninyó ang pintó. 문을 잠갔어요?; Nagsusì ba kayó ng pintó?	door
문맹/…의	kamangmangán/mangmáng, dî makabasa't makasulat[까망망안/망망, 디' 마 까바-샅 마까수-ㄹ랕]	illiterate
문명	sibilisasyón, kabihasnán[시빌리사숀, 까비하스난]	civilization
문방구점	tindahan ng papél[띤다-한 낭 빠뻴]	stationer's store
문법	balarilà[발라리-ㄹ라']	grammar
문서	dokumento, kasulatan[도꾸메-ㄴ또, 까술라-딴]	document
문신	tatú[따뚜]	tatoo
문자(文字)	titik, letra[띠-띡, 레-뜨라]. 따갈로그어의 문자는 몇 개입니까?; Ilán pô ang letra sa Tagalog?	letter
문자 메시지	mensahe[멘사-헤] 나는 어제 그녀에게 문자 메세지를 한 통 보냈다.;	message

	Ipinadalá ko ang isáng mensahe sa kanyá kahapon.	
문장	pangungusap[빵웅우-삽]	sentence
문제	súliranin, problema[수-ㄹ리라닌, 쁘로블레-마] 정부는 많은 문제를 가지고 있다.; Maraming súliranin ang pámahalaán.	question, problem
문제아	basag-ulero[바-삭 울레-로]	trouble maker
문학	literatura[리떼라뚜-라]	literature
문화	kultura[꿀뚜-라]	culture
문화원	instituto ng[인스띠뚜-또 낭] kultura	cultural institute
문화유산	pagkamana ng[빡까마-나 낭] kultura	cultural heritage
묻다(땅에)	maglibíng, magbaón[막리빙, 막바온]	bury
묻다(질문)	magtanóng, tanungín[막따농, 따눙인] 교장선생님은 학생에게 그의 공부에 대해 질문했다.; Tinanóng ng prinsipál ang estudyante tungkól sa kanyáng pag-aaral.	ask
물	tubig[뚜-빅] 물 한 컵 더 주세요.; Bigyán ninyó ng isá pang baso ng tubig.	water
물가	presyo[쁘레-쇼] 전체적으로 물가가 싸다.; Sa pangkalahatán ay mura ang mga presyo.	price
물건	bagay[바-가이]	thing, article
물고기	isdâ[이스다'] 나는 어제 물고기를 많이 잡았다.; Nanghuli ako ng maraming isdâ kahapon.	fish
물다	kumagát, makagát[꾸마갈, 마까갈] 모기한테 물려서 가려워.; Nakagát	bite

	ako ng lamók kayâ makatí. 고기가 메끼를 물었다.; Kumagát ang isdâ ng pain.	
물들이다	☞염색/…하다	
물러서다	umurong[움우-롱]	move back
물려주다	iabót, abután[이아볼, 아부딴] 그는 재산을 아들에게 물려 주었다.; Iniabót niyá ang pag-aarì sa kanyáng anák na lalaki.	hand over, deliver
물론	siyempre, mangyari pa[시예-ㅁ쁘레, 망야-리 빠]	of course,
물리학	písika[삐-시까]	physics
물소	kalabáw-damulag[깔라바우 다무-르락]	water buffalo
물약	gamót na tubig[가몰 나 뚜-빅]	liquid medicine
물질	materyál[마떼리얄]	material
물체	bagay, sustansiya[바-가이, 수스딴시-야]	substance, object
물품	bagay, kalakal[바-가이, 깔라-깔]	goods
뭐?(뭘?)	Anó?[아노] 뭐라고?; Anó ang sabi mo? 뭐 하고 있어?; Anó ang ginagawâ mo? 우리 뭘 먹지?; Anóng pagkain kumain tayo?	what
뭔가	isáng bagay[이상 바-가이] 뭔가 이상해.; Isáng bagay ay kakaibá. 뭔가 하나 빠뜨렸어.; May isáng paglaktáw.	something
미각	panlasa[빤라-사]	sense of taste
미국/…인	Amérika/Amerikano[아메-리까/아메리까-노]	America/American
미끄러지다	dumulás[두물라스]	slide, slip
미끄럼틀	padusdusan[빠두스두-산]	sliding board

미끄럽다	madulás[마둘라스]	slippery
미끼…/를 달다	pain/magpain[빠-인/막빠-인]	bait/set a bait
미남(美男)인	guwapo, pogi[구와-뽀, 뽀-기]	handsome, good-looking
미대륙	amerikanong kontinente[아메리까-농 꼰띠네-ㄴ떼]	American continent
미래	kinábukasan, háharapín, hináharáp[끼나-부까산, 하-하라삔, 히나-하랖] 우리는 미래에 무엇이 일어날 지 모른다.; Hindî natin alám kung anó ang mangyáyári sa hináharáp.	future/in the future
미래시제(문법)	panahóng panghináharáp[빠나홍 빵히나-하랖]	future tense
미리	dati-rati, nauuná[다-띠 라-띠, 나우우나] 미리 나 한테 전부 말해라.; Sabihin mo ang lahát sa akin nang dati-rati. 너가 미리 맞을 봐라.; Ikáw ang tumikím nang nauuná.	in advance, beforehand
미망인	☞과부	
미성년	menór-de-edád[메노르 데 에닫]	minority
미소/…짓다	ngitî/ngumitî[ㅇ이띠/ㅇ우미띠']	smiling/smile
미술	sining, arte[시-닝, 아-르떼]	art
미술관	museo ng[무세-오 낭] arte	art museum
미식축구	amerikanong putbol[아메리까-농 뿓볼]	American football
미신/…을 믿는	pamahiín/mapamahiín[빠마히인/마빠마히인]	superstition/superstitious
미안하다	ikalungkót, pasensya na[이까룽꼳, 빠세-ㄴ샤 나] 기다리시게 해서 미안합니다.; Ikinalúlungkót ko pong pinaghintáy kitá. 미안하지만 같이 갈 수가 없습니다.; Pasensya na pô, pero hindî îako	feel sorry

	makakásáma sa inyó.	
미용실	pákulutan[빠-꿀루딴]	beauty parlor
미지근한	maligamgám[말리감감]	lukewarm
미친	loko, sirâ ang ulo, balíw[로-꼬, 시라' 앙 우-르로, 발리우] 미치겠네.; Sirâ ang ulo ko. 저 사람 미쳤어.; Loko ang taong iyán.	crazy
미터	metro[메-뜨로] 30 미터; tatlumpúng metro	meter
미합중국	Estados Unidos[에스따-도스 우니=도스]	United States of America
믹서	mikser[미-ㅋ세르]	mixer
민간	sibilyan[시비-ㄹ럇]	civilian
민속	kaugalian ng bayan[까우가-ㄹ리안 낭 바-얀]	folk customs
민요	kantahing-bayan[깐따-힝 바-얀]	folk song
민족	lahi[라-히']	nation
민주주의/…의	demokrasya/demokrátiko[데모끄라-샤/데모끄라-띠꼬]	democracy/democratic
믿음/믿다	tiwalà/magtiwalà, maniwalà[띠와-르라'/막띠와-르라, 마니와-르라'] 나를 믿어라.; Maniwalâ mo akó.	belief/believe
밀/밀가루	trigo/harina[뜨리-고/하리-나]	wheat/flour of wheat
밀도	kasinsinán[까신시난]	density
밀물	taog[따-옥]	high tide
밀수/…하다	lihim na pag-angkát/palihím na umangkát ng kalakal, magpuslít[리-힘 나 빡앙깥/빠리힘 나 움앙깥 낭 깔라-깔, 막뿌스릿]	smuggling/smuggle
밀수꾼	kontrabandista[꼰뜨라반디-스따]	smuggler

밀수품	**kontrabando**[꼰뜨라바-ㄴ도]	**contraband goods**
밉다	☞추한	
밑줄/⋯을 긋다	**salungguhit/magsalungguhit**[살룽구-힡/막살룽구-힡]	**underline/draw an underline**

ㅂ 바

바가지/…로 푸다	tabò/tumabò, tabuin[따-보'/뚜마-보', 따부-인] 나는 바가지로 물을 퍼서 마셨다.; Tumabò akó ng tubig at uminóm.	
바구니	kawayang basket[까와-양 바-스껠]	basket
바깥	☞밖	
바꾸다	magpalít, palitán[막빨릳, 빨리딴] 이것을 이것으로 바꾸어 줘.; Pakipalít mo itó nitó. 이것을 저것으로 바꾸면 좋겠다.; Gusto ko'y palitán mo itó niyán.	exchange
바나나	saging[사-깅] 바나나 한 다발; isáng buwíg na saging	banana
바늘	karayom[까라-욤]	needle
바늘 귀	butas ng[부-따스 낭] karayom	eye of needle
바다	dagat[다-갇] 나는 매일 바다에서 수영하고 싶다.; Gustó kong lumangoy sa dagat araw-araw.	sea
바닷가재	uláng[울랑]	lobster
바닷게	alimansag[알리마-ㄴ삭]	sea crab
바라다	nais, sana[나-이스, 사-나] 행복한 하루가 되기를 바랍니다.; Nais ko pong magkakaroón ka ng maligayang araw. 부자가 되기를 바랍니다.; Sana, kayó ay magiging mayaman.	wish
바라보다	mátanawán[마-따나완] 우리는 대통령이 도착하는 것을 멀리서 바라보았다.; Nátanawán namin ang pagdatíng ng Presidente nang malayó.	look at, view

바람/…부는	hangin/mahangin[하-ㅇ인/마하-ㅇ인] 바람이 세게 분다.;Totoóng mahangin. 겨울바람은 차다.; Malamíg ang hangin ng taglamíg.	wind/windy
바람개비	patubilíng[빠뚜빌링]	weathercock
바람둥이	(남자)babaero[바바에-로], (여자)talandí[딸란디'] 바람둥이 남자와 결혼하지 마라.; Huwág kang magpakasál sa babaero.	philanderer, coquette
바람피다	(남자)magbabaero[막바바에-로], (여자)magtalandí[막딸란디] 저 남자는 자주 바람을 핀다.; Nagbábabaéro siyáng iyón nang madalás.	take a woman as amistress, play with love to man
바로(곧장)	kaagád, ngayón din[까아간, ㅇ아욘 딘] 바로 집에 돌아오세요.; Umuwî kayó kaagád.	immediately, at once
바로(진실되게)	nang tápátan, totoó[낭 따-빠-딴, 또또오] 바로 말해라.; Magsalitâ kang totoó.	honestly, truly
바로(똑바로)	patayô, patindíg[빠따요', 빠띤딕] 바로 앉으세요.; Umupô kayóng patayô.	straight
바보/…스러움	tangá, hangál, ungás/katangahán[땅아, 항알, 웅아스/까땅아한]	stupid/stupidity
바쁘다	okupado, matrabaho, abalá[오꾸빠-도, 마뜨라바-호, 아발라] 요즘 너무 바쁘다.; Masyadon matrabaho sa mga araw na itó. 바쁜데도 불구하고; kahit na abalá	busy
바이러스	birus[비-루스]	virus
바이올린	biyolín[비욜린]	violin
바지	pantalón[빤딸론]	trousers
바치다	maghandóg, ihandóg[막한독, 이한독] 그는 인생을 하느님께 바쳤다.; Inihandóg niyá ang kanyáng buhay sa Diyós.	offer, dedicate

바퀴(차량)	gulóng[굴롱] 자전거 바퀴; gulóng ng bisikleta	wheel
바퀴(도는 횟수)	ikot[이-꼳] 운동장 한 바퀴; isáng ikot ng lárúan	rounding
바퀴벌레/…가 많다	ipis/maipis[이-삐스/마이-삐스] 그 방에는 바퀴벌레가 많아서 잘 수가 없다.; Maipis ang kuwartong iyán, kayâ hindî makatulog.	cockroach/full of cockroaches
바탕	pundasyón, batayán, saligán[뿐다시욘, 바따얀, 살릭안]	foundation
(…에)바탕을 두다	ibatay, pagbatayan[이바-따이, 빡바따-얀] 너의 판단은 무엇에 바탕을 두었느냐?; Anó ang pinagbatayan mo ng iyóng pasiyá.	base on
박람회	tanghalan, perya[땅하-ㄹ란, 뻬-랴]	exhibition, fair
박멸…/하다	pagpuksâ/puksaín, pumaksâ[빡뿍사/뿍사인, 뿌막사] 이미 민다나오에서는 메뚜기 박멸이 시작되었다.; Ang pagpuksâ laban sa balang sa Mindanaw ay nagsimulâ na.	destroy, exterminate
박물관	museo[무세-오]	museum
박사	doktór, Ph.D.[독또르, 피에이치디]	doctor, Ph.D.
박수/…치다	palakpák/pumalakpák[빨락빡/뿌말락빡]	handclap/clap one's hands
밖	labás[라바스] 차를 밖으로 내 놓겠다.; Ilalabás ko ang kotse. 밖에서 기다리고 있겠다.; Hihintáy ako sa labás. 꽃을 창 밖에 두어라.; Ilagáy mo ang bulaklák sa lábas ng bintanà.	outside
반/…으로 나누다	kalahatì/kalahatiin[깔라하-띠/깔라하띠-인] 사과 반 쪽; kalahatì ng mansanas, 오전 10시 반;i kasampû at kalahatì(또는 alas diyes medya) ng umaga, 반만 주세요.; Ibigáy mo ang kalahatì lang.	half/halve
반갑다	ikininagágalák[이끼니나가-갈락] 만나서 반갑습니다.; Ikinianagágalák	glad

	kong mákilala kayó.	
반대/…하다	tutol, kasalungát/tumutol, salungatín[뚜-똘, 까살룽알/뚜무-똘, 살룽아띤] 그는 나의 말에 반대했다.; Tumutol siyá sa aking sinabi.	opposition/oppose
반대어(반댓말)	salitáng kasalungát[살리땅 까사룽알] '아름답다'는 '추하다'의 반댓말이다.; Ang 'magandá' ay salitáng kasalungát ng 'pangit'.	antonym
반대의(…하는)	kasalungát, magkasalungát[까사룽알, 막까사룽알] 북과 남은 반대 방향이다.; Ang hilagà at timog magkasalungát na direksyón.	opposite
반도	tangwáy, peninsulá[땅와이, 뻬니-ㄴ수라] 한국은 반도 국가이다.; Korea ay isáng bansâ ng tangwáy.	peninsula
반동/…하다	reaksyón, ganting-galáw/gumaláw bilang panggantí[레악숀, 간띵갈라우 / 구말라우 비-랑 빵간띠]	reaction/react
반드시	sigurado[시구라-도] 반드시 약속을 지켜라.; Siguradong tuparín ang pangako mo.	sure, certain
반듯이(반듯하게)	nang matuwíd, nang maayos[낭 마뚜윋, 낭 마아-요스] 나는 나라를 반듯하게 이끌겠다.; Pangúngunáhan ko ang bansâ nang matuwíd.	straight, orderly
반말	salitáng waláng-galang[살리땅 왈랑 가-랑] 그는 반말로 얘기하고 있어요.; Nagsasalitâ siyá na waláng-galang.	rough talk
반반씩	kalá-kalahatì[깔라 깔라하-띠']	by halves
반복/…하다.	☞되풀이/~하다	
반영하다	magpakilala, ipakilala, magpakita, ipakita[막빠낄라-라, 이빠낄라-라, 막빠끼-따, 이빠끼-따] 신문은 국민의 여론을 반영한다.; Ang mga páhayagán ay nagpapákíta ng opinyón ng públikó.	reflection/reflect

반응/…하다	sagót, tugón/sumagót, tumugón[사곧, 뚜곤/수마곧, 뚜무곤] 그는 머리를 끄떡여서 반응했다.; Tumugón siyá nang tangô.	response/respond
반장(학급)	mónitór sa klase[모니또르 사 끌라-세] 그는 우리 학급의 반장이다.; Siyá ay mónitór sa aming klase.	monitor
반지	singsíng[싱싱]	ring
반지름	radius[라디-우스]	radius
반짝이다/반짝이는	magningníng/maningníng[막닝닝/마닝닝]	glitter/glittering, brilliant
반찬	ulam[우-람]	side dish
반품/…하다	pagsasaulì ng kalakal/isaulì ang kalakal[빡사사우-리' 낭 깔라-깔 /이사우-리' 앙 깔라-깔]	returned goods/return goods
반하다	mahalina[마할리-나] 그는 그녀의 행동에 반했다.; Nahalina ko siyá sa kanyáng mga kilos.	be fascinated
반항/…하다	☞저항/~하다	
받다	tumanggáp[뚜망갚]	receive
받아들이다(물건)	☞받다	
받아들이다(생각, 개념)	☞인정/~하다	
받아쓰기/받아쓰다	diktá/magdiktá[딕따/막딕따]	dictation/dictate
받치다/받침	itukod, tumukod/tukod[이뚜-꼳, 뚜무-꼳/뚜-꼳] 벽들이 지붕을 받치고 있다.; Ang mga dingdíng ay tumútukod sa bubóng.	prop up/prop
발	paá[빠-아]	foot
발가락	dalirì ng[달리-리' 낭] paá	toe

발가벗다	maghubú't-hubád[막후붙 후받]	undress completely
발가벗은	hubú't-hubád[후붙 후받]	stark-naked
발견/…하다(찾다)	tuklás/makatuklás[뚜끌라스/마까뚜끌라스] 그는 잃어버린 골프 공을 발견했다.; Nakatuklás siyá ng nawáwaláng bola ng golf.	finding/find
발달/…하다	pagtubò/tumubò[빡뚜-보'/뚜무-보']	development/develop
발등	ibabáw ng paá[이바바우 낭 빠아]	instep
발명/…하다	pag-imbento, paglikhá/umimbento, imbentuhín, maimbento, lumikhá likhaín [빡임베-ㄴ또, 빡릭하'/움임베-ㄴ또, 임벤뚜힌, 마임베-ㄴ또, 루미크하', 릭하인] 전기는 에디슨이 발명했다.; Ang kuryente ay naimbento ni Edison.	invention/invent
발명가	imbentór[임벤또르] 에디슨은 위대한 발명가이다.; Si Edison ay isáng dakilang imbentór.	inventor
발명품	imbento, imbensyón, likhâ[임베-ㄴ또, 임벤숀, 릭하'] 라디오는 대단한 발명품이다.: Ang radyo ay isáng kahangang-hangang imbento.	thing invented
발바닥	talampakan[딸람빠-깐]	sole of a foot
발생시키다	lumikhà[루미-ㅋ하] 그 기계는 전기를 발생시킨다.; Ang mákináng iyón ay lumílikhà ng elektrisidád.	generate
발생하다	mangyari[망야-리] 그 사고는 지난 주에 발생했다.; Nangyari ang sakunâ noóng isáng linggó.	happen
발음/…하다	bigkás/bumigkás[빅까스/부믹까스]	pronunciation/pronounce
발자국	bakás ng paá[바까스 낭 빠아]	footprint

발전/…하다	pagunlád/umunlád[빠운랃/움운랃] 나의 사업은 발전하고 있다.; Umúunlád ang aking negosyo.	development/develop
(항공기)발진/…하다	pagtaás, takeoff/lumipád[빡따아스, 테이크엎/루미빧]	takeoff/lift off
발톱	kukó ng paá[꾸꼬 낭 빠아]	toenail
발표/…하다	pahayag/ihayág, maghayág[빠하-약/이하약, 막하약]	announcement/announce
발행/…하다	pagkakálathalà/ilathalà[빡까-라탈하-ㄹ라/이라탈하-ㄹ라]	publication/publish
발효/…하다	pagasim/umasim[빠가-심/움아-심] 어제 산 고기는 벌써 발효되었다.; Ang isdáng binilí ko kahapon ay umasim na.	fermentation/ferment
발효식품	pagkain ng[빡까-인 낭] pagasim	fermented food
발휘/…하다	pagpapatunay, pagpatotoó/magpatunay, magpatotoó[빡빠빠뚜-나이, 빡빠또또오/막빠뚜-나이, 막빠또또오]	demonstration/demonstrate
밝은	maliwanag[말리와-낙]	bright
밝히다	lumiwanag, ilawan[루미와-낙, 일라-완]	illuminate, give light
밝히다(입장)	ipaliwanag[이빨리와-낙]	clarify, explain
밟다	tumapak, tapakan[뚜마-빡, 따빠-깐]	tread on
밤(과일)	kastanyas[까스따-ㄴ야스]	chestnut
밤(때)	gabí[가비] 매일 밤; gabí-gabí, (밤에)늦었다. 돌아가자.;Gabí na. Uwî na tayo. 안녕하세요.(밤 인사); Magandáng gabí pô.	night
밤낮	araw at[아-라우 앝] gabí	day and night
밤늦게	hulí sa[훌리 사] gabí	late at night
밤 새껏(새도록)	magdamág[막다막]	all night

밤새우다	magdamág nang magpuyát[막다막 낭 막뿌얃] 그는 환자 곁에서 밤을 새웠다.; Magdamág siyáng nagpuyát sa tabí ng maysakít.	stay up all night
밥	kanin[까-닌]	boiled rice
밥 먹다	☞식사/…하다, 밥 먹었어요?; Kumain ka na ba?	
밥하다	maglagà ng[막라-가' 낭] kanin	boil rice
방	kuwarto, silíd[꾸와-르또, 실릳] 방 안에 책상이 있나요?; Mayroón pô ba ang pupitre sa loób ng kuwarto?	room
방 번호	númeró ng kuwarto[누-메로 낭 꾸와-르또] 방 번호는 어떻게 돼요?; Anó pô ang númeró ng kuwarto?	room number
방귀/…뀌다	utót/umutót[우똗/움우똗] 방귀껴서 미안해.; Pasensya na, umutót ako.	fart/fart
방금 전	kanina konti, kani-kanina[까니-나 꼰띠', 까-니 까니-나]	just before
방문/…하다.	bisita, pagdalaw/bumisita, dumalaw[비시-따, 빡다-르라우/부미시-따, 두마-르라우]	visiting/visit
방문객	bisita, dalaw[비시-따, 다-르라우]	visiter
방법	pamamaraán, kaparaanán, paraán[빠마마라안, 까빠라아난, 빠라안]	method, way
방부제	pampreserbá[빰쁘레세르바]	preservative
방부처리	pampatagál na paggamót[빰빠-따갈 나 빡가몯]	preservative treatment
방산(방위 산업)	indústriyá ng pagtatanggól[인두-스뜨랴 낭 빡따땅골] 한국의 방산은 우수하다.; Mahusay ang indústriyá ng pagtatanggól ng Korea.	defense industry
방송국	istasyón ng brodkast[이스따숀 낭 브로-드카스트]	broadcasting station
방송하다	magbrodkast[막브로-드카스트]	broadcast

149

방어/…하다	tanggól/magtanggól[땅골/막땅골]	defense/defend
방전/…되다	pálabasan ng elektrisidád/makalabás ang elektrisidád[빠-라바산 낭 엘렉뜨리시닫/마까라바스 앙 엘렉뜨리시닫]	discharge of electricity/ electricity be dis charged
방파제	hampasang-alon[함빠-상 아-르론]	waterbrake
방해/…하다	paghadláng/humadláng[빡하들랑/후마들랑]	obstruction/obstruct
방화(放火)/…하다	panunupog/masunog[빠누누-녹/마수-녹]	arson/commit a arson
방화(防火)	paghadláng sa sunog[빡하들랑 사 수-녹]	fire prevention
방화범(放火犯)	mánunupog[마-누누녹]	incendiary
방향	gawí, direksyón[가위, 디렉숀] 서쪽 방향; gawíng kanluran 이 쪽을 보세요.; Tumingín kayó sa gawíng itó.	direction
방향타	timón[띠몬]	rudder
밭	bukirín[부끼린] 나는 밭에 여러가지 채소를 심었다.; Nagtaním akó ng ibá't ibáng gulay sa bukirín.	farm for crops or animal
배(교통)	bapór, barkó[바뽀르, 바르꼬]	ship
배(인체)	tiyán[띠얀] 배가 아파요.; Masakít pô ang tiyán.	belly
배고프다	gutóm[구똠] 배 고파요, 밥 주세요.; Gutóm na akó. Ibigáy ninyó ang pagkain.	hungry
배를 타다	sumakáy sa bapór[수마까이 사 바뽀르]	embark
배구	báliból[바-르리볼] 배구경기; larô ng báliból	volleyball
배(과일)	peras[뻬-라스]	pear
배 나온	butyóg[부뚝]	big-bellied

배낭	backpack[박빡] 배낭을 메고 등산을 했다.; Umakyát akó sa bundók dala ang backpack.	backpack
배달/…하다	pagdadalá/dalhín, magdalá[빡다달라/달힌, 막달라] 이것 배달해 줄 수 있어?; Puwede mo bang dalhín nitó?	delivery/deliver
배반/…하다	kataksilán, dayà/magtaksíl, magdayà, dumayà[까딱실란, 다-야'/막딱실, 막다-야', 두마-야']	betrayal/betray
배반자	taong taksíl[따-옹 딱실]	betrayer
배반하는	sukáb, taksíl[수깝, 딱실]	betraying
배부르다	busóg[부속] 배 불러요.; Busóg na pô akó.	have a full stomach
배불뚝이	butyóg na tao[부뚝 나 따오]	a big-bellied
배서(背書)하다(수표)	pumirmá sa likód ng tseke[뿌미르마 사 리꼳 낭 쩨-께]	endorse
배열/…하다	pagpapantáy/magpantáy[빡빠빤따이/막빤따이]	alignment/align
배영(수영)	langóy na patihayâ[랑오이 낭 빠띠하야']	backstroke
배우	artista[아르띠-스따]	player, actor
배우다	mátúto[마-뚜-또] 그는 시계 수리하는 방법을 배웠다.; Nátúta siyáng magkumpuní ng mga relós.	learn
배우자	asawa[아사-와]	spouse
배웅하다	ihatíd[이하띧] 우리는 역에서 존을 배웅했다.; Inihatíd namin si John sa istasyón.	see someone off
배은망덕	kawalán ng utang-na-loób[까왈란 낭 우-땅 나 로옵] 나는 그가 나에게 배은망덕함을 느꼈다.; Dináramdám ko ang kawalán ng utang-na-loób sa	ingratitude

	akin.	
배은망덕한 사람	ingrato[인그라-또]	ingrate
배추	bagyo-petsáy[바-교 뻬짜이]	white cabbage
배터리	bateryá[바떼리야 배터리 충전할 수 있어요?; Puwede bang kargahá ang bateryá?	battery
백(100)	sandaán, siyento[산다안, 시예-ㄴ또]	hundred
백금	putíng gintô[뿌띵 긴또']	white gold
백년	sandaáng taón[산다앙 따온]	one hundred years
백만	angaw, milyón[아-ㅇ아우, 밀욘] 그는 백만 달러를 상속받았다.; Nakamana siyá isáng milyóng dolar.	million
백만장자	milyonario[밀요나-리오] 그녀는 백만장자 삼촌이 있다.; May tiyóng milyonario siyá.	millionare
백인/…종	taong putî/lahing putî[따-옹 뿌띠'/라-힝 뿌띠']	white man/white race
백합	liryo[리-료]	lily
백혈구	putíng dugô[뿌띵 두고']	white blood cell
백혈병	leukemya[류께-미아]	leukemia
뱀	ahás[아하스]	snake
버릇/…이 된	gawì, ugalì/gawì, kináugalián[가-위', 우가-ㄹ리'/가위', 끼나-우갈리안]	habit, custom/habitual
버리다(사람, 지위 등)	pababayaan[빠바바야-안]	abandon
버리다(쓰레기 등)	itapón, magtapón[이따뽄, 막따뽄] 여기에 쓰레기를 버리지 마시오.; Bawal itapon ang basura dito.	throw away

버섯	kabuté[까부떼] 나는 산에서 버섯을 땄다.; Kinuha ko ang kabuté sa bundók.	mushroom
버스/…를 타다	bus/magbus[부-스/막부-스] 버스를 타고 갈 수 있나요?; Puwede pô ba akóng pumuntá sa bus? 이 버스는 어디로 가요?; Saán pô papuntá ang bus na itó?	bus/ride on the bus
버스정류장	bus términal[부-쓰 떠-미날]	bus terminal
버티다(견디다)	magtiís, matiís[막띠이스, 마띠이스]	resist
번	beses[베-세스], maka[마까]+기수, 한 번; minsan 세 번;tatlong beses (makátló), 너에게 몇 번을 말했냐?(수도 없이 말했다.);Iláng beses ko nang sinabi sa iyó?	times
번개/…치다	kidlát/kumidlát[끼들랕/꾸미들랕] 갑자기 번개가 쳐서 깜짝 놀랐다.; Biglâng kumidlát kayâ nagulat akó.	lightening/lightening flashes
번식하다	magparami, mag-anák[막빠라-미, 막아낙] 저 소들은 잘 번식하지 않는다.; Hindî nag-áanák ang mga bakang iyón.	breed
번역/…하다	pagsasalin/magsalin, isalin[빡사사-ㄹ린/막사-ㄹ린, 이사-ㄹ린] 그 이야기를 따갈로그어로 번역해라.; Isalin mo sa Tagalog ang kuwento.	translation/translate
번호/…를 매기다	númeró/magnúmeró[누-메로/막누-메로]	number/give a number
번영/…하다	lagô/lumagô[라고'/루마고']	growth/develop, flourish
벌(꿀벌)	pukyutan[뿌꾸-딴]	honeybee
벌/…하다	parusa/magparusa, parusahan[빠루-사/막빠루-사, 빠루사-한]	punishment/punish
벌써(이미)	na[나] 메리는 벌써 일을 끝냈다.; Natapos na ni Mary ang gawain.	already

범위	hanggán, lawak, sakláw[항간, 라-왁, 사끌라우] 영토 범위내에서; sa sakláw ng teritoryo	extent, range
범인	salarín, kriminál[살라린, 끄리미날]	criminal
범죄	krimen[끄리-멘]	crime
(죄를) 범하다	gumawâ ng ~[구마와' 낭], 실수를 범하다.; gumawâ ng kamálían, 죄를 범하다.; gumawâ ng kasalanan	commit
범하다(여자)	manggahís, gumahís[망가히스, 구마히스]	rape
법(法, 법률)	batás[바따스]	law
법원	húkúman[후-꾸-만]	court of justice
법적공휴일	pistáng pambatás[삐스땅 빰바따스]	legal holiday
벗기다(껍질)	magtalop, talupan[막따-로롭, 딸루-빤]	peel
벗기다(옷)	hubarán, hubdán[후바란, 훕단] 그 아이의 옷을 벗기고 목욕을 시켜라.; Hubarán mo ang batà at paliguan mo.	undress someone
벗다	hubarín[후바린] 실내에서는 모자를 벗어라.; Hubarín mo ang sombrero sa loób ng silíd.	take off
벙어리	piping tao[삐-뼁 따-오]	dumb person
베기/베다(상처)	hiwà/humiwà, hiwain[히-와'/후미-와', 히와-인] 면도를 하다가 턱을 베었다.; Hiniwà ko ang aking babà habang nag-aahit.	cutting(incision)/cut
베기/베다(나무 등)	putól/pumutól, putulín[뿌똘/뿌무똘, 뿌뚤린] 나무를 베다; pumutól ng punò	cutting/cut
베란다	beranda[베라-ㄴ다]	veranda

베트남	Biyetnam[비예뜨남]	vietnam
벨/벨소리	kampanà/tunóg ng kampanà[깜빠-나/뚜녹 낭 깜빠-나] 벨을 울려라.; Tugtugín mo ang kampanà.	bell/sound of bell
벨기에/…인, …의	Bélhika/Belga[베-르히까/베-르가]	Belgium/Belgian
벨트(허리띠)/…를 하다	sinturón/magsintrón[신뚜론/막신뚜론] 벨트를 풀러라.; Luwagán mo ang sinturón.	belt
벼/벼(낟알)	palay[빠-르라이]/palay	rice plant/unhusked rice
벼를 찧다	ipakiskís, magpakiskís[이빠끼스끼스, 막빠끼스끼스]	get rice milled
벽	padér[빠데르] 정원둘레에는 높은 벽이 있다.; May mataás na padér ang paligid ng hálamanán.	wall
벽난로	fireplace[파이어플레이스]	fireplace
벽돌	ladrilyo, laryó[라드리-르요, 라료]	brick
벽시계	relós sa padér[렐로스 사 빠데르]	wall clock
벽창호	tao na matigás ang ulo[따-오 나 마띠가스 앙 우-르로]	obstinate person
변기	inodoro[이노도-로]	toilet
변덕	sumpóng[쑴뽕]	caprice
변덕스러운	pasumpóng-sumpóng, pabagu-bago, paibá-ibá[빠쑴뽕쑴뽕, 빠바-구바-고, 빠이바이바]	capricious
변명하다	magdahilán[막다힐란] 그는 수업시간에 늦은 것에 대해 변명했다.; Nagdahilán siyá sa pagkaáhulí sa klase.	make an excuse
변비	tibí[띠비]	constipation

변색하다	sumirà ng kulay, sirain ang kulay[수미라 낭 꾸-ㄹ라이, 시라-인 앙 꾸-ㄹ라이] 연기는 집에 새로 칠한 페인트를 변색시켰다.; Sumirà ang usok ng kulay ng bagong pintura ng bahay.	discolor
변장/…하다	balatkayô/magbalatkayô[발랕까요/막발랕까요']	disguise/disguise oneself
변호사	(여성)abogada, (남성)abogado[아보가-다, 아보가-도]	lawyer
변하다	bumago, baguin[부마-고, 바구-인]	change
별/별이 많은	bituín/mabituín[비뚜인/마비뚜인]	star/starry
별장	bilya[비-ㄹ야]	villa
병	bote[보-떼] 맥주 3병; tatlóng bote ng serbesa	bottle
병(질병)/병에 걸린	sakít/may-sakít[사낕/마이사낕]	sickness, illness/sick, ill
병균	mikrobiyo ng[미끄로비-요 낭] sakít	disease germ, virus
병따개	pambukás ng tansán[빰부까스 낭 딴산]	bottle opener
병뚜껑	tansán[딴산]	cap
병맥주	serbesa sa bote[세르베-사 사 보-떼]	beer in bottle
병아리	sisíw[시시우]	chick
병에 걸리다	magkasakít[막까사낕]	get sick
병원	ospitál[오스삐딸] 그는 어느 병원에 입원했어?; Alíng ospitál siyá naka-confine? 그는 언제까지 병원에 있어야 돼?; Hanggáng kailan siyá sa ospitál?	hospital
병의 원인	dahilán ng sakít[다힐란 낭 사낕]	cause of sickness
병자	maysakít, pasyente[마이사낕, 빠시예-s떼]	patient

보건소	sentro ng kalusugáng bayan[세-ㄴ뜨로 낭 깔루수강 바-얀]	public health center
보고(서)/…하다	ulat, repórt/magulat, iulat[우-ㄹ랕, 레뽀-ㄹ트/마우-ㄹ랕, 이우-ㄹ랕]	report/make a report
보관/…하다	pag-iingat/mag-alagà, itagò[빡이이-ㅇ앝/막알라-가', 이따-고']	safekeeping/keep
보관소	taguán[따구안]	place for keeping things
보관품	patagò[빠따-고']	something given for safekeeping
보내다	ipadalá[이빠-달라] 어젯밤 너에게 메시지 한통 보냈다.; Kagabí ipinadalá ko sa iyó ang isáng mensahe.	send
보너스	☞상여금	
(~)보다(상위비교)	lalong(또는 mas)[라-ㄹ롱(마스)]+형용사+kaysa[까이사] 스미스는 톰보다 영리하다.; Si Smith ay lalong marunong kaysa kay Tom.	more
(~)보다(하위비교)	hindi kasíng[힌디' 까싱]+형용사 어근, 너의 아이는 그의 아이처럼 착하지 못하다.; Ang anák mo ay hindî kasímbaít ng anák niyá.	less
보다	makita, tumingín, manoód[마끼-따, 뚜밍인, 마노온] 그 사람 봤어?; Nakita mo ba siyá? 오늘 밤 우리는 테레비를 볼 예정이다.; Ngayóng gabí manonoód namin ang telebisyón.	see, look at
보라색	biyoleta[비욜레-따]	violet
보름	kalahatì ng buwán[깔라하-띠' 낭 부완]	a half month
보름날	ikalabinlimáng araw ng buwán[이까라빈리망 아-라우 낭 부완]	15th day of month
보름달	kabilugan ng buwán[까빌루-간 낭 부완]	full moon
보리	sebada[세바-다]	barley
보리밭	lináng ng sebada[리낭 낭 세-바다]	barley field

157

보리차	sebadang tsa[세바-당 차]	barley tea
보모	yaya[야-야] 그녀는 훌륭한 보모이다.; Siyá'y mabuting yaya.	nursemaid
보살피다	alagaan[알라가-안] 내 아이를 보살펴 주기를 부탁해.; Pakialagaan mo ang batà ko.	look after
보상/…하다	bayad/magbayad, bayaran[바-얏/막바-얀, 바야-란] 모든 손상은 너가 보상해라.; Bayaran mo ang lahát ng sirà.	payment/pay
보상금	bayad-pinsalà[바-얏 삔사-라] 5만 페소의 보상금이 지불되었다.; Limampúng libong piso ang bayad-pinsalang ibinigáy.	indemnity
보석(寶石)	hiyás[히야스]	jewel
보수적인	konserbatibo[꼰세르바띠-보]	conservative
보어(문법)	salitáng kagánápan[살리땅 까가-나-빤] 주격보어; kagánápang pansimunò 목적격보어; kagánápang panlayon	complement
보여주다	ipakita[이빠끼-따] 그것 좀 보여줘.; Ipakita mo iyán sa akin.	show
보이다	mukhâ[묵하'] 건강이 안 좋아 보이네요.; Mukhâ ninyóng dî malusóg.	look
보자기	telang pambalot[뗄랑 빰바-로롯]	cloth wrapper
보장/…하다	☞보증/…하다	
보조개	biloy[비-로이]	dimple
보조/…하다	tulong/tumulong[뚜-롱/뚜무-롱]	assistance/assist
보존/…하다	pangangalagà/mangalagà[빵앙알라-가'/망알라-가']	conservation/conserve
보증/…하다	garantiya/garantiyahán[가란띠-야/가란띠야한]	guarantee/guarantee
보증금	depósito[데뽀-시또]	deposit

보증기간	panahón ng[빠나혼 낭] garantiya	term of guarantee
보충/…하다	dagdág/idagdág[닥닥/이닥닥]	supplement/supplement
보통의	karaniwan[까라니완] 보통 키; karaniwang taás	normal
보편적인	pandaigdíg[빤다익딕]	universal, general
보행/…하다	lakad/lumakad[라-깓/루마-깓]	walk/walk
보행자	taong naglálákad[따-옹 나글라-라-깓]	pedestrian
보험/…에 들다	seguro/magpaseguro, iseguro[세구-로/막빠세구-로, 이세구-로] 그는 도난을 대비하여 자동차를 보험에 들었다.; Isineguro niyá ang kanyáng awto laban sa pagkanakaw.	insurance/insure
보험사	ahénsiya ng[아헤-ㄴ샤 낭 우뻬시-나 낭] seguro	insurance office
보호/…하다	bantáy/magbantáy, bantayán[반따이/막반따이, 반따얀]	guard/guard, keep watch
보호자	tagabantáy[따가반따이]	caregiver
복권	loteriya[로떼리-야]	lottery
복사/…하다	kopya/kumopya[꼬-뻬야/꾸모-뻬야]	duplication/copy
복사뼈	bukungbukong[부꿍부-꽁]	ankle
복수(단위)	pangmarami[빵마라-미]	plural
복숭아(과일)	melokotón[멜로꼬똔]	peach
복습/…하다	repaso, balík-aral/magrepaso, repasuhin[레빠-소, 발릭 아-랄/막레빠-소, 레빠수-힌] 내일 시험을 대비해서 배운 것들을 복습해라.; Repasuhin mo ang mga aralín para sa eksamen bukas.	review/review
복싱	boksing[보-ㄱ싱]	boxing

159

복음(종교)	Ebanghelo[에방헤-르로]	Gospel
복잡한(일반적)	maguló[마굴로]	complicate
복잡한(교통)	matrapik[마뜨라-삑]	crowded with traffic
복종/…하다	pagsunód/sumunód, sundín[빡수놀/수무놀, 순딘] 그는 보스의 명령에 복종했다.; Sumunód siyá sa utos ng punò.	obedience/obey
복종하는	masúnúrin[마수-누-린]	obedient
복지	kabutihan[까부띠-한]	wellfare
복통	sakít ng tiyán[사낃 낭 띠얀]	stomachache
볶다(콩, 깨 등)	magdaráng, idaráng[막다랑, 이다랑]	parch
볶다(못살게 굴다)	mangyamót, yamutín[망야몯, 야무띤]	pester
본사	punong kompanya[뿌-농 꼼빠-냐]	head office
본성	tunay na pagkatao[뚜-나이 나 빡까따-오]	true character
본질	diwà, esensiya[디-와', 에센시-야]	essence
볼	bola[보-르라] 아이들이 운동장에서 볼을 차고 있다.; Sumísipà ang mga batà ng bola sa pálaruán.	ball
볼륨	lakás ng tinig[라까스 낭 띠-닉] 라디오 볼륨을 줄여라.; Bawasan mo ang lakás ng tinig ng radyo.	volume
볼펜	bolpen[보-르뻰]	ballpen
봄	tagsibol[딱시-볼]	spring
봉급	☞급료	
봉급날	kasahurán[까사후란]	payday

봉지	papél-supot[빠뻴 수-뽈]	paper bag
봉투	sobre[소-브레]	envelop
봉하다	idikít[이디낃] 봉투를 봉해라.; Idikít mo ang sobre.	seal
봐주다	dî pansinín[디' 빤시닌] 이번 너의 잘못은 봐주겠다.; Dî ko na pápansinín ang pagkákamalî mo ngayón.	overlook
부(部)	kawanihán[까와니한]	bureau
부(재산)	yaman[야-만]	wealth
부가가치세	VAT[브이에티]; value added tax	value added tax(VAT)
부계(父系)	pagka-amá[빡까아마]	paternal side
부끄럽다	kahiyá-hiyâ[까히야히야']	be shameful
부담/…스럽다	pabigát/may pabigát[빠비갇/마이 빠비갇] 너에게 부담이 되고 싶지 않다.; Ayoko maging pabigát sa iyó.	burden/burdensome
(…의)부담으로	sa kapinsalaán ng(ni) …[사 까삔살라안 낭] Binilí ang isáng keyk sa kapinsalaán ni Cheolsu.; 철수의 부담으로 케이크를 하나 샀다.	at the expense of
부동산	ari-ariang bahay at lupà[아-리' 아리-앙 바-하이 앝 루-빠']	real estate
부두	piyér, daungan[뻬예르, 다우-ㅇ안]	pier
부드럽다	malambót[말람볻] 그녀는 부드러운 피부를 가지고 있다.; Meron malambót na balát siyá.	soft
부록	apéndise[아뻬-ㄴ디세]	appendix
부르다(배)	busóg[부솤] 이젠 배불러요.; Busóg na pô akó.	satiated
부르다(노래)	umawit[움아-윋] 학생들이 교실에서 노래를 부르고 있다.; Ang mga	sing

	estudaynte ay umááwit sa silíd-aralán.	
부르다	tumawag, tawagan[뚜마-왁, 따와-간] 택시 좀 불러 주세요.; Pakitawag ninyó ako ng taksi. 빨리 의사를 불러라.; Madalíng tumawag ka ng manggagamót.	call
부모	magulang[마구-르랑] 나는 부모님과 같이 살고 있다.; Nakatira ako magkasama ng magulang.	parents
부문	kaurián, pangkát[까우리안, 빵깥]	category, section
부부	mag-asawa[막아사-와]	couple
부부생활	buhay na[부-하이 나] mag-asawa	married life
부분	bahagi, parte[바하-기, 빠-르떼]	part
부사(문법)	pang-abay[빵아-바이]	adverb
부상(負傷)/…하다	pinsalà/pinsalain, puminsalà[삔사-라'/삔살라-인, 뿌민사-라']	be injured
부속품(수리용)	piyesa[삐예-사]	spare part
부수다	sumirà, bumasag[수미-라', 부마-삭]	break down, smash
(눈)부시다/부시게 하다	masilaw/silawin[실라-윈] 그 불빛으로 내 눈 부시게 하지마.; Huwág mo akong silawin sa liwanag na iyán. 눈이 부신; siláw	dazzle
부식(腐蝕)/…하다	agnás/umagnás[아그나스/움아그나스]	corrosion/corrode
부어 오르다/부어 오른	mamagâ/pagâ[마마가'/빠가']	swell
부엉이(새)	kuwago[꾸와-고]	owl
부엌	kusina[꾸시-나] 엄마는 부엌에서 저녁 준비를 하고 계신다.; Inay ay naghahandâ ng hapunan.	kichen

부양/…하다	sustento/magsustento, sumustento[수스떼-ㄴ또/막수스떼-ㄴ또, 수무스떼-ㄴ또] 누가 그를 부양하느냐?; Sino ang sumúsustento sa kanyá? 아버지는 가족을 부양해야 한다.; Ang amá ang dapat sumustento sa pamilya.	sustentation/sustain, support
부여하다	ipagkaloób[이빡까로옵] 너희들이 요구하는 것은 무엇이든지 부여하겠다.; Anumáng ang hilingín ninyó ay aking ipagkaloób.	grant, give
부유하다	mayaman[마야-만]	rich
부인(婦人)	asawang babae, ginang[아사-왕 바바-에, 기-낭]	matron, wife, madam
부인(否認)/…하다	pagtanggí/ayaw tanggapín, tumanggí[빡땅기/아-야우 땅가삔, 뚜망기] 그는 자신의 실수를 부인했다.; Ayaw niyá tanggapín ang kanyáng pagkakámalî.	denial/deny
부자(富者)	mayamang tao[마야-망 따-오]	rich man
부작용	di-magandáng resulta[디 마간당 레수-르따]	side effect
부재/…중	pagkawalâ/walâ, liban[빡까왈라'/왈라', 리-반]	absence/absent
부적격	pagkawalâ ng karapatán[빡까왈라' 낭 까라빠딴]	disqualification
부정/…하다	☞부인/…하다	
부정사(문법)	pawatas[빠와-따스]	infitive
부정적인	patanggí[빠땅기]	negative
부족하다	kulang[꾸-ㄹ랑] 그는 돈이 부족하다.; Kulang siyá sa salapî.	insufficient
부주의한	pabayâ, waláng-ingat[빠바야', 왈랑 이-ㅇ알] 호세는 부주의한 소년이다.; Si Jose ay isáng pabayáng batang lalaki.	careless

부지런하다	masipag[마시-빡]	industrious
부추기다	magpasiglá, makapagpasiglá[막빠시글라, 마까빠시글라] 급우들의 박수갈채는 그를 부추겼다.; Nakapagpasiglá sa kanyá ang palakpák ng mag kaklase.	encourage
부탁/…하다	pakikiusap/ipakiusap[빠끼끼우삽/이빠끼우삽] 너의 부탁은 이미 늦어 버렸다.; Ang pakikiusap mo ay huling-hulí na.	request/request
부패(도덕적으로)/…한	kabulukán/bulók[까불루깐/불록] 부패한 정부; bulók na pámahalaán	corruption/corrupt
부품	parte, bahagi[빠-르떼, 바하-기] 라디오에는 부품이 많다.; Maraming parte(bahagi) ang radyo.	part
부합/…하다	pagkabagay/magkabagay[빡까바-가이/막까바-가이]	harmoniousness/harmonize
부호(符號)	tandâ, palátandaan[딴다', 빨라-딴다안]	mark
부활절	Pasko ng Pagkabuhay[빠-스꼬 낭 빡까부-하이]	Easter
북극	Artikó[아르띠꼬]	the Arctic
북부지역	hilagang poók[힐라-강 뽀옥]	nothern area
북아메리카	hilagang Amériko[힐라-강 아메-리꼬]	Noth Amerika
북위	hilagang látitúd[힐라-강 라-띠뚣]	north latitude
북쪽	hilagà[힐라-가']	north
북한	hilagang Korea[힐라-강 코리아] 북한은 공산주의 국가다.; Ang hilagang Korea ay isáng bansáng komunismo.	North Korea
분(시간)	minuto[미누-또]	minute
분개/…하다	galit/magalit[가-리뜨/마가-리뜨] 분개한; galít[갈릳] 분개시키다; galitin	anger/get angry

분류/…하다	pagbukúd-bukód/magbukúd-bukód[빡부꾿 부꼳/막부꾿 부꼳]	classifiation/classify
분리/…하다	paghihiwaláy/ihiwaláy, maghiwaláy[빡히히왈라이/이히왈라이, 막히왈라이]	separation/separate
분별(력)/…있는	pag-iingat, hunusdili/may-isip, mahunusdili[빡이이-ㅇ앝, 후누스디-ㄹ리'/ 마이 이-싶, 마후누스디-ㄹ리'] 분별력이 없는; Waláng-hunusdilì.	prudence/prudent
분석/…하다	pagsusuri/magsuring(suriing) mabuti[빡수수-리/막수-링(수리-잉) 마부-띠] 그 약을 분석해라.; Suriin mong mabuti ang gamót.	analysis/analyze
분실하다	☞잃다	
분야	larangan[라라-ㅇ안] 스포츠 분야에서; sa larangan ng pálakasan	field, domain
분침(시계)	karayom ng minuto[까라-욤 낭 미누-또]	minute hand
분필	yeso, tisà[예-소, 띠-사']	choke
분홍색	kulay ng rosa[꾸-ㄹ라이 낭 로-사] 분홍색이 더 좋아.; Lalong gustó ko ang kulay ng rosa.	pink
불	apóy, sunog[아뽀이, 수-녹]	fire
불가능/…한	imposibilidád, pagkaimposible/di-mamaáarì, imposible[임뽀시빌리닫, 빡까임뽀시불레/디마아-아-리', 임뽀시블레]	impossible
불가사리	isdáng-bituín[이스당 비뚜인]	starfish
불공평한	di-tapát, di-makatárúngan[디따빹, 디마까따-루-ㅇ안]	unfair
불구가 된/… 되다	salantâ/sumalantâ[살란따'/수말란따']	crippled/become crippled
불구자	salantâ	cripple
(~에도)불구하고	kahit na, sa kabilâ ng[까-힡 나, 사 까빌라' 낭] 비가 내리는데도 불구하고 후안은 도착했다.; Dumating si Juan kahit na umuulán. 강한 태풍	although, in spite of

	에도 불구하고 그 배는 항해를 하고 있다.; Sa kabilâ ng malakás na bagyo lumalayag ang bapór na iyán.	
불다(바람)	humangin, humihip[후마-ㅇ인, 후미-힢] 바람이 분다.; Humíhíhip ang hangin.	blow
불만	di-kasíyáhan, kawaláng-kasíyáhan[디까시-야-한, 까왈랑 까시-야-한] 업무에 대한 불만이 그가 사임한 이유다.; Ang di-kasíyáhan sa trabaho ang dahilán ng kanyáng pagbibitíw.	dissatisfaction
불만족한	di-nasísiyahán[디나시-이야한]	dissatisfied
불면증	di-pagkakatulog[디빡까까뚜-ㄹ록] 그는 불면증에 시달린다.; Pinapagtiisan niyá ang di-pagkakatulog.	insomnia
불명예	paninirà[빠니니-라']	dishonor
불빛	liwanag ng apóy[리와-낙 낭 아뽀이]	firelight
불쌍하다	kawawà[까와-와']	pitiful
불쏘시개	pamparikít, pampaningas[빰빠리킽, 빰빠니-ㅇ아스]	kindling
불안정한	di-matatág[디마따딱]	unstable
불안한	balisá[발리사]	anxious, worried
불어 내다(입으로)	bumugá, ibugá[부무가, 이부가] 그는 입으로 연기를 불어 내었다.; Ibinugá niyá mulâ sa bibíg ang usok.	blow out
불운한	waláng-kapalaran[왈랑 까빨라-란]	unlucky
불을 붙이다	magsindí[막신디] 난로에 불이 붙지 않는다.: Ayaw magsindí ang kalán.	light
불지르다	magpaapóy[막빠아뽀이]	set on fire

불침번/…을 서다	pagpupuyát/magpuyát[빡뿌뿌얕/막뿌얕]	night vigil/keep vigil
불쾌한	di-kawili-wili, di-nakalulugód[디까위-리 위-리리, 디나까루루곧]	unpleasant
불편한	di-maginhawa[디마긴하-와]	uncomfortable
불평/…하다	reklamo, sumbóng/magreklamo, magsumbóng[레글라-모, 숨봉/막레글라-모, 막숨봉]	complaint/complain
불평하는	may-reklamo[마이 레글라-모] 불평하는 사람; taong may-reklamo	complaining
불필요한	di-kailangan[디까일라-ㅇ안]	unnecessary
불합격	kabiguán sa iksamen[까비구안 사 잌사-멘]	failure in examination
불행한	malungkót, di-masayá[말룽꼳, 디마사야]	unhappy, sad
불효	waláng tungkulin sa magulang[왈랑 뚱꾸-ㄹ린 사 마구-ㄹ랑]	undutifulness to one's parents
붓	brotsa[브로-차]	painting brush
붓다(액체)	bumuhos, ibuhos[부무-호스, 이부-호스]	pour
붕대/…를 감다	benda/magbenda, bendahán[베-ㄴ다/막베-ㄴ다, 벤다한]	bandage/apply a bandage
붙이다	magdikít, idikít[막디낃, 이디낃] 이것을 벽에 붙여라.; Idikít mo itó sa padér.	attach, paste
브래지어	bra[브라]	brassiere
브랜드	marká, taták[마르까, 따딱]	brand
브로치	alpilér, brotse[알삘레르, 브로-쩨]	brooch
브뤼셀	Bruselas[브루세-ㄹ라스]	Brussel
비(청소용)/비로 쓸다	walís/walisín[왈리스/왈리신] 바닥의 먼지를 (비로) 쓸어라.; Walisín mo ang alikabók sa sahíg.	broom

비/비가 오다	ulán/umulán[울란/움울란] 비가 갑자기 내렸다.; Umulán pabiglâ. 비가 갑자기 퍼부었다.; Inibuhos ang ulán pabiglâ. 비가 올 것 같다. Parang uulán. 지금 비가 오고 있다.; Umúulán na. 어제는 비가 왔다.; Umulán kahapon.	rain/rain
비가 그치다	tumilà[뚜미-라'] 비 그쳤어?; Tumilà na ba? 비가 그치기를 기다리다.; magpatilà	stop raining
비결	sekreto[섹레-또] 그 비결이 뭐야?; Anó ang sekreto niyán?	secret
비공식적인	di-opisyál, di-pantungkulin[디오삐샬, 디빤뚱꾸-ㄹ린]	unofficial
비관/…론자	pesimismo/pesimista[뻬시미-스모/뻬시미-스따]	pessimism/pessimistic
비교/…하다	paghahambíng/maghambíng[빡하함빙/막함빙] 너 자신을 다른 사람과 비교하지 마라.; Huwág mong ihambí ang iyóng sarili sa iba;	comparison/compare
비교적	medyo, pahambíng[메-죠, 빠함빙] 비교적 쉽다.; Medyo madalî	comparatively
(~와)비교하면	kung ináhambíng (sa~)[꿍 이나-함빙 (사)] 후안은 그의 형제들과 비교하면 가난하다.; Si Juan ay mahirap kung ináhambíng sa kanyáng mgá kapatíd.	compared with
비기다(승부)/비김	magpatas/patas[막빠-따스/빠-따스] 두 팀은 비겼다.; Nagpatas ang dalawáng koponán.	end in a tie
비난/…하다	sisi, paninisi/sumisi, sisihin[시-시, 빠니니-시/수미-시, 시시-힌] 그는 후안이 책을 잃어 버린 것에 대해 비난했다.; Sinisi niyá si Juan sa pagkawalâ ng libró.	blaming/blame
비누	sabón[사본] 비누로 얼굴과 손을 씻었다.; Hinugasan ko ng sabón ang	soap

	mukhâ at kamáy.	
비늘	kaliskís[까리스끼스]	scale
비듬	balakubak[발라꾸-박]	dandruff
비디오	bidyo[비-죠]	video
비료	patabâ[빠따바'] 양파가 잘 자라도록 밭에 비료를 뿌렸다.; Sinabugan ng patabâ ang bukirín para lumakí nang maayos ang sibuyas.	fertilizer
비린내	amóy ng isdâ[아모이 낭 이스다'] 비린내가 난다.; Amuyan ko ang isdâ.	fish-like smell
비밀/…을 지키다	lihim, pagkasekreto/ilihim, maglihim[리-힘, 빡까세끄레-또/일리-힘, 막리-힘]	secrecy/keep secret
비범한	pambihirà, di-karaniwan[빰비히-라', 디까라니-완]	extraodinary
비빔밥	haluáng kanin sa kalakíp ng tinadtád na karné at ibá-ibáng gulay. [할루앙 까-닌 사 깔라낍 낭 띠낟따드 나 까르네 앋 이바 이방 구-라이]	boiled rice mixed with minced meat and several kinds of vegetables
비서	kalihim[까리-힘] 비서를 채용하다; umupa ng kalihim	secretary
비스킷	biskuwít[비스꿑]	biscuit
비슷하다	magkatulad, magkawangis[막까뚜-라락, 막까와-ㅇ이스]	similar
비싸다	mahál[마할] 너무 비싸요. 좀 깎아 주세요.; Sobrang mahál. Bigyán ninyó akó ng tawad.	expensive
비용	gastos[가-스또스]	cost, expense
비우다(자리)	lisanin (ang upuan)[리사-닌(앙 우뿌-안)] 그는 한 시간 동안 자리를 비웠다.; Nilisan niyá ang upuan isáng oras.	be out, stay away

169

비우다(잔)	umubos ng lamán (ng baso)[움우-보스 낭 라만(낭 바-소)] 그는 잔을 비웠다.; Umubos siyá ng lamán ng baso.	empty
비율	tumbasan[뚬바-산]	ratio
비자	bisa[비-사] 비자를 연장하고 싶어요.; Gustó ko pong magpatagál ng bisa.	visa
비중(比重)	grabidád[그라비닫]	specific gravity
비즈니스/…맨	☞사업/~가	
비키다	humakbáng sa tabí[후마끄방 사 따비] 길 좀 비켜주세요.; Pakihakbáng ninyó sa isáng tabí.	step aside
비탈/…길	dahilig/daán sa dahilig[다힐-릭/다안 사 다힐-릭]	slope/sloping road
비틀거리다	sumuray-suray[수무-라이 수-라이] 술취한 남자가 비틀거리면서 길을 걷고 있다.; Sumúsúray-suray sa kalye ang lasíng na lalaki.	stagger
비평/…하다	pulà/mamulà, pumulà[뿌-라'/마무-라', 뿌물-라']	criticism/criticize
비프스테이크	bistik[비-스떡]	beefstake
비합리적인	walâ sa matuwíd, waláng-katwiran[왈라 사 마뚜윋, 왈랑 깓위-란] 그는 매우 비합리적이다.; Nápakawaláng-katwiran siyá.	unreasonable
비행/…하다	lipád/lumipád[리빧/루미빧]	flight/fly
비행기	eruplano[에루쁠라-노]	airplane
비행기 표	tiket sa[띠-껟 사] eruplano	flight ticket
비행장	páliparan[빠-리리빠란]	airport
빈 공간	lugár na waláng lamán[루가르 나 왈랑 라만]	empty space

빈곤한	mahirap[마히-랍] 그는 빈곤한 가족을 도와준다.; Tumútúlong siyá sa mahirap na pamilya.	poor
빈혈(의학)	kulang sa dugô[꾸-ㄹ랑 사 두고']	anemia
빌다	☞사과/~하다	
빌딩	gusalì[구사-ㄹ리']	building
빌려주다	ipahirám[이빠히람] 너의 우산 좀 빌려 줘.; Ipahirám mo sa akin ang iyóng payong.	lend
빌리다	humirám, manghirám[후미람, 망히람] 빚 갚을려고 돈을 빌렸다.; Nanghirám akó ng pera upang bayaran ang utang ko. 책을 빌렸다.; Humirám akó ng libró.	borrow
빗/빗질하다	sukláy/magsukláy[수끌라이/막수끌라이]	comb/comb
빗물	tubig-ulán[뚜-빅 울란] 그녀는 빗물을 조금 받았다.; Sumahod siyá ng kauntíng tubig-ulán.	rainwater
빗자루	tangkáy ng walís[땅까이 낭 왈리스]	broomstick
빙하	gleysyer[글레이시어]	glacier
빛	liwanag, ilaw[리와-나, 이-ㄹ라우]	light
빛나다	sumikat[수미-깥] 빛나는 태양; Sumísíkat na araw.	shine
빠뜨리다(건너뛰다)	lumaktáw, laktawán[루막따우, 락따완] 할머니는 독서할 때, 어려운 단어는 빠뜨리고 읽는다.; Nilálaktawán ni Lola ang mahirap na salitâ kung siyá'y nagbábasá.	skip, omit
빠르다	mabilís, matulin[마빌리스, 마뚜-ㄹ린] 그는 빠르게 달린다.; Matulin	fast, rapid

	siyáng tumakbó.	
빠지다(물에)	malunod[말루-놛] 어린 아이가 강에 빠졌어요.; Nalunod pô ang isáng maliít na batà sa ilog.	be drowned
빠지다(열정, 감정)	magpakagumon[막빠까구-몬] 그는 절망에 빠졌다.; Nagpakagumon siyá sa kawálang-pag-asa.	abandon oneself to
빨간색	pulá[뿔라]	red
빨래/…하다	☞세탁/~하다	
빨랫줄	sampayan[쌈빠-얀]	clothesline
빨리	madalî, kaagád[마달리', 까아갇] 빨리 해.; Dalika. 빨리 빨리; Dalí-dalîi. 빨리와.; Halika kaagád. 빨리들 오너라.; Halikayó kaagád. 빨리 회복하기를 바랍니다.; Nais ko sanang magkaroón kayó ng madalíng paggalíng.	soon, immediately
빵/빵을 굽다	tinapay/magtinapay[띠나-빠이/막띠나-빠이]	bread/bake bread
뺨	pisngí[삐승이]	cheek
빼내다	☞꺼내다	
빼다/빼기	bawasan/pagbabawas[바와-산, 빡바바와-스] 그의 급료에서 백 페소를 뺐다.; Binawasan ang sandaáng piso sa suweldo niyá.	deduct/deduction
빼앗다	umagaw, agawin[움아-가우, 아가-윈] 그는 그 여자의 시계를 빼앗았다.; Inagaw niyá ang relós ng babae.	snatch, deprive
뻗다(신체)	mag-inát, uminat[막이낱, 움이-낱] 그는 일어나서 몸을 뻗었다.(스트레칭을 했다.); Bumangon at naginát siyá.	stretch
뼈	butó[부또] 사람의 몸은 뼈와 살로 되어 있다.; Ang katawán ng tao	bone

		ay binúbuó ng mga butó at lamán.	
뼈(생선)		tiník[띠닉]	fishbone
뼘		damák[다막] 그 천의 폭은 다섯 뼘이다.; Limáng damák ang lapad ng tela.	palm, width of the hand
뽑다(사람, 사원)		☞고용-/…하다	
뽑다(치아, 나무)		bumunot, binutin[부무-놑, 비누-띤] 태풍에 의해 많은 나무가 뽑혔다.; Maraming punungkahoy ang binunot ng bagyó.	uproot
뽕나무		punò ng mulberry[뿌-노‘ 낭 멀베리]	mulberry tree
(선거로) 뽑다		maghalál, ihalál[막할랄, 이할랄] 우리는 능력있는 정치가들을 뽑아야 한다.; Dapat tayong maghallá ng mga may pultíikó.	vote for, elect
뾰족한		matulis[마뚜-ㄹ리스] 뾰족한 연필; matulis na lapis	sharp
뿌리다		magsabog, sabugan, magkalat, kalatan[막사-복, 사부-간, 막까-ffkx, 깔라-딴] 그는 질퍽거리는 인도에 재를 뿌렸다.; Sinabugan niyá ng abó ang maputik na bangketa.	sprinkle
뿔/뿔이 달린		sungay/sungayán[수-ㅇ아이/숭아얀] 이 빗은 필리핀에서 카라바우 뿔로 만들어졌다.; Yari sa sungay ng kalabáw ang sukláy na itó sa Pilipinas.	horn/horned
뿜다(뿜어 내다)		magbugá, ibugá[막부가, 이부가] 고래가 물을 뿜어 내고 있다.; Nagbúbugá ng tubig ang balyena.	spout blow up, erupt
삐다(손목 등)/삔		mapilay/piláy[마삐-ㄹ라이/삘라이] 그 아이는 넘어져서 무릎을 삐었다.; Natumbá ang batà at napilay ng tuhod.	sprain
삐치다		☞토라지다	

ㅅ 사

사(숫자)	apat, kuwatro[아-빹, 꾸와-뜨로]	four
사거리	☞교차로	
사건	pangyayari[빵야야-리] 그것은 년 중 가장 의미 있는 사건이다.; Iyón ang pinakamahalagáng pangyayari sa buóng taón.	event, incident
사격/…하다	pagpaputók/magpaputók[빡빠-뿌똑/막빠뿌똑]	shoot, fire a gun
사고/…를 당하다	disgrasya, sakunà, aksidente[디스그라-샤, 사꾸나', 악시데-ㄴ떼]/datnán ng sakunà[다드난 낭 사꾸나'] 그는 교통사고를 당했다.; Dinatnán siyá ng sakunà(aksidente) sa trapik.	accident
사공	manggagaod[망가가-온]	oarsman
사과(과일)	mansanas[만사-나스]	apple
사과/…하다	paghingî ng tawad[빡힝이' 낭 따-완]/humingî[후밍이'] ng tawad 그녀는 나의 기분을 해친 것에 대해 사과했다.; Siyá'y huminggî ng tawad sa pagkásúgat sa aking damdamin.	apology/apologize
사교적인	palákaibigan, sosyál[빨라-까이비간, 소시얄] 데이지 부인은 매우 사교적인 여성이다.; Si Ginang Daisy ay isáng babaing sobrang sosyál.	sociable
사교계	lípúnan[리-뿌-난]	fashionable society
사귀다	kaibiganin[까이비가-닌]	befriend
사기(士氣)	morál, siglá[모랄, 시글라] 군의 사기; ang morál ng mga sundalo	morale
사기(詐欺)/…치다	dayà/magdayà[다-야'/막다-야']	fraud/commit a fraud

사기쳐서 돈을 빼앗다	manguwalta[망우와-르따]	deprive of money fraudulently
사나운/사나와지다	mabangís/bumangís[마방이스/부망이스]	fierce/become fierce
사다	bumilí, bilhín[부밀리, 빌힌] 나는 내년에 차를 사겠다.; Bíbilí akó ng kotse sa súsunód na taón.	buy
사다리	hagdán[학단]	ladder
사라지다	mawalâ, maglahò[마왈라', 막라-호'] 태양이 구름 뒤로 사라졌다.; Ang araw ay naglahò sa likód ng ulap.	vanish, disappear
사람/…들	tao/mga tao[따-오/망아 따-오] 이것은 먼 옛날 사람들이 만든 것이다.; Ito ay ginawâ ng mga tao noóng unang panahón.	man/men
사랑/…스러운	pag-ibig/kaibig-ibig[빡이-빅, 까이-빅이-빅] 모든 것 중에 제일은 사랑이다.; Ang pinakadakilà sa lahát ay ang pag-ibig.	love/lovely
사랑하다	ibigin, mahalín[이비-긴, 마할린] 너를 사랑해.; Minámahál(Mahál) kitá.	love
사망/…하다	kamatayan/mamatáy[까마따-얀/마마따이]	death/die
사무실	upisina[우삐시-나] 사무실에서 논의합시다.; Mag-usap tayo sa upisina.	office
사물(事物)	bagay[바-가이]	things, matters
사방(四方)	lahát ng gawî, apat na tagiliran[라핱 낭 가위, 아-빹 나 따길리-란]	all directions
사별하다	ihiwalay sa pamamagitan ng kamatayan[이히와-라이 사 빠마마기-딴 낭 까마따-얀]	be bereaved
사생활	pansariling buhay, privacy[빤사리-링 부-하이, 프라이버시] 사생활 침해; panghihimasok sa privacy	private life
사실(事實)	katotohanan, katunayan[까또또하-난, 까뚜나-얀]	reality, truth

사실을 말하다	sabihin ang[사비-힌 앙] katotohanan	say the truth
사실상	halos[하-ㄹ로수] 그것은 사실상 진실이다.; Iyón ay halos totoó.	practically
사십	apatnapû, kuwarenta[아빹나뿌', 꾸와레-ㄴ따]	forty
사업/…가	negosyo/negosyante[네고쇼, 네고시야-ㄴ떼]	business/businessman
사업하다	gawín ang[가윈 앙] negosyo/magnegosyo[막네고-쇼]	do business
사연	kuwento[꾸웨-ㄴ또] 그는 얘기할 사연이 많다.; Marami siyáng kwentong sásabíhin.	story
사용/…하다	paggamit/gumamit, gamitin[빡가-밑/구마-밑, 가미-띤] 나는 컴퓨터를 사용할 줄 모른다.; Hindî ko alám kung paáno gamitin ang kopyuter.	usage/use
사용법	ang paano gamitin[앙 빠아-노 가미-띤]	how to use
사용설명서	gabáy ng gumágámit[가바이 낭 구마-가-밑]	user's guide
사용자	gumágámit na tao[구마-가-밑 나 따-오]	user
사원(사람)	☞회사원	
사원(절)	templo[떼-ㅁ쁠로]	temple
사월	Abril[아브릴]	April
사위	manugang na lalaki[마누-강 나 라라-끼]	son in law
사육(飼育)/~하다	pagpaparami, pag-aanák/magparami, magpaanák[빡빠빠라-미, 빡아아낙 / 막빠라-미, 막빠아낙]	breeding/breed
(~의)사이에	sa pagitan (ng~)[사 빠기-단 (낭)] 그는 한 시에서 두 시 사이에 도착할 것이다.; Siyá ay dáratíng sa pagitan ng alá-una at alás-dos.	between
사자(동물)	león[레온] 사자는 사나운 동물이다.; Ang león ay mabangís na hayop.	lion

사자성어	kawikaáng may apat na titik na Tsino[까위까앙 마이 아빳 나 띠띡 나 치-노] 사자성어는 그 뜻을 확실히 알고 사용해야 한다.; Ang kawikaáng may apat na titik na Tsino ay dapat gamitin pagkaunawà sa malinaw na kahulugáng niyán.	idiom with four Chinese characters
사장(社長)	presidente ng kompanya, maypagawâ, hepe[쁘레시데-떼 낭 꼼빠-냐, 마이빠가와', 헤-뻬]	president of a company
사전	diksiyonaryo[딕시요나-료]	dictionary
사직(辭職)/…하다	pagbibitíw/magbitíw[빡비비띠우/막비띠우]	resignation/resign
사직서	sulat ng[수-ㄹ랕 낭] pagbibitíw 나는 사장에게 사직서를 제출했다.; Ibinigáy ko sa mánedyér ang aking sulat ng pagbibitíw.	letter of resignation
사진/…을 찍다	retrato, larawan/kumuha(kunan) ng retrato[레뜨라-또, 라라-완 /꾸무-하(꾸-난) 낭 레뜨라-또] 우리 사진 찍자.; Kumuha tayo ng retrato. 사진 좀 찍어 주세요.; Pakikuha ninyó ang retrato. 저 분 사진을 찍어라.; Kunan mo siyá ng larawan.	picture/take a picture
사진사	pótograpó, retratista[뽀-또그라뽀, 레뜨라띠-스따]	photographer
사진촬영금지	Bawal[바-왈] kunan ng retrato	No Photos
사찰(査察)/…하다	siyasat/siyasatin[시야-삳/시야사-띤]	investigaton/investigate
사탕	kendi[께-ㄴ디]	candy
사탕수수	tubó[뚜보]	sugercane
사투리	diyarekto[디야레-ㄱ또]	dialect
사학	aghám ng kasaysayan[아그함 낭 까사이사-얀]	study of history

177

사학자	mananalaysáy[마나나라이사이]	historian
사회	komunidád, sambayanán[꼬무니닫, 삼바야난]	society
사회자	punong tagapagsalitâ[뿌-농 따가빡살리따']	MC(master of ceremony)
사회주의/…자	sosyalismo/sosyalista[소샬리-스모/소샬리-스따]	socialism/socialist
사회학	sosyolohiya[소시올로히-야]	sociology
삭제/…하다	kaltás/kumaltás, kaltasín[깔따스/꾸말따스, 깔따신] 누가 내가 쓴 것을 삭제했어?; Sino ang kumaltás ng aking isinulat?	delete
산	bundók[분독] 한국에는 등산하기 좋은 산이 많다.; Maraming magagandáng bundók na akyatín sa Korea.	mountain
산들바람	simoy na hangin[시-모이 나 하-ㅇ인] 산들바람이 너무 좋다.; Sobrang masaráp ang simoy na hangin.	breeze
산 정상	taluktók ng[딸룩똑 낭] bundók	summit of mountain
산림	kagubatan sa[까구바-딴 사] bundók	forest on mountains
산맥	tagaytáy[따가이따이]	range of mountain
산모	babae sa panganganák[바-바에 사 빵앙아낙]	woman who delivered a baby
산부인과 병원	ospitál sa panganganák[오스삐딸 사 빵앙아낙]	maternity clinic
산업	indústriya[인두-스뜨리야]	industry
산업정책	pólisa ng[뽀-리사 낭] indústriya	policy of industry
산책/…하다	pasyál/mamasyál[빠샬/마마샬] 내일 저녁 때 같이 산책해요.; Sabáy tayong mamasyal bukas ng gabí pô.	walk/take a walk
산출(算出)/…하다	kalkulasyón/kumalkulá, kalkulahín[깔꾸라숀/꾸마꿀라, 깔꾸라힌]	calculation/calculate

한국어	Tagalog [발음]	English
산파	komadrona, hilot[꼬마드로-나, 히-르롣]	midwife
살(나이)	edád, taón[에닫, 따온] 5살; limáng taón, 몇 살이냐?;Iláng taón ka?/ Anóng edád mo?	age
살(뼈, 가죽에 대해)	karné, lamán[까르네, 라만]	flesh, meat
살구	albarikoke[알바리꼬-께]	apricot
살다(생존하다)	mabuhay[마부-하이] 아마 그는 10년은 더 살거야.; Bakâ siyá mabuhay nang sampúng taón pa.	live/living
살다(생활하다)	mamuhay[마무-하이] 우리는 건강하게 잘 살아야 한다.; Dapat tayong mamuhay nang maayos at nasa mabuting kalusugan.	make a living
살다(거주하다)	tumirá, tirahán[뚜미라, 띠라한] 누가 이 집에 살고 있어요?; Sino ang tumítirá(nakatirá) sa bahay na itó? 살고 있는; nakatirá	dwell
살림살이	kasangkapan, mga bagay na pambahay[까상까-빤, 망아 바-가이 나 빰바-하이]	household
살인/…하다	pagpatáy sa tao/pumatáy ng tao[딱빠따이 사 따-오/뿌마따이 낭 따-오]	murder/commit murder
살인자	mámamatay-tao[마-마마따이 따-오] 그는 잔인한 살인자다.; Mámamatay-tao siyáng waláng-habág.	murderer
살찌다/살찐	tumabâ/matabâ[뚜마바'/마따바']	become fat/fat
삶	buhay[부-하이] 삶을 즐겨라.; Masiyahán ka sa buhay.	life
삶다	maglagà, ilagà[막라-가, 일라-가"] 계란을 삶아라.; Ilagà mo ang mga itlóg.	boil
삼(숫자)	tatló, tres[따뜰로, 뜨레스]	three

삼가다	magpigil, pigilin[막삐-길, 삐기-르린] 그는 화가 났을때 말하는 것을 삼간다.; Nagpípígil siyá ng pagsasalitâ kung nagágálit.	refrain from
삼거리	kanto ng tatlóng daán[까-ㄴ또 낭 따뜰롱 다안]	junction of three roads
삼십	tatlumpû, treinta[따뜰룸뿌', 뜨레인따]	thirty
삼월	Marso[마-르소]	March
삼촌(三寸)	tiyó sa amá[띠요 사 아마]	uncle on father's side
상(賞)/…을 주다	premyo/premyuhán[쁘레-묘/쁘레뮤한] 그는 일등 상을 받았다.; Siyá ay nakátanggáp ng unang premyo.	prize/give someone prize
상관(上官)	hepe[헤-뻬]	chief, boss
상관/…하다	ugnáy/magkaugnáy[우그나이/막까우그나이]	relation/relate
상담/…하다	konsulta, pagsangguni/magkonsulta, isangguni[꼰수-르따, 빡상구-니'/ 막꼰수-르따, 이상구-니']	consultation/consult
상당히	☞매우	
상대(相對)	(대화)kausap, (경쟁)kalaban, (놀이)kalarô[까우-삽, 깔라-반, 까라-르로] 그는 내가 의지할 수 있는 대화상대이다.; Siyá ang maáasahan kong kausap.	partner, companion, rival
상대(相對)하다	humaráp, harapín[후마랍, 하라삔] 그는 적을 상대하고 있다.; Hinaharáp niyá ang kaaway.	face
상대적인	relatibo[렐라띠-보] 상대적인 가치를 고려해 보자.; Isaalang-alang natin ang mga relatibong halagá.	relative
상반신	busto, itaás na kalahatì ng katawán[부-스또, 이따아스 나 깔라하-띠' 낭	bust

	까따완]	
상벌(賞罰)	gantimpalà at parusa[간띰빠-르라 앝 빠루-사] 상벌은 분명해야 한다.; Ang gantimpalà at parusa ay dapat na malinaw.	reward and punishment
상사병	sakít sa pag-ibig[사낃 사 빡이-빅]	lovesickness
상상/…하다	guniguní, imahinasiyón/gunigunihín, mag-akalà, ilarawan sa isip [구니구니, 이마히나시욘/구니구니힌, 막아깔라', 일라라-완 사 이-싶] 아름다운 정원을 상상해라.; Ilarawan mo sa iyóng isip ang magandáng hardín.	imagination/imagine
상세(詳細)/…히	detalye/sa detalye, nang detalyado[데따-르례/사 데따-르례, 낭 데딸야-도]	detail/in detail
상소/…하다	apelasyón/apelahán, iapelá[아뻴라숀/아뻴라한, 이아뻴라] 대법원에 상소하다; iapelá sa Korte Suprema	appeal to higher court/appeal
상속/…받다	pagmana, pagkámána/magmana, mámána, manahin[빡마-나, 빡까-마-나 / 막마-나, 마-마-나, 마나-힌] 그들은 큰 집을 상속받았다.; Námána nilá ang malakíng bahay.	inheritance/inherit
상식	sentido komún[센띠-도 꼬문]	common sense
상어	patíng[빠-띵]	shark
상업(商業)/…적인	pangangalakal, komersiyo/pangkalakal, komersiyál[빠앙알라-깔, 꼬메르시요/빵깔라-깔, 꼬메르시얄]	commerce/commercial
상업에 종사하다	kumalakal, mangalakal[꾸말라-깔, 망알라-깔]	engage in commerce
상업화하다	kalakalin[깔라까-린]	commercialize
상여금	bonus[보-누스]	bonus

상영하다(영화, 드라마)	ipakita ang sine[이빠끼-따 앙 시-네]	showing/show
상용/…하다(마약 등)	sugapà/sumugapà[수가-빠'/수무가-빠']	addiction/be addicted
상응(相應)/…하다	kaangkupán/iangkóp, magbagay[까앙꾸빤/이앙꼽, 막바-가이]	correspondence/correspond
상응(相應)하는	angkóp, bagay[앙꼽, 바-가이]	suitable
상의(上衣)	diyaket, tsaketa[쟈-껫, 짜께-따]	jacket
상자	kahón[까혼] 나는 큰 옷 상자를 가지고 있다.; May isáng kahóng malakí akó ng damít.	box
상점	☞가게, 거기엔 상점이 많아요?.; Mayroón pô bang maraming tindahan diyán?	shop
상징/…하다	sagisag/sumagisag[사기-삭/수마기-삭] 우리의 깃발은 자유의 상징이다.; Ang ating bandilà ay sagisag ng kalayaan.	symbol/symbolize
상징적인	may-sinásagisag[마이 시나-사기삭]	symbolic
상처/…를 주다	sugat/makasugat[수-갇/마까수-갇] 마리아의 말은 후안에게 상처를 주었다.; Nakasugat kay Juan ang salitâ ni Maria.	wound/wound
상처를 입다	magkasugat[막까수-갇] 그는 발에 깊은 상처를 입었다.; Nagkasugat siyá nang malalim sa paá.	get a wound
상태	kalágáyan[깔라-가-안]	condition, status
상표	☞브랜드	
상품(商品)	kalakal, panindá[깔라-깔, 빠닌다]	goods
상품(上品)	kalakal ng primera klase[깔라-깔 낭 쁘리메-라 끌라-세]	superior article
상품목록	talâ ng[딸라' 낭] kalakal	list of article

상하다(음식)/상한	mapanis/panís[마빠-니스/빠니스] 저 음식은 쉽게 상할 것이다.; Mapápánis ang pagkaing iyôn nang madalî.	become stale/stale
상호간에	☞서로	
상황	sitwasyón[싵와숀]	situation
새(동물)	ibon[이-본] 큰 새가 하늘을 날고 있다.; Ang isáng ibon ay lumílípad sa langit.	bird
새 것	bagong bagay[바-공 바-가이]	new thing
새기다	ukitin, ukitan[우끼-띤, 우끼-딴] 나무에 내 이름을 새기고 있다.; Iniuukit ko ang pangalan ko sa punò.	engrave
새끼	batà, anák[바-따']	the young, child
새로운	bago[바-고]	new
새벽	madalíng araw[마달링 아-라우]	dawn, daybreak
새우	hipon[히-뽄]	shrimp
새해	Bagong Taón[바-공 따온]	New Year
새해 첫날	Araw ng[아-라우 낭] Bagong Taón	New Year's Day
새해 복 많이 받으세요!	Maligayang[말리가-양] Bagong Taón pô!	Happy new year!
색깔	kulay[꾸-ㄹ라이]	colour
색종이	papél ng[빠-뻴 낭] kulay	colored paper
샐러드	ensalada[엔살라-다]	salad
샘플(상품)	☞견본	
생각/…하다	pag-iisiip, isip, palagay/isipin[빡이이-싶, 이-싶, 빨라-가이/이시-뻰] 생	thought/think

183

		각해 보겠다.; Iisipin ko. 나도 그렇게 생각해.;Sa palagáy ko rin. 생각할 시간이 필요하다.; Kailangan ko ang oras para isipin.	
(~를)생각하다		umisip[움이-싶]	think of
생각나게 하다		magpaalaala[막빠알라아-ㄹ라]	remind
생각할 수 있다		makaisip[마까이-싶]	be able to think
생각해내다		mag-isip[막이-싶]	think out
생강		luya[루-야]	ginger
생계		pagkabuhay[빡까부-하이]	livelihood
생계비		gastos ng[가-스또스 낭] pagkabuhay 생계비를 벌다; kumita ng gastos ng pagkabuhay	living cost
생기/…를 불어 넣다		siglá/magpasiglá[시글라/막빠시글라] 생기 넘치는; masiglá	liveliness/enliven
생략/…하다		pagpapaiklî/paikliín, iklián[빡빠빠이끌리'/빠이끌리인, 이끌리안]	abbreviation/abbreviate
생략부호(')		kudlít[꾸들릳]	apostrophe
생리(여성)		regla, sapanahón, mens[레-글라, 사빠나혼, 멘스] 생리중이예요.; Merón akó ng mens ngayón pô.	menstruation
생리용품		kagamitang pangkalúsúgan[까가미-땅 빵깔루-수-간]	sanitary item
생리작용		tungkulin ng katawán[뚱꾸-ㄹ린 낭 까따완]	physiological function
생맥주		draft serbesa[드래프트 세르베-사]	draft beer
생명		buhay[부-하이]	life
생명을 불어 넣다		magbigáy-buhay[막비가이 부-하이]	animate, give life to
생명을 구하다		iligtás ang buhay[일릭따스 앙 부-하이]	save a life

생물	buháy na bagay[부하이 나 바-가이]	living thing
생물학	aghámbuhay[아그함부-하이]	biology
생방송	live brodcasting[라이부 브론캐스팅]	live broadcasting
생산/…하다	paglikhâ, paggawâ/gumawâ, magbunga[빡릭하', 빡가와'/구마와', 막부-ㅇ아]	production/produce
생산량	dami ng produkto[다-미 낭 쁘로두-ㅋ또]	amount of production
생산비	gastós ng paggawâ[할라가 낭 빡가와']	cost of production
생산적인	nagbúbúnga[낙부-부-ㅇ아]	productive
생산품	produkto, yari, gawâ[쁘로두-ㅋ또, 야리', 가와']	oupput, product
생선/…장사	isdâ/mag-iisdâ[이스다'/막이이스다'] 생선가격이 갑자기 싸졌다.; Bigláng nagmura ang presyo ng isdâ.	fish
생선 뼈	tiník ng isdâ[띠닉 낭 이스다']	fishbone
생수	mineral[미네-랄]	natural water
생일	kaarawán[까아라완] 생일 축하합니다.; Maligayang kaarawán sa inyó.	birthday
생태계	ekolohiyang sistema[에꼴로히-양 시스떼-마]	ecological system
생태 피라미드	ekolohiyang tagiló[에꼴로히-양 따길로]	ecological pyramid
생활	pamumuhay[빠무무-하이] 부지런한 생활: masipag na pamumuhay	life
생포/…하다	paghuli nang buhay[빡후-ㄹ리 낭 부-하이]/hulihin[훌리-힌] nang buhay 사냥꾼들은 산돼지 한 마리를 생포하였다.; Hinuli ng mga mangangaso ang isáng baboy-ramo nang buhay.	capturing alive/capture alive
샤워기	dutsa[두-짜]	shower
샴푸	siyampu[시야-ㅁ뿌]	shampoo

서기(書記)	tagasulat, eskribyente[따가수-ㄹ랕, 에스끄리비예-ㄴ떼]	clerk
서늘한	malamíg[말라믹]	cool
서두르다/서두름	magmadalî/pagmamadalî[막마달리'/빡마마달리'] | 그녀는 서두르다가 작별인사 하는 것을 잊었다.; Dahil sa kanyáng pagmamadalî ay nákalimutan niyáng magpaalam. 서두르지 마라.; Huwág kang magmadalî.	hurry/hurry
서력(서기)	A.D.[에이디]	A.D.
서로	sa isá't isá[사 이샅 이사]	each other
서로 가깝다	magkalapit[막까라-삩]	close each other
서로를 기다리다	maghintayan[막힌따-안]	wait for each other
서류	dokumento[도꾸메-ㄴ또]	document
서명/…하다	lagdâ, pirma/ilagdâ, pirmahán[락다', 삐-르마/일락다', 삐르마한]	signature/sign
서명된	primado[삐르마-도]	signed
서민	mga karaniwang tao[망아 까라니-왕 따-오]	ordinary people
서비스	serbisyo[세르비-쇼]	service
서빙하다	magsilbí[막실비] 식모는 손님에게 포도주를 서빙하라고 지시받았다.; Inutusan ang katulong na magsilbí ng alak sa bisita. 점심식사는 제가 서빙합니다.; Akó pô ang magsísilbí sa tanghalian.	serve
서술/…하다	pagkakálarawan/maglarawan, ilarawan[빡까-라-라-완/막라라-완, 일라라-완] 너가 본 것을 서술해라.; Ilarawan mo ang iyóng nákíta.	description/describe
서신	kalatas[깔라-따스]	written message
서양/서양인	ang Kanluran/Taga-Kanluran[앙 깐루-란/따가 깐루-란]	the Occident/an Occidental

서양의	kanruranín[깐루라닌]	occidental
서점	tindahan ng aklát[띤다-한 낭 아끌랕]	bookstore
서쪽/…으로 가다	kanluran/manganluran[깐루-란/망안루-란]	west
서커스	sirko[시-르꼬]	circus
서행	mabagal na tulin[마바-갈 나 뚜-르린]	slow driving
석사/…학위	master/master degree[마스터/마스터 디그리]	Master
석유	petrolyo[뻴로-르요]	petroleum
석회	apog[아-뽁]	lime
선/선을 긋다	guhit/guhitan[구-힡/구히-딴] 맡는 답 밑에 선을 그어라.; Guhitan mo sa ilalim ang tamang sagót.	line/draw line
선거/…하다	hálálan, eleksiyón/maghalál, máhalál, iboto[하-르라-르란, 엘렉시욘/막할랄, 마-할랄, 이보-또]	election/elect
선거권 등록증	ID Boto(필리핀 국민 18세 이상의 신분증)[아이디 보-또]	ID Voter's
선글라스	salamíng de-kolór[살라밍 데꼴로르]	sun glass
선두	lugár ng unahán[루가르 낭 우나한]	the forefront
선두주자	tagapagpáuná[따가빡빠-우나]	fore-runner
선물/…하다	handóg, regalo/maghandóg, magregalo, [한독, 레가-르로/막한독, 막레가-르로] 당신에게 집을 한 채 선물하고 싶었어요.; Gustó kong magregalo ng isáng bahay sa inyó.	present/present
선반	istante, salansanan[이스따-ㄴ떼, 살란사-난]	shelf, rack
선발(選拔)/…하다	pili/pumili[삐-르리/뿌미-르리']	select

선사하다	ihandóg[이한독] 그는 그의 노래를 그녀에게 선사했다.; Inihandóg niyá ang kanyáng awit sa kanyá.	offer
선생	gurò, titser[구-로', 띠-처르]	teacher
선수	manlalarò[만랄라-로']	player
선수권 대회	kampeonato[깜뻬오나-또]	championship
선언/…하다	pagpapahayag/magpahayag, ipahayag[빡빠빠하-약/막빠하-약, 이빠하-약] 평화가 선언되었다.; Ipinahayag ang Kapayapaan.	declaration/declare
선조	nunò, ninunò[누-노', 니누-노']	ancestor
선진국	pinaunlád na bansâ[삐나운랃 나 반사']	advanced nation
선진기술	pinaunlád na teknolohiyá[삐나운랃 나 떼끄놀로히야]	advanced technology
선진문화	pinaunlád na literatura[삐나운랃 나 리떼라뚜-라]	advanced literature
선착순	unang datíng, unang silbí[우-낭 다띵 우낭 실비]	first come, first served
선출/…하다	☞선발/…하다	
선택/…하다	pilì, hirang/pumilì, humirang[삐-리', 히-랑/뿌미-리', 후미-랑]	choice/choose
선풍기	bentiladór[벤띨라도르]	electric fan
설(설날)	Araw ng Bagong Taón[아-라우 낭 바-공 따온]	the New Year's Day
설거지	paghuhugas ng kinainan[빡후후-가스 낭 끼나이-난] 그는 나의 설거지를 도왔다.; Tinulangan niyá akó sa paghuhugas ng kinainan	dishwashing
설득/…하다	paghikayat, paghimok/humikayat, humimok[빡히까-얃, 빡히-목/ 후미까-얃, 후미-목] 나는 그가 그의 잘못을 인정하도록 설득했다.; Humikayat ako siyá na aminin ang kanyáng kasalanan.	persuasion/persuade

설립/…하다	pagtatatag/magtatag, magtayô[빡따따-딱/막따-딱, 막따요'] 그는 저 단체를 설립하였다.; Nagtatag siyá ng kapisanang iyón.	foundation/found
설명/…하다	paliwanag/ipaliwanag, magpaliwanag[빨리와-낙/이빨리와-낙, 막빨리와-낙]	explanation/explain
설명서	pagkakálarawan[빡까까-랄라라-완]	description
설사…/하다	kursó/magkursó[꾸르소/막꾸르소]	diarrhea/suffer from diarrhea
설사약	gamót sa kursó[가못 사 꾸르소]	diarrhea remedy
설익은	hindî pa hinóg, hiláw[힌디' 빠 히녹, 힐라우]	unripe
설치/…하다	pagkakabít/magkabít[빡까까빋/막까빋]	installment/install
설탕	asukal[아수-깔]	sugar
섬	pulô, isla[뿔로', 이-슬라] 팔라완은 매우 큰 섬이다.; Ang Palawan ay isáng nápakalakíng pulô.	island
성 잘 내는	mapanggalit, palágálit[마빵가-르릳, 빨라-가-르릳]	getting angry easily
성(姓)	apelyido[아뻴리-도]	family name
성가시게 하다	☞귀찮게하다	
성가신	mapangguló, mapang-abala[마빵굴로, 마빵아바-르라] 그 아이들은 정말 성가시다.; Ang mga batà ay sobrang mapang-abala.	bothersome
성격	pagkatao[빡까따-오] 그 사람은 성격이 참 좋다.; Sobrang mabuti ang pagkatao niyá.	personality, character
성경	Bíbliyá[비-블리야]	bible

189

성게	salungó, trepang[살룽오, 뜨레-빵]	sea urchin
성공/…하다	tagumpáy/magtagumpáy[따굼빠이/막따굼빠이] 당신의 성공을 기원합니다.; Hinahangád ko ang inyóng tagumpáy.	success/succeed
성공적인	matagumpáy[마따굼빠이]	successful
성교/…하다	pagtatalik, hindót/gawín ang pagtatalik[빡따따-르릭, 힌돝/가윈 앙 빡따따-르릭]	sexual intercourse/have sex
성기(性器, 남성)	titi[띠-띠]	penis
성냥/…개피	pósporó[뽀-스뽀로]/patpát ng[빹빹 낭] pósporó	match/matchstick
성년(成年)	mayór-de-edád[마요르 데 에닫]	legal age, age of majority
성립/…하다	pagkakayari, pagkatupád/mangyari, matupád[빡까까야리', 빡까뚜빧/망야리', 마뚜빧]	materialization/materialize
성인(成人)	legál na edád[레갈 나 에닫]	adult
성장/…하다	paglakí/lumakí[빡라끼/루마끼] 아이들은 빠르게 성장한다.; Lumálakí ang mga batà nang madalî.	growth/grow
성적(시험)	resulta (ng iksamen)[레수-르따 (낭 익사-멘]	result of examination
성질(기질)	ugali, pag-uugalì[우가-르리, 빡우우가-르리']	temperament
성질(특성)	pagkatao, kaloobán[빡까따-오, 깔로오반]	character, disposition
성탄절	Paskó[빠스꼬]	Christmas
성함	magalang na pananalitâ ng pangalan(이름)	one's honoured name
성형수술	plastic operasyón[프라스틱 오뻬라숀]	plastic operation
세계	daigdíg, mundo[다익딕, 무-ㄴ도]	world

세관/…원	aduwana/aduwanero[아두와-나/아두와네-로]	customs/customs officer
세금	buwís[부위스] 토지에 대한 세금은 너무 높다.; Sobrang mataás ang buwís ng lupà.	tax
세금을 내다	bumuwís[부무위스]	pay the tax
세기(世紀)	siglo, dantaón, isáng daáng taón[시-글로, 단따온, 이상 다앙 따온]	century
세다	☞강하다	
세다(숫자)	bumilang[부미-ㄹ랑]	count
세대(世代)	salinlahì, henerasyón[살린라-히', 헤네라숀]	generation
세로(길이)	habà[하-바']	length
세로방향의	patayô[빠따요']	perpendicular
세를 놓다	umupa[움우-빠]	rent out
세미나	seminaryo[세미나-료]	seminar
세배	pagyukód ng Araw ng Bagong Taón[빠유꼳 낭 아-라우 낭 바-공 따온]	formal bow as New Year's Day greeting
세 시	alás-tres[알라스 뜨레스] 오후 3시; alás-tres ng hapon	3 o'clock
세일(할인판매)	baratilyo[바라띠-료]	sale(bargain sale)
세제	detergent, sabóng panlabá[디터-전트, 사봉 빤라바]	detergent
세탁/…하다	labá, paglabá/labhán, maglabá[라바, 빡라바/랍한, 막라바] 나는 더러운 옷을 세탁했다.; Naglabá akó ng marumíng damít.	washing the clothes/wash the clothes
세탁기	washing machine[워싱 머신]	washing machine
세탁물	londri, labada[로-ㄴ드리, 라바-다]	laundry

세탁소	labanderia[라반데리-아]	laundry
세포	sélulá[세-르룰라]	cell
셋(숫자)	tatló, tres[따뜰로, 뜨레스] 세 번째; ikatló, pangatló, 세 시간; tatlóng oras, 세 권;t atlóng aklát, 세 달; tatlóng buwán	three
소	baka[바-까]	cow
소각/…하다(재가 될 때까지 태우다)	pagsusunog hanggáng sa maging abó/sumunog(masunog) hanggáng sa maging abó [빡수수-녹 항강 사 마깅 아보/수무-녹(마수-녹) ……]	incineration/incinerate, burn up
소개/…하다	pagpapakilala/ipakilala, makilala[빡빠-빠낄라-ㄹ라/이빠낄라-ㄹ라, 마낄라-ㄹ라] 저를 당신께 소개하고 싶습니다.; Gustó pô kitáng makilala. 저의 아내인 데이지를 여러분께 소개하겠습니다.; Ipapakilala ko pô ang asawa ko, si Daisy, sa inyó.	introduction/introduce
소견	palagáy[빨라가이]	opinion
소극적인	waláng-kibô, passibo[왈랑 끼보, 빠씨-보]	pessive
소금	asín[아신]	salt
소나기	malakás na uláng hindî matagál[말라까스 나 울랑 힌디' 마따갈]	shower
소동	pagkakaguló[빡까까굴로] 청중 속에서 소동이 있었다.; Nagkaroón ng pagkakaguló sa mánonoód.	disorderly state
소득	kita[끼-따] 그의 소득은 천만원이다.; Ang kita niyá ay sampúng milyón Won.	income
소득세	buwís sa[부위스 사] kita	income tax
소름/…끼치다	kilabot ng balát/mangilabot, kilabutan[낄라-볻 낭 발랕/망일라-볻, 낄라	goose flesh/have goose flesh

	부-딴] 시체를 보았을 때, 그녀는 소리가 끼쳤다.; Nangilabot siyá nang mákíta ang bangkáy.	
소리	tunóg[뚜녹]	sound
소리를 듣다	marinig ang[마리-닉 앙] tunóg	hear the sound
소리치다	sumigáw[수미가우] 그는 "도둑이야!"하고 소리쳤다.; Sumigáw siyá "Magnanakaw!".	shout
소망/…하다	pag-asám/asamín, umasám[빡아삼/아사민, 움아삼] 나는 너가 약속을 이행하기를 소망한다.; Ináasám ko ang katúpáran ng iyóng pangkò.	wish/wish
소매	manggás[망가스] 소매를 조금만 늘려주세요.; Aryahán ninyó nang kauntî ang manggás.	sleeve
소매(小賣)/…업자	tingî/magtitingî[띵이'/막띠띵이']	retail/retailer
소매로 팔다	magtingî, itingî[막띵이', 이띵이']	retail, sell in small quantities
소매없는 셔츠	sando[사-ㄴ도]	sleeveless shirts
소매치기	mandurukot, dukutan[만두루-꼳, 두꾸-딴] 소매치기 조심하세요.; Mag-ingat kayó sa mga mandurukot.	pickpocket
소멸(消滅)/…된	pagkamatáy/walâ na, lipól na[빡까마따이/왈라 나, 리뽈 나]	extinction/extinct
소모하다	(소비)maubos, (낭비)mag-aksayá[마우-보스, 막악사야]	consume, waste
소문	balità, sálitaan, blúng-búlúngan, tsimis[발리-따', 사-르리따안, 블룽 부-르룽안, 치-스미스] 새로운 학교가 이곳에 세워진다는 소문이 퍼졌다.; Kumalat ang balità na isáng bagong páaralán itátayô rito.	rumor
소방관	bombero[봄베-로]	fireman

소방서	istasyón ng bombero[이스따숀 낭 봄베-로]	firefighting station
소변/…보다	ihì/umihì[이-히'/움이-히'] 소변이 마려워.; Kailangan ko umihì.	urination/urine
소비/…하다	paggamit, pagubos/maubos, ubusin[빡가-밑, 빡우-보스/마우-보스, 우부-신]	consumption/consume
소비량	ang naúúbos[앙 나우-우-보스] 그 공장의 하루 석탄 소비량은 5톤이다.; Ang naúúbos na karbón sa pábrikáng iyón ay limáng tonelada sa isáng araw.	amount used up
소설	nobela[노베-르라] 불량한 소설은 마음에 해를 끼친다.; Masamáng nobela ay nakakaláson sa pag-iisip.	novel
소송(訴訟)	usapín, kaso[우사-삔, 까-소]	lawsuit
소수(小數)	decimal[데시멀] *영어 단어	decimal
소수(少數)	minoryá[미노랴]	minority
소수민족	minoryáng lahì[미노랑 라-히']	minority race
소식	balità[발리-따'] 무슨 소식이야?; Anó ang balità?	news
소식이 없는	waláng-balità[왈랑 발리-따']	newsless
소아마비	batang-batang pagkaparalisá[바-땅 바-땅 빡까빠랄리사]	polio
소원	nais, ibig[나-이스, 이-빅]	desire
소유(권)/…하다	pagkamay-ari/mag-ari[빡까-마이 아-리'/막아-리']	possession/posess
소유격(문법)	kaukuláng paarî[까우꿀랑 빠아리']	possessive case
소유격 부호(', 문법)	kudlít[꾸들릿]	apostrophe
소유권 이전	paglilipat-kamáy[빡릴리-빨 까마이]	transfer of ownership

소음	kaingayan[까잉아-얀] 소음이 조금 있네.; May kaingayan nang Kaunti.	noise
소파	sopá[소빠] 소파 어디에 둬요?; Saán pô ilagáy ang sopá?	sofa
소포	balutan[발루-딴]	parcel
소풍	piknik[삐-끄닉]	picnic
소화(消化)/…되다	panunaw/matunaw[빠누-나우/마뚜-나우]	digestion/be digested
소화기	pamatáy-apóy[빠마따이 아뽀이] 우리는 사무실에 소화기를 가지고 있다.; Mayroón kamíng pamatáy-apóy sa opisina.	fire extinguisher
소화불량	masamáng panunaw[마사망 빠누-나우]	indigestion
소화제	pampatunaw[빰빠뚜-나우]	digestive
속눈썹	pilikmatá[삘릭마따]	eyelashes
속다	linlangín, dayain, lokohin[린랑인, 다야-인, 로꼬-힌] 그들이 하는 말에 속지마라.; Huwág kang linlangín sa sinásábi nilá. 너는 그에게 속고 있다.; Nilílilangín(Nilóloko, Dinádayà) ka niyá.	be deceived
속담	saláwikaín, kasabihán[살라-위까인, 까사비한]	proverb
속도/…를 내다	tulin/tumulin[뚜-린/뚜무-린] 그 말은 최고 속도로 달리고 있다.; Ang kabayo ay tumátakbó nang buóng tulin.	speed/accelerate
속삭이다/속삭임	bulungán/bulóng[불룽안/불롱-]	whispering/whisper
속성(速成)	mabilís na pagkatapos[마빌리스 나 빡까따-뽀스]	short course
속어(俗語)	salitáng balbál[살리땅 발발]	slang
속이다	luminláng, manloko, lokohin[루민랑, 만로-꼬, 로꼬-힌] 그는 너를 속이고 있다.; Nilóloko ka niyá.	deceive

(~에) 속하다	pag-aari ng ~[빡아아-리' 낭 ~] 이 땅은 정부재산에 속한다.; Ang lupang itó ay pag-aari ng gobyerno.	belong to
손/손을 잡다	kamáy[까마이]/hawakan ang[하와-깐 앙] kamáy 양손을 들어라.; Itaás mo ang magkábiláng kamáy mo. 그들은 서로 손을 잡았다.; Hinawakan nila ang kamay ng isa't isa.	hand
손가락	daliri[달리-리']	finger
손가방	hanbag[하-ㄴ박]	handbag
손녀	apó ng babae[아뽀 낭 바바-에]	grand daughter
손님	bisita, panauhin[비시-따, 빠나우-힌]	guest
손등	ibabáw ng kamáy[이바바우 낭 까마이]	back of the hand
손목	galanggalangán, pulsó[갈랑갈랑안, 뿔소]	wrist
손목시계	relós na pamulsó[렐로스 나 빠물소]	wristwatch
손바닥	palad[빠-르락] 그는 손바닥에 상처가 있다.; May sugat siyá sa palad.	palm of the hand
손수건	panyó[빠요]	handkerchief
손실	kawalán, kapinsalaán[까왈란, 까삔살라안] 그의 죽음은 우리에게 큰 손실이다.; Malakíng kawalán sa amin ang kanyáng pagkamatáy. 화재에 의한 우리의 손실은 백만 페소에 달한다.; Umabót sa isáng milyón Peso ang kapinsalaán dahil sa pagkasunog.	loss
손익	tubò at kawalán[뚜-보' 앝 까왈란]	profit and loss
손자	apó ng lalaki[아뽀 낭 랄라-끼]	grand son
손잡이	hawakán, manggó[하와깐, 망고] 국자의 손잡이가 부러졌다.; Naputol	grip

	ang manggó ng sandók.	
손재주	kahusayan ng kamáy[까후사-얀 낭 까마이]	dexterity
손재주가 있는	mahusay ang kamáy[마후-사이 앙 까마이]	dexterous
손전등	lente, plaslait[레-떼,쁠라스라-읻]	flashlight
손톱/~을 깎다	kukó/manghinukó, hinukuhán[꾸꼬/망히누꼬, 히누꾸한] 너의 손톱을 깎아 주겠다.; Híhinukuhán kitá.	fingernail/cut the fingernails
손톱깎이	panghinukó[빵히누꼬]	nailcutter
손해/…를 보다	pagkalugi/malugi[빡까루-기/마루-기] 저 회사는 손해를 보고 있다.; Nalúlúgi ang bahay-kalakal na iyón	commercial loss
솔/솔질하다	iskoba/mag-iskoba[이스꼬-바/막이스꼬-바]	brush/brush
솔직한/솔직하게	totoó, matapát/nang tápátan[또또오, 마따빧/낭 따-빠-딴] 솔직히 말하자면; kung sabihín nang tápátan/sa totoóng salitâ	honest, frank/honestly, frankly
솜	bulak[부-ㄹ락]	cotton
솜씨	☞손재주	
송년회	salu-salo sa wakás ng taón[사-ㄹ루 사-ㄹ로 사 와까스 낭 따온]	year-end party
송달/…하다	pagdadalá, paghatíd/magdalá, dalhín, maghatíd[빡다달라, 빡하띧 /막달라, 달힌, 막하띧]	delivery/deliver
송별회	despedida[데스뻬디-다]	farewell party
송아지	bisirong baka[비시-롱 바-까]	calf
송이(꽃)	bulaklák[부락락] 꽃 두 송이; dalawáng bulaklák	flower
송이(포도, 바나나 등)	buwíg[부윅] 포도 한 송이; isáng buwíg ng ubas	bunch

쇠고기	karné ng baka, bakang karné[까르네 낭 바-까, 바-깡 까르네`]	beef
쇼핑	shopping, pamimilí[쇼핑, 빠미밀리]	shopping
수(數)	númeró[누-메로]	number
수(數)	ilán[일란] 수 일; iláng araw, 수 백; iláng daán, 수 천; iláng libo	some, several
수갑/…을 채우다	posas/magposas[뽀-사스/막뽀-사스] 죄수는 수갑을 차고 있다.; May posas ang preso.	manacle
수건	tuwalya[뚜와-르야]	towel
수고	pagsisikap, pagpipilit, pagpupunyagî[빡시시-깝, 빡삐삐-르릿, 빡뿌뿐야-기]	efforts
수공업	gawríng-kamáy[가웡 까마이]	handicraft
수근거리다	magbulóng, ibulóng[막불롱, 이불롱]	whisper
수다스럽다	masalitâ, madaldál[마살리따`, 마달달] 그녀는 너무 수다스럽다.; Siyá ay masyadong madaldal.	talkative
수단(手段)	paraán[빠라안] 우리는 정당한 수단으로 이겼다.; Nanalo kamí sa malinis na paraán.	method, way
수도(首都)	punong-lungsód, kabisera[뿌-농 룽솓, 까비세-라]	capital city
수돗물	tubig ng gripo[뚜-빅 낭 그리-뽀]	piped water
수동(手動)의	pangkamáy[빵까마이]	manual
수동(受動)적인	waláng-kibô, waláng-tutol[왈랑 끼보`, 왈랑 뚜-똘]	passive
수동태(문법)	tinig na pabalintiyák[띠-닉 나 빠발린띠약] 수동문; pangungusap na may tinig na pabalintiyák 수동사; pandiwang panpabalintiyák	passive voice

수량(數量)	dami[다-미]	quantity
수량(水量)	dami ng tubig[다-미 낭 뚜-빅]	quantity of water
수력	bisà ng tubig[비-사' 낭 뚜-빅]	water power
수련(睡蓮)	bainó[바이노]	water lily
수류탄	granada[그라나-다]	hand grenade
수리/…하다	kumpuní/magkumpuní, kumpunihín[꿈뿌니/막꿈뿌니, 꿈뿌니힌] 목수들이 너의 집을 수리하고 있다.; Kúkumpunuhín ng mga kapintero ang bahay mo.	repair/repair
수면(水面)	ibabáw ng tubig[이바바우 낭 뚜-빅]	surface of water
수면제(睡眠劑)	pampatulog[빰빠뚜-록]	sleeping pill
수박	pakwán[빠끄완]	watermelon
수병(水兵)	marinero ng hukbóng-dagat[마리네-로 낭 훅봉 다-같]	navy enlisted man
수상(授賞)/~하다	pagtanggáp ng premyo/tanggapín ang premyo[빡땅갚 낭 쁘레-묘/ 땅가삔 앙 쁘레-묘]	winning a prize/receive a prize
수상(首相)	punong ministro[뿌-농 미니-스뜨로]	prime minister
수상하다	nakapaghíhinalà, kahina-hinalà[나까빡히-히나-라', 까히나히나-라']	suspicious
수선/…하다	sulsí/sulsihán[술시/술시한], 이 옷을 수선해라.; Sulsihán mo ang damít na itó.	mend/mend
수소(水素)	hydrogen[하이드러전]	hydrogen
수속(手續)	☞절차	
수송/~하다	paglululan/maglulan, ilulan[빡룰루-ㄹ란/막루-ㄹ란, 일루-ㄹ란]	transportation/transport

수수료(手數料)	komisyón[꼬미숀]	commission
수술	operasyón[오뻬라숀]	operation
수습/…하다	pagkakáayos/mag-ayos[빡까까-아-요스/막아-요스]	settlement/settle
수신/…하다	pagtanggáp/tumanggáp[빡땅갚/뚜망갚]	reception/receive
수신인	ang tumanggáp[앙 뚜망갚]	receiver
수업/…하다	pagtuturò/magturò, turuan[빡뚜뚜-로'/막뚜-로', 뚜루-안]	instruction, lessons/give lessons
수업료	matríkula[마뜨리-꿀라]	tuition
수여하다	ibigáy, bigyán[이비가이, 빅얀]	award
수영/…하다	langóy/lumangóy[랑오이/루망오이] 수영할 줄 아세요?;Marunong ka bang lumangóy?	swimmimg/swim
수영장	lánguyan[라-ㅇ우얀]	swimming pool
수영복	damít-panlangóy[다밑 빤랑오이]	swimming suit
수요(필요)	kailangan[까일라-ㅇ안]	demand
수요일	Miyerkulés[미예르꿀레스]	Wednesday
수익/…을 내다	tubò/magtubò[뚜-보'/막뚜-보']	profit/make profit
수입(收入)	kita[끼-따] 그는 1년에 백만 페소의 수입이 있다.;Isáng milyóng piso ang kita niyá sa isáng taón.	income
수입(輸入)/…하다	angkát/umangkát[앙깥/움앙깥]	import/import
수입관세	buwís ng[부위스 낭] angkát	import duties
수입품	inangkát na kalakal[인앙깥 나 깔라-깔]	imported goods

수전노	kuripot[꾸리-뽇]	miser
수정(水晶)	kristál[끄리스딸]	crystal
수정(修正)/…하다	susog/magsusog[수-속/막수-속]	amendment/amend
수제품	gawâ ng kamáy[가와' 낭 까마이]	handmade
수준(水準)	kapantayán, antás[까빤따얀, 안따스] 그들의 문화 수준 은 높다.; Mataás ang antás ng kaniláng kultura.	level
수직(垂直)의	patayô[빠따요'] 저 것은 수직이냐 아니면 수평이냐?; Patayô ba iyón o pahigâ?	perpendicular
수집/…하다	pagtitipon/tipunin, magtipon[빡띠띠-뽄/띠뿌-닌, 막띠-뽄] 그는 우표를 수집하고 있다.; Nagtítipon siyá ng mga selyo.	collection/collect
수첩	portamoneda[뽀르따모네-다]	pocketbook
수출/…하다	luwás/iluwás[루와스/일루와스]	export/export
수출입	angkát at luwás[앙깥 알 루와스]	import and export
수탉	tandáng[딴당]	rooster
수평선	abót-tanáw[아볻 따나우] 우리는 수평선 넘어 보 수 없다.; Walâ tayo nang mákikita na lampás pa sa abót-tanáw.	horizon
수평(水平)의	pahigâ[빠히가']	horizontal
수표	tseke[체-께]	check
수학(數學)	aghámbilang, matemátiká[아그함비-르랑, 마떼마-띠까]	mathematics
수학자	tao ng[따-오 낭] aghámbilang, mathematician[매써매티션]	mathematician
수험	karanasán ng iksamen[까나라산 낭 익사-멘]	undergoing an examination

수험을 치루다	dumanas ng[두마-나스 낭] iksamen	take an examination
수확/…하다	ani/anihin[아-니/아니-힌]	harvesting/harvest
수확기	tag-ani[딱아-니]	harvest season
수행/…하다	☞집행/~하다	
숙고/…하다	pag-iisip, konsiderasyón/isipin, ipalagáy[빡이이-싶, 꼰시더랴숀/이시-삔, 이빨라가이]	consideration/consider
숙련된	sanáy[사나이]	skilled
숙명	tadhanà[따드하-나'] 그것은 너의 숙명이니 기쁘게 받아 들여라.; Iyán ang tadhanà sa iyó kayâ tanggapin mo nang ikinagágalák.	fate
숙모	asawa ng tiyo sa amá[아사-와 낭 띠요 사 아마]	wife of father's brother
숙박/…하다	tirahan/tumirá[띠라-한/뚜미라]	lodging/lodge
숙박업소	bahay na tinítirahán[바-하이 나 띠니-띠라한]	lodging house
숙어	kawikaán[까위까안]	idiom
숙제	araling-bahay[아랄링 바-하이]	homework
순교/…자	pagmamatír/matír[빡마마띠르/마띠르]	martyr/martyrdom
순대	longganisa[롱가니-사]	pork sausage
순례자	peregrino[뻬레그리-노]	pilgrim
순서	pagkakásunúd-sunód[빡까까-수눋 수녿]	order
순서대로	ayon sa[아-욘 사] pagkakasunúd-sunód	in the order
순수한	puro[뿌-로] 그녀의 반지는 순금(순수한 금)이다.; Ang kanyáng singsíng ay purong gintô.	pure

순탄한	madalî, mapayapà[마달리', 마빠야-빠'] 순탄한 항해; Mapayapang pagbagtás sa dagat	smooth, easy
순회/…하다	paglilibót/maglibót, libutín[빡리리볻/막리볻, 리부띤]	round/make rounds
숟가락	kutsara[꾸짜-라]	spoon
술/술에 취한	alak/lasíng[아-르락/라싱] 그는 어젯밤 술에 취해서 돌아왔다.; Lasíng siyá umuwí kagabí.	liqor/drunken
술고래	maglalasing, lasenggo[막라라-싱, 라세-ㅇ고]	drunkard
술어(문법)	panagurî[빠나구리']	the predicate
술집	bar, salón[바, 살론]	bar, saloon
숨/숨쉬다	hiningá/humingá[히힝아/후밍아]	breath/breathe
숨기다	itagò, magtagò[이따-고', 막따-고'] 돈을 옷장에 숨겨라.; Itagò mo sa aparadór ang salapî.	hide
숨다	kumublí, magtagò, tumagò[꾸무블리, 막따-고', 뚜마-고'] 너는 왜 거기에 숨어 있느냐?; Bakit ka nagtátagò diyán?	conceal, hide oneself
숨바꼭질	taguán[따구안]	hide-and-seek
숫자	númeró[누-메로]	figure
숲	gubat[구-받]	forest
쉬다	magpahingá[막빠힝아] 피곤하면 잠시 쉬어라.; Kung pagód, magpahingá ka sandalî.	take a rest
쉰 목소리	malát na tinig[말랃 나 띠-닉]	hoarse voice
쉽다	madalî[마달리'] 그 문제는 쉬워서 빨리 풀었다.; Ang problema ay	easy

	madalî kayâ nalutas ko itó nang mabilís.	
슈퍼마켓	supermarket[슈-퍼 마킽]	supermarket
스물(숫자)	dalawampû, beynte[달라왐뿌', 베인떼]	twenty
스스로	sarili[사리-르리] 너 스스로에게; sa sarili mo, 각자 스스로의; sárilinan	by oneself
스위스/…사람,…의	Swisa/Swiso[스위-사/스위-소]	Switzerland/Swiss
스케줄	palatuntunan, talaan[빨라뚠뚜-난, 딸라-안]	schedule
스키/스키장	ski/ski slope[스키/스키 슬로-프]	ski/ski slope
스타일	uso, moda[우-소, 모-다]	style
스트레스/… 받다	tindí/tanggapín ang tindí[띤디/땅가뻰 앙 띤디]	stress/be stressed
스페인/…사람, …의	Espanya/Kastilà[에스빠-냐/까스띠-라']	Spain/Spanish
스페인어	Kastelyano[까스뗄야-노]	the Spanish language
스포츠	larô, pálaksan[라로', 빠락산]	sport
스포츠 신문	diyaryo ng sport[디야-료 낭 스포츠]	sports newspaper
스프링	paigkás, muwelye[빠익가스, 무웨-레]	spring
스피커	laud-ispiker[라우드 이스삐-꺼]	loudspeaker
슬픈/슬픔	malungkót/lungkót[말룽꼳/룽꼳] 메리는 돈을 잃어서 슬프다.; Si Maria ay malungkót sapagká't nawalâ ang pera.	sad/sadness
습격/…하다	☞공격/~하다	
습관/…적인	gawì, ugalì/kinaugalián[가-위, 우가-르리/끼나우갈리안] 그 노파는 나쁜 습관을 가지고 있다.; May masamáng ugali ang matandáng babaeng iyán.	custom/customary

습기/…가 있는	halumigmíg/mahalimigmíg[할루믹믹/마할루믹믹]	moisture/moist
습도	kahalumigmigán[까할루믹미간]	humidity
습진	eksema[엑세-마]	eczema
승객	pasahero[빠사헤-로]	passenger
승리/…하다	tagumpáy/magtagumpáy[따굼빠이/막따굼빠이]	victory/take the victory
승리한(승리를 거둔)	matagumpáy[마따굼빠이]	victorial
승무원(배)	tripulante[뜨리뿔라-ㄴ떼]	crew on ship
승인/…하다	pahintulot/magpahintulot[빠힌뚜-ㄹ롯/막빠힌뚜-ㄹ롯] 너가 여기로 들어 오는 것을 누가 승인했느냐?; Sino ang nagpatulot sa iyóng pumasok dito?	approval/approve
승자	tao ng tagumpáy[따-오 낭 따굼빠이]	victor, winner
시(市)	lungsód[룽솓]	city
시(詩)	tulâ[뚜-라ㄹ'] 시를 쓰다(암송하다); tumulà	poem
시(時)	alá, alás[알라, 알라스] 오전 10시 반: alas diyes medya ng umaga (=ikasampû at kalahatì ng umaga)	time, o'clock
시간	oras[오-라스] 한 시간; isáng oras, 시간 당; sa bawa't isáng oras	hour
시간이 걸리다	magtagál[막따갈]	take time
시계	relós[렐로스]	watch, clock
시계를 차다	isuót ang[이수옫 앙] relós	wear a watch
시기(時機)	pagkakátaón[빡까까-따온]	chance
시기(時期)	panahón[빠나혼]	time

시금치	espinaka[에스삐나-까]	spinach
시급하다	☞긴급하다	
시끄럽다	maingay[마이-ㅇ아이]	noisy
시내(市內)	kabayanan, loób ng lungsód[까바야-난, 로옵 낭 룽솓] 나는 시내에서 쇼핑을 한다.; Nagshóshóping akó sa kabayanan.	downtown, area within city
시내	sapà[사-빠'] 강과 시내는 비슷하다; Ang ilog at ang sapà ay magkatulad.	brook
시다(맛)	maasim[마아-심]	sour
시도/…하다	subok/subukin, sumubok[수-복/수부-낀, 수무-복]	trial/try
시들다/시든	malantá, maluóy/lantá, luóy[말란따, 말루오이/란따, 루오이]	wither
시력	tingín, paningín[띵인, 빠닝인]	eyesight
시민	mamamayán[마마마얀]	citizen
시민권	pagkamamamayán[빡까마마마얀]	citizenship
시샘/…하다	☞질투/…하다	
시신	bangkáy, patáy[방까이, 빠따이] 시신은 장례식장으로 옮겨졌다.; Dinalá sa punerarya ang bangkáy.	corpse
시아버지	amá ng mister ko[아마 낭 미-스떠 꼬]	woman's father-in-law
시어머니	iná ng mister ko[이나 낭 미-스떠 꼬]	woman's mother-in-law
시원하다	malamíg-lamíg, presko[말라믹 라믹, 쁘레-스꼬]	cool
시월	Oktubre[옥뚜-브레]	October
시위/…하다	pagtatanghál/magtanghál, itanghál[빡따땅할/막땅할, 이땅할] 많은 학생들이 반부패 시위에 참가하고 있다.; Maraming estudyante ang	demonstration/demonstrate

	sumásáli sa pagtatanghál ng anti-korapsyon.	
시의회	sangguniang-lungsód[상구니-앙 룽손]	city council
시인	mánunulà[마-누누-르라]	poet
시작/시작하다	simulâ, umpisá/magsimulâ, magumpisá[시물라', 움삐사/막시물라', 막움삐사]	beginning, start/begin, start
시작부터	mulá't mulâ[물랕 물라']	from the beginning
시장(市場)	palengke[빨레-ㅇ께] 시장에 싼 물건이 없다.; Walang murang bílíhin sa palengke.	market
시장(市長)	alkalde[알까-르데]	mayor
시청	gusaling-lungsód[구사-르링 룽손]	city hall
시청자	tagapanonoód[따가빠노노온]	televiewer
시체	patáy, bangkáy[빠따이, 방까이]	corpse
시퍼렇다	asúl na magulang[아술 나 마구-르랑]	dark blue
시행/시행하다	pagpapatupád/magpatupád, ipatupád[빡빠-빠뚜빧/막빠뚜빧, 이빠뚜빧] 그 선생님은 학교의 규칙을 시행할 것이다.; Ipatútupád ng gurò ang mga tuntunin ng páaralán.	enforcement/enforce
시험	iksamen[잌사-멘] 나는 그 시험에 떨어졌어요.; Bumasák akó sa iksameng iyán.	examination
시험지	papél ng[빠-뻴 낭] iksamen	examination paper
식당	kaínán[까이난]	dining room

식량	baon, baong pagkain[바-온, 바-옹 빡까-인]	provisions
식모	☞가사도우미	
식사/식사하다	pagkain/kumain[빡까-인, 꾸마-인] 금강산도 식후경이다.; Ang pinakaimportanteng bagay ang pagkain.	meal/take a meal
식사예법	magandáng pánuntunan sa pagkain[마간당 빠-눈뚜난 사 빡까-인]	table manner
식욕	gana[가-나] 그는 식욕이 없다.; Walâ siyáng gana.	appetite
식용유	mantikà[만띠-까']	cooking oil
식용(食用)의	nakákáin[나까-까-인] 망고스틴은 식용 과일이다.; Nakákáing prutas ang manggustan.	edible
식이요법	lunas ng diyeta[루-나스 낭 디예-따]	dietary cure
식장(式場)	bulwagan ng seremonya[불와-간 낭 세레모-냐]	hall of ceremony
식중독	lason sa pagkain[라-손 사 빡까-인]	food poisoning
식초/식초를 넣다	sukà/sukaan[수-까'/수까-안]	vinegar/vinegar
식초를 만들다/… 치다	magsukà/sukaan[막수-까'/수까-안] 야채에 식초를 약간 쳤다.; Sinukaan ko ang gulay nang konti.	make vinegar/put vinegar on
식칼	kutsilyo[꾸찌-르요]	kitchen knife
식탁	hapág-kainán[하빡 까이난]	dining table
식탁보/…로 덮다	mantél, tapete/mantelán[만뗄, 따뻬-뗴/만뗄란]	tablecloth
식품	kalakal ng pagkain[깔라-깔 낭 빡까-인]	foodstuffs
식품점	groseri[그로세-리]	grocery
신(神)	diyós, maykapál, panginoón[디요스, 마이까빨, 빵이노온]	God

신경/…의, …질적인	nerbyos/nerbyoso[네르비요스/네르비요소]	nerve/nervous
신경쓰다	pumansín, asikasuhin[뿌만신, 아시까수힌] 바깥에 있는 음식은 내가 신경쓰겠다.; Áasikasuhin ko ang pagkain sa labás.	attention/give attention, mind
신고/신고하다	ulat/mag-ulat[우-ㄹ랕/막우-ㄹ랕] 우리는 도둑을 경찰에 신고했다.; Nag-ulat kami ng magnanakaw sa pulisyá	report/report
신고서	pormularyo ng ulat[뽀르물라-료 낭 우-ㄹ랕]	form of report
신기루	malikmatà[말릭마-따']	mirage
신랑	nobyo[노-비요]	bridegroom
신랑측	panig ng[빠-닉 낭] nobyo	bridegroom side
신뢰/신뢰하다	pagtitiwalà/magtiwalà[빡띠띠와-라/막띠와-라] 나는 그의 능력을 신뢰한다.; Nagtítiwalà akó sa kanyáng kakayahán.	trust, faith/have faith in
신문	diyaryo, páhayagán[디야-리오, 빠-하야간]	newspaper
신발	sapatos[사빠-또스] 신발 한 켤레; isáng pares ng sapatos	shoes
신병(身病)	sakít sa katawán[사낃 사 까따완]	bodily illness
신부(神父)	parì[빠-리']	priest
신부(新婦)	nobya[노-비야]	bride
신비/~롭다	hiwagà/mahiwagà[히와-가'/마히와-가']	mystery/mysterious
신사(남자)	maginoó[마기노오]	gentleman
신선하다	sariwà[사리-와']	fresh
신앙/신앙심을 가진	relihiyón/may-relihiyón[렐리히욘/마이 렐리히욘]	religion/religious
신용/신용하다	kréditó/maniwalà, paniwalaan[끄레-디또/마니와-라', 빠니왈라-안] 그는	credit/believe in

209

	여러 가게에 신용이 좋다.; May kréditó siyá sa maraming tindahan.	
신용거래	kálakalán sa utang[까-라깔란 사 우-땅]	credit dealing
신용장	**Letter of Credit**[레터 어브 크레딭]	Letter of credit
신용카드	**credit card**[크레딭 카드]	credit card
신원확인	pagkakákilalán[빡까까-낄랄란]	identification
신중/신중한	hinahon/maingat, mahinahon[히나-혼/마이-ㅇ앝, 마히나-혼]	prudence/prudent
신청/신청하다	kahílingan/humiling, mag-apláy[까히-리리-ㅇ안/후밀링, 막아쁠라이] 누가 그 자리를 신청했느냐?; Sinó ang nag-apláy sa puwestong iyán?	application/apply
신품의	bagung-bago[바-궁 바-고]	brandnew
신형	bagong modelo[바-공 모데-ㄹ로]	new model
신호/신호하다	senyas, hudyát/sumenyas, maghudyát[세-냐스, 후디얕/수메-냐스, 막후디얕] 머리를 끄떡이는 것은 긍정의 신호다.; Ang tangô ay senyas ng pagpayag.	signal/sign
신호등	ilaw trápiko[이-ㄹ라우 뜨라-삐꼬]	traffic signal
신혼	pulút-gatâ[뿔룯 가따']	honeymoon
실	sinulid[시누-리딛]	thread
실감/실감하다	pagunawà/umunawà, máunawaan[우나-와'/움우나-와', 마-우나와-안]	realization/realize
실례합니다.	(일반적)Paumanhín pô.[빠우만힌 뽀'], (옆을 지나치거나 통과할 때)Pakiraán pô.[빠끼라안 뽀']	Excuse me.
실망/실망하다	kabiguán, pagkabigô/bumigô[까비구안, 빡까비고'/부미고'] 나는 그의 무례함에 실망했다.; Bumigô akó sa kanyáng kabastusán.	disappointment/be disappointed

실망시키다	biguín[비구인] 나를 실망시키지 말기 바란다.; Huwág mo sana akóng biguín.	disappoint
실무(實務)	tunay na paggawâ[뚜-나이 나 빡가와']	actual affairs
실물(實物)	tunay na bagay[뚜-나이 나 바-가이]	actual object
실수/실수하다	kamálian/magkámalî[까마-르리-안/막까-말리']	mistake/make a mistake
실습/실습하다	pagsasanay/magsanay[빡사사-나이/막사-나이]	practice/practice
실시하다	isagawâ, ganapín[이사가와', 가나삔]	excute
실업자	taong waláng trabaho[따-옹 왈랑 뜨라바-호]	job loser
실장(室長)	punong-bahagi[뿌-농 바하-기]	section chief
실제/실제의	katunayan/tunay[까뚜나-얀/뚜-나이]	realty/real
실직/실직하다	kawalán ng trabaho/mawalâ ang trabaho[까왈란 낭 뜨라바-호/마왈라' 앙 뜨라바-호]	loss of job/lose the job
실천/…하다	pagsasagawâ/magsagawâ[빡사사가와'/막사가와']	prosecution/prosecute
실크	sutlâ, seda[수뜰라', 세-다] 실크를 생산하다.; gumawâ ng seda	silk
실패/실패하다	pagkabigô, pagkabagsák/bumigô, mabigô, bumagsák[빡까비고', 빡까박삭 / 부미고', 마비고', 부막삭] 사업 실패; pagkabagsák ng negosyo 나는 그 시험에 실패했다(떨어졌다).; Bumagsák akó sa iksameng iyán.	failure/fail
실행하다	☞실시하다	
싫어하다/싫어하는	umayáw/ayaw, hindî gusto[움아야우/아-야우, 힌디' 구-스또] 나는 수영을 싫어한다.; Ayoko(Ayáw + ko) ang langóy. 싫으면 관둬라.; Kung ayaw mo, huwág na. 너는 왜 그 제안을 싫어하느냐?; Bakit ka	dislike

	umayáw sa mungkahing iyán?	
심다	magtanim, itaním[막따님, 이따님] 아버지는 사과나무 한 그루를 정원에 심으셨다.; Nagtanim ang amá ng isáng punò ng mansanas.	plant
심리(心理)	pag-iisip[빠이이-싶]	mentality
심리학	sikolohiya, ang aghám ng isip[시꼴로히-야, 앙 아그함 낭 이-싶]	psychology
심문(審問)/심문하다	paglilitis/lumitis, litisin[빡리리-띠스/루미-띠스, 리띠-신] 그는 월요일 법원에서 심문을 받을 것이다.; Líligtísin niyá sa húkúman sa Lunes.	trial/try
심장	pusò[뿌-소']	heart
심장병	sakít sa pusò[사낕 사 뿌-소'] 심장병 어린이를 돕자.; Tulungan natin ang mga batang may sakít sa pusò.	heart disease
심판(경기)	reprí, tagahatol[레쁘리, 따가하-똘]	umpire
십	sampû, diyes[삼뿌', 지예스]	ten
십계명	ang sampúng utos[앙 삼뿡 우-또스]	the Decalogue
십억(숫자)	bilyón, gatós[빌욘, 가또스]	billion
십이월	Disyembre[디시예-ㅁ브레]	December
십일월	Nobyembre[노비예-ㅁ브레]	November
십자가	krus[끄루스] 예수님은 십자가에 못박혀 돌아가셨습니다.; Si Jesús ay ipinakò sa krus at namatáy.	October
싱가폴	Singgapúr[싱가뿌르]	Singapore
싱겁다	matabáng[마따방]	flat, not properly salted
싱싱한	sariwà[사리-와']	fresh

싱크대	hugasán[후가산]	sink
(~하고)싶어하다(싶다)	gustó, ibig[구스또, 이-빅] 나는 사과를 먹고 싶다.; Gustó kong kumain mansanas. 그가 하고 싶어하는게 무엇입니까?; Anó pô ang kanyáng ibig?	want to, wish to, would like to
싸다	magbalot, bumalot[막바-르롤, 부마-르롤] 이것 싸 주세요.; Pakibalot ninyó itó.	wrap
싸다(가격)	murà[무-라']	cheap
싸우다/싸움	maglaban, lumaban/labanán[막라-반, 루마-반/라바난] 두 나라는 싸우고 있다.; Naglálában ang dalawáng bansâ.	fight
싹쓸이	pagwawalís nang kompleto	complete sweeping
쌀	bigás[비가스] 쌀을 씻다.; maghugas ng bigás	rice
쌀가루	galapóng[갈라뽕]	flour of rice
쌍	pares, pareha[빠-레스, 빠-레-하]	couple
쌍꺼풀	dobleng talukap ng matá[도-블렝 딸루-깝 낭 마따]	double eyelid
쌍둥이	kambál[깜발] 그 두 아이는 쌍둥이다.; Ang dalawáng batang iyán ay kambál.	twin
썩다/썩은	mabulók/bulók[마불록/불록] 그 파파야는 썩어서 먹을 수 없다.; Bulók ang papayang iyán, kayâ hindî makakain.	become rotten/rotten
썰다	gumayat, gayatin[구마-얕, 가야-띤] 양파를 썰어라; Gayatin mo ang sibuyas.	slice
썰물	kati[까-띠]	ebb tide

213

쏟다	ibuhos, bumuhos[이부-호스, 부무-호스]	pour
쓰다(글씨)	sumulat, isulat[수무-라랕, 이수-라랕]	write
쓰다(맛)	mapaít[마빠잍]	bitter
(모자를)쓰다	magsombrero[막솜브레-로] 그녀는 예쁜 모자를 쓰고 있다.; Nagsosombrero siyá ng magandáng sombrero.	wear a hat
쓰레기	basura[바수-라]	waste
쓰레기 통	básurahán[바-수라한] 이것 쓰레기통에 버려라.; Itapon mo itó sa básurahán.	waste box
쓴 맛	paít[빠잍]	bitter taste
쓸다(비로)	walisín, magwalís[왈리신, 막왈리스]	sweep
쓸모없는	waláng-silbí[왈랑 실비]	useless
쓸모있는	nakatutulong, nagagamit[나까뚜뚜-롱, 나가가-밑]	useful
씨름(한국식 레슬링)/씨름하다	kináugaliáng pakikipagbunô sa Korea/magbunô[끼나-우갈리앙 빠끼끼빡부노' 사 코리아/막부노']	wrestling/wrestle
씹다	magnguyâ[막ㅇ우야'] 씹을 수 없다.; Hindî makanguyâ	chew
씻다	hugasan, maghugas[후가산, 막후-가스] 접시를 씻어라.: Hugasan mo ang mga pinggán.	wash

214

ㅇ 아

아, 그렇구나!	Oo ngâ, palá![오오-ㅇ아 빨라]	Oh! Really.
아가씨	dalaga, dalagita[달라-가, 달라기-따]	miss, young lady
아기	sanggól[상골] 아기를 낳다.; magsilang ng sanggól	baby
아교(잡착제)	kola[꼬-르라]	glue
아깝다	mahalagá pa[마할라가 빠] 그거 아깝잖아. 버리지 마.; Mahalagá pa iyán. Huwág mo na itapón.	wasteful, still valuable
아내	aswang babae[아사-왕 바바-에] 저의 아내는 필리핀 여자입니다.; Ang asawa ko pô ay Pilipina.	wife
아니(대답).	Hindî, Dî[힌디', 디'] 아마 아닐 거야.; Marahil na hindî.	No.
아들	anák na lalaki[아낙 나 랄라-끼]	son
아둔하다	tangá, boba(여성), bobo(남성)[땅아, 보-바, 보-보]	stupid, dull
아랍	Arabe[아라-베]	Arab
아래/아래로	babà/pababâ[바-바'/빠-바바']	lowness/downwards
아래층	ibabâ ng bahay[이바바' 낭 바-하이]	downstair
아름다운	magandá[마간다'] 아름다운 여자; magandáng babae	beautiful
아마	marahil[마라-힐] 아마 그럴걸.; Gayón marahil.	maybe
아마추어	ámatyúr, baguhan, bagitò[아-마뜌-르, 바구-한, 바기-또']	amateur
아무거나(무엇이나)	kahit anó[까-힡 아노] 너가 좋아하는 책은 아무거나 사라.; Bumilí ka ng kahit anóng libróng gusót mo.	anything

아무 때나(언제라도)	kahit kailán[까-힡 까일란] 필요하면 언제라도 여기로 오너라.; Kung kailangan, pumarito kahit kailan.	any time
아무 것도(+ 부정적 술어)	walâ[왈라'] 아무것도 몰라.; Walâ kong alám. 아무것도 변치 않을 것이다.; Waláng magbabago. 아무 것도 없어.; Waláng meron.	no, none
아무 데나	kahit saán, saán man[까-힡 사안, 사안 만]	anywhere
아빠	tatay, (자신의 아빠)itay[따-따이, 이-따이]	daddy
아쉬움/아쉬워하다	damdamin ng kawalán[담다-민 낭 까왈란]/damdamín ang[담다민 앙] kawalán	feeling the lack of/feel the lack of
아시아/…인, …의	Asya/Asystiko[아-샤/아시스띠-꼬]	Asia/Asian
아이	anák, batà[아낙, 바-따'] 아이가 둘 있어요?; Meron pô dalawáng anák akó.	child
아이스크림	sorbetes, ayskrim[소르베-떼스, 아이스크림]	iceceram
아저씨	tiyó[띠요] * 친한 경우 이름 앞에 Mang[망]을 붙여서 부름, 후안 아저씨!; Mang Juan!	uncle
아주(매우)	lubhâ[룹하'], 아주(매우) 아름답다.; Lubháng magandá.	very, extremely
아주머니/아줌마	tiyá/tita[띠야/띠따] 친한 경우 이름 앞에 Aling을 붙여서 부름, 메리 아줌마!; Aling Mary!	aunt/auntie
아직	pa[빠] 아직 저녁 안 먹었어요.; Hindî pa akó kumain ng hapunan pô. 아직도 배불러요.; Busog pa akó pô.	yet
아침	umaga[우마-가] 우리는 아침부터 점심 때까지 축구를 했다.; Naglarô kamí ng putbol mulâ sa umaga hanggáng sa tanghalì.	morning
아침(식사)	almusal[알무-살] 아침 먹었어?; kumain ka na ba ng almusal? 언제 아	breakfast

	침 먹어요?; Anóng oras pô tayong mag-áalmusál?	
아파트	apartmento[아빠-뜨메-ㄴ또]	apartment
아편	apian[아삐-안]	opium
아프다/아픔	masakít/sakít, kirót[마사낕/사낕, 끼롵] 어디가 아파요?; Saán kayó masakít? 머리가 아파요.; Masakít pô ang ulo ko.	painful/pain
아홉	siyám, nuwebe[시얌, 누웨-베]	nine
아홉 번째	ikasiyám, pansiyám[이까시얌, 빤시얌]	ninth
아흔	siyammapû, nobenta[시얌나뿌`, 노베-ㄴ따]	nine
악기	instrumento ng músika[인스뜨루메-ㄴ또 낭 무-시까]	musical instrument
악명	masamáng reputasyón[마사망 레뿌따숀]	evil reputation
악몽/악몽을 꾸다	uóm/uumín[우옴/우우민]	nightmare/have a nightmare
악수(握手)/악수하다	pagkamáy/kumamáy[빡까마이/꾸마마이]	hand shaking/shake hands
악어	buwaya[부와-야]	crocodile
악역	masamáng papél[마사망 빠뻴]	bad role
악취/악취가 나다	bahò/mamahò[바-호`/마마-호`]	bad odor/emit a foul odor
악취를 풍기는	mabahò[마바-호`]	foul, fetid
악필	masamáng sulat[마사망 수-ㄹ랕]	bad writing
악화(惡化)/악화되다	paglalâ/lumalâ[빡랄라`/루말라`]	getting worse/get worse
악화시키다	magpalalâ[막빠랄라`] 그 약은 오히려 그의 병을 악화시킨다.: Bagkós nagpápalalâ ang gamót na iyán sa kanyáng sakit.	make worse
안(내부)	loób[로옵] 방 안에; sa loób ng silíd, 10분 안에; sa loób ng sampúng	inside

	minuto	
안개/… 낀	ulap, ulop/maulap[우-르랖, 우-르롶/마우-르랖] 안개가 짙다.; Makapál ang ulap.	fog/foggy
안경/…을 끼다	salamín/magsalamín[살라민/막살라민]	glasses/wear glasses
안과	pangkát ng matá[빵깥 낭 마따]	ophthalmology
안내(자)/…하다	patnubay/pumatnubay, patnubayan[빹누-바이/뿌맡누-바이, 빹누바-얀] 신은 인간의 안내자이다.; Ang Diyós ang patnubay ng tao.	guide/guide
안내책자	aklát pampatnubay[아끌랕 빰빹누-바이]	guidebook
안녕하세요.(오전)	Magandáng umaga pô.[마간당 우마-가 뽀']	Good morning.
안녕하세요.(오후)	Magandáng hapón pô.[마간당 하뽄 뽀']	Good afternoon.
안녕하세요.(밤)	Magandáng gabí pô.[마간당 가비 뽀']	Good night.
안녕히 가세요.(… 계세요.)	Paalam na pô. Diyán na kayóa.[빠아-람암 나 뽀', 쟈얀 나 까요.] 다시 만날 때까지 안녕히 계세요.; Paálam na pô. Hanggáng sa mulî.	Good-bye
안락/…한	kaginhawahan/maginhawa, komportable[까긴하와-한/마긴하-와, 꼼뽀르따블레] 안락한 노후 생활; komportableng katandaán	comfort/comfortable
(국가의) 안보	seguridád ng bansâ[세구리닫 낭 반사'] 국가의 안보는 대통령의 가장 중요한 임무다.; Ang seguridád ng bansâ ay pinakaimportanteng hángárin. ng Pangulo.	national security
안심/…하다	kapayapaan ng isip/makáramdám ng ginhawa[까빠야빠-안 낭 이-싶 /마까-람담 닝 긴하-와] 나는 그 소식에 안심했다.; Nakáramdám akó ng ginhawa dahil sa balitang iyán	peace of mind/feel at ease

218

안약	gamót sa matá[가몯 사 마따] 그는 안약을 눈에 넣었다.; Inilagáy niyá ang gamót sa matá.	eyewash
안전/…한	kaligtasan/ligtás[까릭따-산/릭따스] 안전이 가장 중요하다.; Ang kaligtasan ay pinakaimportante.	safety/safe
안정/…된	katatagán/matatág[까따따간/마따딱]	stability/stable
안정시키다	magpatatág[막빠따딱]	stabilize
안주	pulutan[뿔루-딴] 아내는 손님들을 위해 술과 안주를 준비했다.; Naghandâ ang asawa ko ng alak at pulutan para sa mga bisita.	side dish taken with alcoholic drinks
앉다	umupô, maupô[음우뽀', 마우뽀'] 거긴 앉지 마.; Huwág kang umupô diyán. 소파에 앉으세요.; Umupô(maupô) kayó sopa.	sit
앉을 자리(의자)	upuan[우뿌-안] 우리는 여기에 앉을 자리가 없어요.; Walâ pong upuan sa amin dito.	seat
알다	alám, kilalá, mákilala[알람, 낄랄라, 마-낄랄라] 너의 전화번호를 알고 있다.; Alám ko ang número ng teléponó mo. 당신을 알게되어 기쁩니다.; Ikininagágalák ko pong mákilala kayó. 당신의 주소를 알려 주시겠어요?; Puwede ko po bang máláman ang tirahan ninyó.	know
알레르기	pagsamâ sa katawán[빡사마' 사 까따완], allergy[알러지]	allergy
알약	tableta[따블레-따]	tablet
알코올/… 중독	alkohól/alkoholismo[알꼬홀, 알꼬홀리-스모]	alcohol/alcoholic addiction
알코올 중독자	taong alkóholkó[따-옹 알꼬-홀리꼬]	alcoholic
암	kanser[까-ㄴ세르] 나의 아내는 암으로 죽었다.; Namatáy ang asawa ko	canser

	dahil sa kanser.	
암내	amóy-kambíng[아모이-깜빙]	armpit odor
암산	aritmétikáng pangkaisipán[아릴메-띠깡 빵까이시빤]	mental arithmatic
암산하다	gawín ang aritmétiká sa kaisipán[가윈 앙 아릴메-띠까 사 까이시빤]	do mental arithmatic
암탉	inahíng manók[이나힝 마녹]	hen
압력/~을 가하다	presyón, diín/diinín, diinán[쁘레숀, 디인/디이닌, 디이난] 압력이 높다.; Mataás ang presyón.	pressure/press
앙상한	payagód, payát[빠야곧, 빠얕]	skinny, very thin
앞	haráp[하랖] 우리 집 앞에; sa haráp ng bahay natin	front
앞지르기/~다	☞추월/~하다	
앞치마	tapis, epron[따-삐스, 에-쁘론]	apron
애국가	awit pambansâ[아-윝 빰반사']	national anthem
애국심	kabayanihan, pagkamakabayan[까바야니-한, 빡까마까바-얀]	patriotism
애무/애무하다	himas/himasin, humimas[히마-스/히마-신, 후미-마스]	caressing/caress
애석/애석해 하다	hinayang/manghinayang[히나-양/망히나-양]	regret/regret
애원/애원하다	samò/magsumamò[사-모', 막수마-모']	entreaty/entreat
애인	magkásintahan[막까-신따한]	lover
애정/애정이 있는	pagmamahál, pag-ibig/mapagmahál, magiliw[빡마마할, 빡이-빅/ 마빡마할, 마기-르리우]	affection/affectionate
애착	pagmamahál, pagkagiliw[빡마마할, 빡까기-르리우]	attachment, affection
애프터서비스	after-service[애프터 서비스]	after service

애호가	deboto[데보-또]	devotee
액체	líkidó[리-끼도] 물은 액체다.; Ang tubig ay isáng líkidó.	liquid
앵두	seresa[세레-사]	cherry
앵무새	loro[로-로]	parrot
야구	beisbol[베이스볼] 야구장에 많은 관중이 들어간다.; Pumápasók ang maraming mánonoód sa istadium ng beisbol.	baseball
야기(惹起)하다	magíng dahilán(sanhì)[마-깅 다힐란(사-ㄴ히')]	cause, bring about
야단/…치다	mura/murahin, magmurá[무-라/무라-힌, 막무라] 그녀는 어머니로 부터 크게 야단을 맞았다.; Tumanggáp siyá ng katakut-takot na mura sa kanyáng iná.	scolding/scold
야망/…을 가진	adhikâ, hangád, ambisyón/mapag-adhikâ, mapaghangád, ambisyoso [아드히까', 항앋, 암비시욘/마빡아드히까', 마빡항앋, 암비쇼-소] 청년들이여, 야망을 가져라.; Mga kabataan, magíng ambisyoso.	ambition/ambitious
야박/…한	karamutan/maramot, kuripot[까라무-딴/마라-몯, 꾸리-뽇]	stinginess/stingy
야생(野生)/…의	ligáw na buhay/ligáw[리가우 나 부-하이/리가우]	growing in the wild/wild
야생생물	mga nilikhâ sa kagubatan[망아 니릭하' 사 까구바-딴]	wildlife
야성(野性)	mabangís na katutubong ugali[마방이스 나 까뚜뚜-봉 우가-ㄹ리]	wild nature
약(藥)	gamót[가몯] 약을 먹어라.; Inumín mo ang gamót.	medicine
약(約)	halos, mga, malapit sa[하-ㄹ로스, 망아, 말라-삗 사]	about, approximately
약간	kauntî, kontí[까운띠', 꼰띠']	a little bit
약국	botika[보띠-까]	drug store

약도	mapa ng daán[마-빠 낭 다안]	route map
약사(藥師)	(남)botikaryo, (여)botukarya[보띠까-료, 보띠까-랴]	phamarcist
약속/…하다	pangakò/mangakò[빵아-꼬/망아-꼬] 약속을 지켜라.; Tuparín mo ang pangakò. 나는 아침 6시에 여기로 오겠다고 그에게 약속했다.; Nangakò akó sa kanilá na paparito akó sa alas sais ng umaga.	promise/make promise
약속어음	pagaré[빠가레]	promissory note
약어	pinaiklíng salitâ[삐나이끌링 쌀리따']	abbreviated word
약초	damóng-gamót[다몽 가못]	herb
약하다	mahinà[마히-나'] 군대가 게으름과 사치로 약해졌다.; Naging mahinà ang hukbó dahil sa katámaran at pagmamaluhó	weak
약혼	kasunduang pakasál[까순두-앙 빠까살]	engagement
약혼식	seremonya ng[세레모-니아 낭] kasunduang pakasál	engagement ceremony
얄밉다	mapangyamót[마빵야못] 그녀는 정말 얄밉다.; Masyado siyá mapangyamót.	spiteful
얇다	manipís[마니삐스] 얇은 종이; manipís na papél	thin
양(동물)	tupa[뚜-빠]	sheep
양계(養鷄)	pagmamanukan[빡마마누-깐]	poultry raising
양계장	manukan[마누-깐]	poultry farm
양녀	ampóng babae[암뽕 바바에]	adopted daughter
양념	pampalasa[빰빨라-사]	condiment
양도하다	ilipat, maglipat[일리-빧, 막리-빧] 그는 자식에게 집을 양도했다.; Inilipat niyá sa kanyáng anák ang bahay.	assign

양력(陽曆)	solar kalendaryo[솔라 까렌다-료]	solar calendar
양말	medyas, kalestín[메-쟈스, 깔레스띤]	socks
양모(養母)	tagaampón[따가암뽄]	adoptive mother
양배추	repolyo[레뽀-르료]	cabbage
양복	terno[떼-르노]	suit
양복장이	sastre, mánanahi[사-스뜨레, 마-나나-히']	tailor
양복점	sastreria, pátahian[사스뜨레-리아, 빠-따히안]	tailor shop
양부(養父)	kinákapatíd na amá[끼나까빠띠드 나 아마]	adoptive father
양성하다	magturò, turuan[막뚜-로', 뚜루-안]	train, teach
양식(洋食)	pagkain ng Amerikano[빡까-인 낭 아메리까-노]	western food
양식(糧食)	☞식량	
양식(樣式)	(문서)pormularyo, (건축, 예술 등)paraán[뽀르물라-료, 빠라안]	form, style
양식(養殖)/…하다	pagpapalakí, paglilináng, pag-aanák/magparami, magpaanák, linangín [막빠라-미, 막빠아낙] 이 지역은 굴 양식으로 유명하다.; Ang lugár na itó ay sikát sa paglilináng ng talabá.	breed
양심	budhî, konsiyénsiyá[붇히, 꼰시예-ㄴ샤]	conscience
양심적인	tapát, matapát[따빧, 마따빧] 그는 업무수행에 양심적이다.; Siyá ay matapát sa pagtupád ng kanyáng gáwáin.	conscientious
양어장	paláisdaan[빨라-이스다-안]	fishpond
양자(養子)	ampóng lalaki[암뽕 라라-끼]	adopted son
양장	gamít ng Western style[가밑 낭 웨스턴 스타일]	western style clothes

223

양쪽	kapwang tabí[까-뻐왕 따비]	both sides
양초	kandila[깐디-ㄹ라]	candle
양치질하다	magsipilyo[막시삐-ㄹ료]	brush the teeth
양파	sibuyas[시부-야스]	onion
양해/양해하다	pagpayag/pumayag[빡빠-약/뿌마-약]	consent/consent, approve
얘기하다(이야기하다)	magsabi, sabihin[막사-비, 사비-힌] 너가 원하는 것을 얘기해라.; Sabihin mo ang iyóng gustó.	say
어감(語感)	pinong kahulugán ng salitâ[삐-농 까훌루간 낭 살리따']	nuance
어금니	bagáng[바강]	molar
어기다	☞위반하다	
어깨	balikat[발리-깓]	shoulder
어느(무제한 복수의 대상에서 선택)	☞무엇(무슨, 뭐), 어느 나라에서 왔습니까?; Saáng bansâ kayó nanggaling? 이것은 어느 나라 제품이야?; Sa anóng bansâ yarî itó?	what, where
어느(제한된 복수의 대상에서 선택)	alín?[알린] 어느 것이 당신 마음에 듭니까?; Alín ang gusto ninyó? 어느 차가 너의 것이냐?; Alíng kotse ay sa iyó? 어느 호텔이 제일 크냐?: Alíng otél ay pinakamalakí?	which
어느 날(미래)	sa isáng araw[사 이상 아-라우]	some day
어느 날(과거)	noóng isáng araw[노옹 이상 아-라우]	one day
어두운/어둠	madilím/dilím[마딜림/딜림]	dark/darkness
어두워지다/어둡게 하다	magdilím, dumilím/dilimán[막딜림, 두밀림/딜리만]	become dark/darken
어디(장소)	nasaán[나사안] 너의 모자는 어디에 있어?; Nasaán ang sombrero mo?	where

어디(방향)	saán[사안] 어디로 가고 있는 중이야?; Saán ka pumupuntá? 그녀가 어디서 살고 있는지 아세요?; Alám mo ba kung saán nakatirá siyá? 어디에서 오고 있는 중이야?; Saán galing pumaparito ka?	where
어디든지	kahit saán, saán man[까-힡 사안, 사안 만] 어디든지 가더라도 날 잊지마.; Saán man pupuntá ka, huwág mo akó malimot.	any where
어떤	☞어느, 어떤 음악을 좋아하세요? ; Anóng tugtóg ang gustó ninyó? 어떤 것들이 면세가 되나요?; Anó pong bagay ang tax free?	
어떻게	paano[빠아-노] 어떻게 여기로 왔어?; Paano kang pumarito? 어떻게 생각해?; Paano kang umíisip 거기는 어떻게 가?; Paáno akóng pupuntá diyán?	how
어려운	mahirap[마히-랖] 장모님과 함께 사는 것은 어렵다.; Mahirap ang makisama sa aking biyenáng babae.	difficult
어르신	magalang na pananalitâ ng 어른(nakatatandâ),	senior
어른	nakatatandâ[나까따딴다']	senior
어리다	batà[바-따'] 두 살 더 어리다.; mas batà nang dalawáng taón	young
어리둥절한	maguló[마굴로]	embarrassed
어리석은	hangál, luku-lukó[항알, 루꾸루꼬]	stupid
어린이	batà[바-따'] 새 나라의 어린이는 일찍 일어난다.; Maagang bumangon ang mga batà ng bagong bansâ.	child
어릿광대	komikero, payaso[꼬미께-로, 빠야-소]	clown
어부	mangingisdâ[망잉이스다']	·fisherman

어선	nangingisdáng bangkâ[낭잉이스당 방까']	fishing boat
어울리다	mákasundô[마-까순도'] 그는 친구들과 잘 어울린다.; Nákakasundô niyá mabuti ang kanyáng mga kaibigan.	get along
어제	kahapon[까하-뽄]	yesterday
어제 저녁(어젯밤)	kagabí[까가비] 어제 저녁에는 비가 세차게 왔다.; Kagabí umulán nang malakás.	last night
어지러운/어지럽다	hiló, nahíhilo/mahilo[힐로/나히-히-르로] 그는 탑위에서 어지러웠다. (현기증을 느꼈다.); Nahilo siyá sa itaás ng tore.	dizzy
어쨌든	sa anó't-anó man, anumán ang mangyari[사 아놑 아노 만, 아누만 앙 망야-리] 어쨌든 너를 따라 가겠다.; Sásamahan kitá, anumán ang mangyari.	anyway
어휘	bokabularyo, talasalitaan[보까불라-리오, 딸라살리따-안]	vocabulary
(일) 억	isáng daáng milyón[이상 다앙 밀욘] 십 억; isáng bilyón	hundred million
언니	ate[아-떼]	elder sister
언덕	buról, muntíng bundók[부롤, 문띵 분독]	hill
언어	wikà, pananalitâ, lenguwahe[위-까', 빠나나리따', 렝구와-헤]	language
언어학	aghámwikà[아그함-위-까']	linguistics
언제	kailán[까일란] 언제 학교에 가느냐?; Kailán ka pupuntá sa páaralán. 언제 우리 또 만날까?; Kailán mákikíta nating mulî?	when
(~할 때는) 언제든지	kailanmán, pag, kapág[까일란만, 빡, 까빡] 그는 나를 만날 때는 언제든지 먼저 전화를 한다.; Kailanmán mákita niyá akó ay tumátáwag siyá	whenever

	sa akin. 비가 올때는 언제든지.; pag umúulán.	
언제부터	mulâ kailán[물라' 까일란]	from when
얻다	magtamó, tamuhín[막따모, 따무힌]	obtain
얼굴	mukhâ[묵하']	face
얼다	magyelo[막예-르로] 날씨가 너무 추워서 강이 얼었다.; Nápakalamíg ng panahnó kayâ nagyelo ang ilog.	freeze
얼룩/얼룩지다	bahid, mantsá/mabahiran, magkamantsá[바-힌, 만짜/마바히-란, 막까만짜] 식탁보에 얼룩이 졌다.; Nagkamantsá ang mantél.	spot, stain/become stained
얼마(가격)	magkano[막까-노] 마늘 1킬로에 얼마예요?; Magkano pô ang isáng kilo ng bawang? 이거 얼마예요?; Magkano pô itó?	mow much
얼마 후에(몇일 후에)	pagkatapos ng iláng araw[빡까따-뽀스 낭 일랑 아-라우]	some days later
얼마 후에(그날 내에)	mámayâ[마-야마']	later
얼마나	gaano[가아-노] 서울까지 얼마나 멀어?; Gaáno kalayò hanggang Seoul? 한국까지 비행기로 얼마나 걸려?; Gaáno katagál hanggang Korea sa eruplano?	how
얼음/얼리다	yelo/magyelo[예-르로/막예-르로]	ice/make ice
얼린	may-yelo[마이 예-르로]	iced
엄격/엄격한	higpít/mahigpít[힉삩/마힉삩] 그는 엄격한 판사이다.; Siyá ay isáng mahigpít na hukóm.	strictness/strict
엄금/엄금하다	mahigpít na pagbawal/ipagbawal nang mahigpít[마힉삩 나 빡바-왈 /이빡바-왈 낭 마힉삩]	strict prohibition/prohibit strictly

엄마	nanay, (자기 엄마를 부를 때)ináy[나-나이, 이나이] 그 아이는 자기 엄마를 많이 닮았다.; Sobrang nákakatulad ang batà ng kanyáng nanay.	mama, mammy
엄중한	☞엄격/엄격한	
엄청난	nápakalubhâ[나-빠까룹하']	exorbitant
업무	☞일/~하다	
없다	walâ[왈라'] 아직 없다.; Walâ pa. 더 이상 없다.; Walâ na. 미안해, 돈이 없어.; Pensiyá ka na, waláng pera.	no, none
없어지다	mawalâ[마왈라'] 돈이 없어졌다.; Nawalâ ang pera.	disappear
엉망진창	lubháng guló, napakarumíng ayos[룹항 굴로, 나-빠까루밍 아-요스]	excessive mess
엎지르다	ibubô, magbubô[이부보', 막부보'] 누가 테이블에 우유를 엎질렀어?; Sino ang nagbubô ng gatas sa mesa?	spill
에스컬레이터	eskaladór, hagdáng gumagaláw[에스까라도르, 학당 구마갈라우]	escalator
에어컨	air-con[에어 콘] 에어컨 꺼 주세요.; Patayín ninyó ang air-con.	air-con
에티켓	etiketa, magandáng kaugalian[에띠께-따, 마간당 까우갈리-안]	etiquette
엑스레이	eksréy, rayos-ekis[엑스레이, 라-요스 에-끼스]	X-ray
엘리베이터	asensór, elebeytor[아센소르, 엘레베이또르]	elevator
여객선	bapór pampasahero[바뽀르 빰빠사헤-로]	passenger ship
여권	pasaporte[빠사뽀-르떼] 여권 가지고 있어요?; Meron ba kayóng pasaporte?	passport
여기	dito[디-또] 그 책 여기 있어요.; Náparitó ang aklát. 여기 근처에 극장이 어디 있어요?; Saán pô rito ang sine? 여기에서 얼마나 멀어요?;	here

	Gaáno kalayò iyón buhat dito? 여기 세워 주세요.: Para pô rito.	
여기로 오다	pumarito[뿌마리-또] 내일 학생들이 선생님과 함께 여기로 올 것이다.; Bukas ay papáito ang mga estudyante kasama ang gurò.	come here
여기부터	mulâ rito[무라' 리-또]	from here
여덟	waló, otso[왈로, 오-쪼]	eight
여동생	nakababatang kapatíd na babae[나까바바-땅 까빠띧 나 바바-에]	younger sister
여드름/~이 나다	tagihawat/magkatagihawat[따기하-왈/막까따기하-왈] 그는 얼굴에 여드름이 많다.; Marami siyáng tagihawat sa mukhâ.	pimple
여러 번	makáilán[마까-일란]	several times
여럿	marami, mga ilán[마라-미, 망아 일란] 여러 가지; maraming uri, 여러 해 동안; habang iláng taón	many, several
여론	kurong-bayan[꾸-롱 바-얀], opinyón ng públikó[오삔욘 낭 뿌-브리꼬]	public opinion
여름	tag-init[딱이-닏]	summer
여름 방학(휴가)	bakasiyón ng tag-init[바까시욘 낭 딱이-닏]	summer vacation
여보세요.(전화)	Heló![헬로]	hello!
여사(女士)	Ginang(=Gng.)[기-낭]	Mrs.
여선생	gurong babae, maestra[구-롱 바바-에, 마에-스뜨라]	female teacher
여섯	aním, sais[아님, 사이스] 여섯 번째;ikaaím, pang-aním	six
여성(여자)/여성용의	babae/pambabae[바바-에, 빰바바-에]	woman/for woman
여왕	reyna[레이나]	queen
여우	soro[소-로]	fox

229

여전히	☞항상	
여주인공	pángunahíng tauhang babae, bidang babae[빠-ㅇ우나힝 따우-항 바바-에, 비-당 바바-에]	heroine
여행/여행하다	biyahe, lakbáy/bumiyahe, maglakbáy[비야-헤, 락바이/부미야-헤, 막락바이] 그는 미국으로 여행갔다.; Bumiyahe siyáng patungo sa Estados Unidos.	traveling/travel
여행가(…자)	manlalakbáy, biyahero[만라락바이/비야헤-로]	traveler
여행 비자	turista-bisa[뚜리-스따 비-사]	tousrist visa
여행가방	maleta[말레-따]	traveling case
여행가이드	giya ng[기-야 낭] biyahe	tour guide
여행사	ahénsiya ng paglalakbáy[아헤-ㄴ시야 낭 빡라락바이]	travel agency
여행자수표	traveler's check[트래블러스 첵]	travler's check
역	istasiyón[이스따시욘]	station
역사	kasaysayan, istorya[까사이사-얀, 이스또-랴] 필리핀의 역사; kasyasayan ng Pilipinas	history
연결/…하다	pagkakabít/magkabít[빡까까빝/막까빝]	connection/connect
연결어(문법)	pang-angkóp[빵앙꿉]	linker
연계/…하다	☞연결/…하다	
연관/…시키다	☞관계/…를 맺다	
연구/…하다	pagsaliksík, pananaliksík/manaliksík[빠나릭식, 빡사릭식/마나릭식]	research/make a research
연극	dulà[두-ㄹ라']	stage play

연근	ugát ng lotus[우갇 낭 로-뚜스]	root of lotus
연기(煙氣)	usok[우-솕] 아니 땐 굴뚝에 연기나랴.; Waláng usok, waláng apóy.	smoke
연기/…되다	antala/maantala[안따-라/마안따-라] 연기하다; umantala	delay/be delayed
연꽃	lotus[로-뚜스]	lotus
연락/…하다	pagbabalità/magbalità, ibalità[빡바발리-따'/막발리-따', 이발리-따]	communication/communicate
역량(力量)	kapasidád, kakayahán[까빠시닫, 까까야한]	capacity, capability
역할	papél[빠뻴] 헬렌은 선도 역할을 하고 싶어 했다.; Gustó ni Elena na siyá ang gumunáp ng pángunahíng papél.	role
연료	gatong[가-똥] 겨울에는 연료가 비싸진다.; Magíng mahál ang gatong sa taglamíg.	fuel
연립(聯立)	pagkakaisá, alyansá[빡까까이사, 알랸사]	alliance
연말(年末)	wakás ng taón[와까스 낭 따온]	end of year
역무원	kawaní ng istasiyón[까와니 낭 이스따시욘]	station staff
연못	lawâ[라와']	lake
연봉	táunang suweldo[따-우-낭 수웨-르도]	annual salary
연비	kahusayan ng gasolina[까후사-얀 낭 가솔리-나]	fuel efficiency
연사	oradór, mánanalumpatí[오라도르, 마-나나룸빠띠'] 그는 훌륭한 연사이다.; Magalíng siyáng oradór.	orator
연설/연설하다	talumpati/magtalumpati[딸룸빠-띠'/막딸룸빠-띠']	speech/make a speech
연소자	menór de edád[메노르 데 에닫]	youth
연속/하다	☞계속/~하다	

231

연습/…하다	kasanayán/magsanay[까사나얀/막사-나이]	practice/practice
연애하다	☞사랑하다	
연약한	mahinà[마히-나']	weak
연어	salmón[살몬]	salmon
연장/…하다(시간)	katagalán/magpatagál[까따갈란/막빠따갈]	extend/extension
연장/…하다(길이)	pagpapahabà/habaan[빡빠빠하-바'/하바-안]	extend/extension
연주/…하다	pagtugtóg/tugtugín[빡뚝똑/뚝뚜긴] 그는 피아노로 한국 노래를 연주했다.; Tinugtóg niyá sa piyano ang awit ng Koreano.	performance/play the music instrument
연초(年初)	simulâ ng taón[시물라' 낭 따온]	beginning of year
연회/…를 베풀다	bangkete/magpabangkete[방께-떼/막빠-방께-떼]	banquet/banquet
열(숫자)	sampû, diyes[삼뿌', 지-예스] 열 번째; ikasampú, pansampú	ten
열(列)	hanay[하-나이] 열 맞추어 서다.; humanay	row, line
열(熱, 열기)	init[이-닡]	heat
열(熱, 체온)…/이 나다	lagnát/lagnatín[라그낟/라그나띤] 몸에 열이 조금 있어요.; Merón pô lagnát na kauntî sa katawán ko.	fever
열거하다	isá-isahín[이사 이사힌]	enumerate
열광(熱狂)/…적인	sigasig/masigasig[시가-식/마시가-식]	enthusiasm/enthusiastic
열다	buksán[북산] 창문을 열어라.; Buksán mo ang bintanà.	open
열다섯	labinlimá, kinse[라빈리마, 끼-ㄴ세]	fifteen
열둘	labindalawá, dose[라빈달라와, 도-세]	twelve

열쇠	susì[수-시'] 열쇠 잃어버린 것 같아.; Tila nawalâ ang susì.	key
열심히 하다	gawín nang masipag[가윈 낭 마씨-빡] 그는 그 문제를 열심히 설명하고 있다.; Ipinapaliwanag niyá ang problemang iyán nang masipag.	do deligently
열악한	☞어려운, 열악한 환경에서도 그는 열심히 공부하고 있다.; Kahit na sa mahirap na kalagayan nag-ááral siyá nang masipag.	
열정(熱情)/…적인	kahalingán/halíng, marubdób, maapóy[까할링안/할링, 마룹돕, 마아뽀이] 음악에 대한 열정; kahalingán sa músiká 열정적인 사랑; marubdób na pagmamahál	enthusiasm/enthusiastic
열중(熱中)하다	buhós na buhós ang isip[부호스 나 부호스 앙 이-십] 데이지는 공부에 열중하고 있다.; Buhós na buhós ang isip ni Daisy ay nasa kanyáng pag-aaral.	be absorbed in
열차	tren[뜨렌]	train
열하나(숫자)	labing-isá, onse[라빙이사, 온세]	eleven
염료	tinà, pangulay[띠-나', 빵우-ㄹ라이]	dye, pigment
염색/…하다	pagkukulay/magkulay, magtinà[빡꾸꾸-ㄹ라이/막꾸-ㄹ라이, 막띠-나'] 그녀는 머리를 노랗게 염색했다.; Nagkulay siyá ng buhók sa diláw.	dyeing/dye
염소	kambíng[깜빙]	goat
염전	gáwáan ng asín, ásínan[가-와-안 낭 아신, 아-시-난]	salt farm, salt bed
염증(炎症)/…이 나다	magâ, pamamagâ/mamagâ[마가', 빠마마가'/마마가'] 그의 다친 손가락에 염증이 나고 있다.; Namámagâ ang kanyáng nasugatang dalirì.	inflamation
염증(厭症, 싫어함)	pag-ayáw[빡아야우-]	aversion

233

엽서	tarheta postál[따르헤-따 뽀스딸]	post card
영구(永久)/…한	pagkapermanente/permanente[빡까뻬르마네-ㄴ떼/뻬르마네-ㄴ떼]	permanence/permanent
영광/…스러운	kaluwalhatian/maluwalhati[까루왈하띠-안/말루왈하-띠] 신의 영광을 위해 최선을 다해라. ; Gawín mo ang lahát para sa kaluwalhatian ng Diyós.	glory/glorious
영국/…사람, ~의	Inglatera/Inglés[잉글라떼-라/잉글레스]	England/English
영리하다	matalino[마딸리-노] 존은 영리한 학생이다.; Juan ay isáng matalinong estudyante.	clever
영문학	literatura ng[리떼라뚜-라 낭] Inglés	literature of English
영상(映像)	larawan, imahen[라라-완, 이마-헨]	image, picture
영상(零上)	lampás sero[람빠스 세-로] 영상 5도; limáng digri lampás sero	above zero
영수증	resibo[레시-보] 영수증 주세요.; Akiná ang resibo.	receipt
영안실	punerarya[뿌네라-랴]	mortuary
영양/…이 풍부한	sustansya/masustansya[수스따-ㄴ샤/마수스따-ㄴ샤] 계란과 우유는 영양이 풍부한 식품이다.; Ang itlóg at gatas ay mga pagkaing masustansya.	nutrition/nutritious
영양실조	malnutrisyó[말뉴트리숀] 그 거지는 영양실조에 빠져 있다.; Ang pulubing ay dumáránas ng malnutrisyon.	malnutrition
영어	Inglés[잉글레스] 영어 할 줄 아세요?; Marunong ba kayó ng Inglés? 영어를 잘 하시는군요.: Mahusay kayóng magsalitâ ng Inglés. 이거 영어로 뭐라고 해요?; Anó pô itó sa Inglés?	English
영업/…하다	negosyo[네고-시오]/ginagawâ ang[기나가와' 앙] negosyo	business/do business

영웅/…적인	bayani/magiting[바야-니/마기-띵] 호세 리잘은 필리핀의 영웅이다.; Si Jose Rizal ang bayani ng Pilipinas.	hero/heroic
영원히	magpakailanmán[막빠까일란만]	forever
영토(領土)	teritoryo, lupaín[떼리또-리오, 루빠인]	territory
영하(零下)	kulang sero[구-라랑 세-로] 영하 10도; sampúng digri kulang sero	under zero
영향/…을 미치다	impluwényá/maimpluwésyahán[임뿔루웨-냐, 마임뿔루웨-시야한]	influence/influence
영향력이 있는	maimpluwénsyá[마임뿔루웬-시야] 그는 대통령에게 영향력이 있다.; Maimpluwénsyá siyá sa pangulo.	influential
영화	sine, película[시-네, 뻴리-꿀라] 영화를 보다; makita ang sine	movie
옆	tabí[따비]	side
옆구리	tagiliran[따길리-란] 왼쪽 옆구리가 아프다.; Sumasakít ang kaliwang tagiliran ko.	side, flank
옆모습	tanáw sa[따나우 사] tagiliran	profile
예.(대답)	Opò.[오-뽀]	Yes, sir.
예(보기)/…로 들다	halimbawà/halimbawain[할림바-와/할림바와-인]	example/take an example
(불길한)예감/…이 들다	salagimsím, kabá/may salagimsím(kabá)[살라김심, 까바/마이 살라김심(까바)] 나는 뭔가 위험이 닥칠 것 같은 예감이 든다.; May salagimsím akó na may dáratíng na panganib.	foreboding/have a foreboding
예금/…하다	depósito sa bangko[데뽀-시또 사 바-ㅇ꼬]/magdepósito[막데뽀-시또] sa bangko, 나는 은행에 백만 페소를 예금했다.; Nagdepósito akó ng isáng milyóng peso sa bangko.	deposit/deposit money in a bank

예금통장	libreta[리브레-따] sa bangko, passbook[패스북]	bankbook
예매	páunáng bilí[빠-우낭 빌리]	advance purchase
예물(禮物)	regalong pangkasál[레가-르롱 빵까살]	wedding presents
예방(豫防)/…하다	pag-iingat, pag-ilag/mag-ingat, mailagan[빡이이-ㅇ앝, 빡이-ㄹ락 /막이-ㅇ앝, 마일라-간]	prevention/prevent
예방접종/…을 하다	pagbabakuna/magbakuna, bakunahan[빡바바꾸-나/막바꾸-나, 바꾸나-한]	vaccination/vaccinate
예배/…를 보다	pagsambá/sambahín, sumambá[빡삼바/삼바힌, 수맘바] 사람들은 하느님께 예배를 보기 위해 교회에 간다.; Sumísimb ang mga tao upang sumambá sa Diyós.	worship/worship
(일기)예보하다	sabihin tungkól sa (lagáy ng panahón)[사비-힌 뚱꼴 사 (라가이 낭 빠나혼] 일기예보는 뭐라고 해요?; Anó ang sinásábi tungkól sa lagáy ng panahón?	forecast the weather
예쁘다	magandá[마간다]	beautiful
예산	badyet[바-젤]	budget
예상/…하다	paghulà/manghulà[빡후-ㄹ라/망후-ㄹ라] 선거결과에 대한 당신의 예상은 뭐에요?; Anó ang paghulà ninyó sa kalálabasán ng hálalan.	forecast/forecast
예술(藝術)/…적인	sining, arte/masining[시-닝, 아-르떼/마시-닝]	art/artistic
예술가	artista[아르띠스-따] 그는 예술가인 것 같다.; Tila siyá ay artista.	artist
예식장	bulwagan ng kasál[불와-간 낭 까살]	wedding hall
예약/…하다	pagpapareserba/ipagreserba, magreserba[빡빠빠레세-르바 /이빡레세-르바, 막레세-르바] 연주회 표 예약해 줘.; Ipagreserba mo akó ng tiket sa	reservation/reserve

	konsiyerto.	
예의	galang, paggalang[가-르랑, 빡가-르랑] 어디에서든지 예의를 지켜라.; Saanmáng ipakita mo ang iyóng paggalang.	courtesy
예의 바른	magalang[마가-르랑]	courteous
예전	mga araw na nakaráraán, dati[망아 아-라우 나 나까라-라안, 다-띠] 그는 예전처럼 여전히 건강하다.; Malusóg pa rin siyá siya gaya ng dati.	before
예측/…하다	tantiyá/tumantiyá, tantiyahín[딴띠야/뚜만띠야, 딴띠야힌]	estimation/estimate
옛날	nápakatandáng panahón[나-빠까딴당 빠나혼]	ancient time
옛날에	noóng unang panahón[노옹 우-낭 빠나혼]	once upon a time
오(숫자)	limá, singko[리마, 시-ㅇ꼬]	five
오늘	ngayón[ㅇ아욘]	today
오늘밤	mámayáng gabí[마-마양 가비]	tonight
오다	pumaríto[뿌마리-또] 오지 않는다면; kung hindî paparito	come
오래 걸리는/오랫동안 지속되는	matagál/pangmátagalán[마따갈/빵마-따갈란]	long/lasting long time
오래 걸리다	magtagál[막따갈]	take a long time
오래 전에	noóng matagál na[노옹 마따갈 나] 그는 오래 전에 죽었다.; Noóng matagál na siyáng namatáy.	long sgo
오랜만입니다.	Matagál na pong hindî nagkíkíta.[마따강 나 뽕 힌디' 낙끼-끼-따]	long time, no see, sir.
오랫동안	matagál[마따갈] 오랫동안 너를 기다리고 있었다.;Matagál na kitáng hinihintáy.	for lomg time

오렌지	dalandán[달란단]	orange
오렌지 주스	katás ng[까따스 낭] dalandán	orange juice
오르다	tumaás[뚜마아스] 쌀 가격이 올랐다.; Tumaás ang halagá ng bigás. 풍선이 날아 올랐다.; Tumaás ang lobo.	rise, increase
오르다(산, 나무 등)	akyatín, umakyát[아끼야띤, 움아끼얕] 저 언덕을 올라 갈 수 있겠어?; Maaakyát mo ba ang buról iyón? 그는 매일 저 산을 오른다.; Siyá ay umáakyát sa bundók na iyón araw-araw.	climb
오른손	kanang kamáy[까-낭 까마이]	right hand
오른쪽/…으로 돌리다	kanan/kumanan, pumakanan[까-난/꾸마-난, 뿌마까-난] 저기 모퉁이에서 오른쪽으로 꺾으세요.; Ilikô ninyó sa kanan sa kanto roón.	right/turn right
오리	pato[빠-또]	duck
오만한	☞무례한	
오물(汚物)	dumí[두미]	filth, dirt
오븐(가마, 화덕)	hurnó[후르노] 오븐으로 굽다; maghurnó, ihurnó	oven
오빠	kuya[꾸-야]	elder brother
오염되다	márumihán[마-루미한] 강물은 쓰레기에 의해 오염되었다.; Nárumihán ang tubig sa ilog ng basura.	be polluted
오월	Mayo[마-요]	May
오이	pipino[삐삐-노]	cucumber
오전	umaga[우마-가] 안녕하세요.(오전인사); Magandáng umaga.	morning
오점(汚點)	bahid, mantsá[바-힏, 만짜]	blot, spot

오줌	ㅁ소변	
오직 ~뿐	tangí, lamang(lang)[땅이, 라-망(랑)] 오직 당신 뿐; ikáw lamang	only
오케스트라	orkestra[오-께-스뜨라]	orchestra
오토바이	motorsiklo[모또르시-끌로]	motorcycle
오한/…이 나다	gináw/ginawín[기나우/기나윈] 그는 오한이 나고 있다.; Giníginaw siyá.	chill/suffer from a chill
오해/…하다	malíng pagkaintindí(pagunawà)/magkámalî ng pagunawà[말링 빡까인띤디(빡우나-와')/막까-말리' 낭 빡우나-와'] 나는 너가 한 말을 오해했다.; Malî ang pagkaintindí ko sa sinabi mo. 나를 오해하지 마.; Huwág kang magkámalî ng pagunawà sa akin.	misunderstanding/misunderstand
오후	hapon[하-뽄] 안녕하세요.(오후인사); Magandáng hapon pô.	afternoon
옥(玉)	batóng ihada[바똥 이하-다]	jade
옥(獄)/옥에 가두다	bílangguan/ibilanggô[비-ㄹ랑구-안/이빌랑고']	prison/imprison
옥상	bubóng, bubungán[부봉, 부붕안] 그는 옥상에서 떨어졌다.; Nahulog siyá mulâ sa bubungán.	rooftop, roof
옥수수	maís[마이스]	maize
온도	temperatura[뗌뻬라뚜-라] 온도를 재다; sukatin ang temperatura	temperature
온도계	termómetro[떼르모-메뜨로]	thermometer
온수	mainit na tubig[마이-닡 나 뚜-빅]	hot water
온순한	maamò[마아-모'] 온순한 개; maamong aso	docile
온화한(말씨 등)	malumanay[말루마-나이] 마리아는 온화하게 말한다.; Malumanay nagsásalitâ si Maria.	mild, gentle

온화한(날씨)	katamtaman[까땀따-만]	moderate, mild
올가미	patibóng[빠띠봉]	trap
올림픽	olimpiyada[올림삐야-다]	olympic
올챙이	ulúuló[울루-울로]	tadpole
올챙이배	búyúnin[부-유-닌]	paunch
올해	taóng itó[따옹 이또] 올해 몇 살이냐?; Ilang taón ka sa taóng itó?	this year
옮기다	maglipat, ilipat[막리-빧, 일리-빧]	move
옳다	tamà[따-마']	right
옷	damít, barò[다밑, 바-로'] 옷을 다릴 줄 알아요.; Marunong akóng magplantsa ng damít. 옷을 입어라.; Isuót mo ang damít.	clothes
옷가게	tindahan ng damít[띤다-한 낭 다밑]	clothes store
옷감	kayo, tela[까-요, 떼-르라]	texture, cloth
옷걸이	sabitán[사비딴]	hanger
옷을 갈아입다	magbihis[막비-히스]	change the clothes
옷장	aparadór[아빠라도르]	wardrobe
와이셔츠	kamisa[까미-사]	shirt
와인	alak[아-르락]	wine
완고한	☞고집센	
완벽한	waláng-depekto, perpekto, waláng-malî[왈랑 데뻬-ㅋ또, 뻬르뻬-ㅋ또, 왈랑 말리']	perfect
완성/완성하다	pagbubuô/bumuô, buuín[빡부부오'/부무오', 부우인] 너의 문장을 완성	completion/complete

	해라.; Buuín mo ang iyóng pangungusap. 그 일의 완성은 너의 책임이다.; Pananágútan mo ang pagbubuô sa trabaho.	
완성된	yarî na, buô na[야리' 나, 부오' 나]	completed
완전한	☞완벽한	
왕(王)	hari[하-리']	king
왕국(王國)	kaharián, reyno[까하리안', 레-뇨]	kingdom
왕래/왕래하다(교통)	parito at puntá/pumarito at pumuntá[빠리-또 앝 뿐따/뿌마리-또 앝 뿌문따]	coming and going/come and go
왕래/왕래하다(교제)	pagsasama-sama, pakikisama/makisama, sumama[빡사사-마사-마, 빠끼끼사-마/마끼사-마, 수마-마]	association/associate
왕릉(王陵)	puntód ng hari[뿐똗 낭 하-리']	royal tomb
왕복	papuntá at pabalík[빠뿐따 앝 빠발릭]	round trip
왕복표	tiket ng[띠-껱 낭] papuntá at pabalík	round trip ticket
왕비	renya[레-냐]	queen
왕자	prínsipe[쁘리-ㄴ시뻬]	prince
왜	bakit[바-낕] 왜 화내세요?; Bakit kayó nagágalit?, 나는 그가 왜 늦는지 모르겠어.; Hindî ko alám kung bakit siyá ay nahúhulí? 왜 미리 말을 안했어.; Bakit hindî mong sinabi nang dati-rati?	why
외교	diplomasya[디쁠로마-샤]	diplomacy
외교관	diplomátiko[디쁠로마-띠꼬]	diplomat
외국	dayuhang bansâ[다유-항 반사']	foreign country

241

외국어	dayuhang wikà[다유-항 위-까']	foreign language
외국인	dayo, dayuhan[다-요, 다유-한]	foreigner
외국회사	dayuhang kompanya[다유-항 꼼빠-냐]	foreigner's company
외로운	nag-iisá[낙이이사]	lonesome
외모(外貌)	mukhâ, hitsura, anyô[묵하', 히쭈-라, 안요']	appearance
외무부	ministeryo ng ugnayang panlabás[미니스떼-료 낭 우그나-양 빤라바스]	ministry of foreign affairs
외상/…으로 사다	utang, pautang/utangin[우-땅, 빠우-땅/우따-○인] 외상 되요?; Puwede pô ba ang utang? 외상사절: waláng pautang 나는 라디오를 외상으로 샀다.; Inutang ko ang radyo.	credit
외삼촌	tiyó sa iná[띠요 사 이나]	maternal uncle
외숙모	asawa ng tiyó sa iná[아사-와 낭 띠요 사 이나]	maternal aunt
외식하다	kumain sa labás[꾸마-인 사 라바스] 오늘 우리 외식해요.; Kumain tayo sa labás ngayón.	eat out
외지다	liblíb[립립]	secluded
외진 장소	liblíb na lugár[립립 나 루가르]	secluded place
외출	puntá sa labás[뿐따 사 라바스]	going out
외침/외치다	sigáw/sumigáw[시가우/수미가우] 그는 "도와 주세요."라고 외쳤다.: Sumigáw siyá "Tulungan ninyó akó."	shout/shout
외할머니	lola sa iná[로-르라 사 이나]	maternal grandmother
외할아버지	lolo sa iná[로-르로 사 이나]	maternal grandfather
외화	dayuhang pera[다유-항 뻬-라]	foreign money

왼손/…잡이의	kaliwáng kamáy/kaliwete[깔리왕 까마이/깔리웨-떼] 왼손잡이 어린이; batang kaliwete	left hand/left-handed
왼쪽	kaliwâ[깔리와'] 왼쪽으로; sa kaliwâ	left
요괴(妖怪)	multo[무-르또]	goblin
요구…/하다	hingî, híling/humingî, hingíin, hilingín[힁이', 힐링/후밍이', 힁이인, 힐링인] 그는 나에게 돈을 지불하라고 요구했다.; Siyá ay humingî sa akin na magbayad ng pera.	requirement/require
요금/…을 내다	bayad/bumayad[바-얏/부마-얏]	fee/pay a fee
요란하다	maingay at maguló[마이-ㅇ아이 앝 마굴로]	loud
요리	☞음식	
요리법	résipe, paraán ng paglulutò[레-시뻬, 빠라안 낭 빡루루-또']	recipe
요리사	tagapaglutò, kusinero[따가빡루-또', 꾸시네-로]	cook
요리하다	maglutò, lutuin[막루-또', 루뚜-인] 그는 요리할 줄 모른다.; Hindî siyá marunong maglutò.	cook
요소(要素)	mahalagáng elemento[마할라강 엘레메-ㄴ또]	essential, element
요약/…하다	buód, kabuurán/buurín, magbuód[부옫, 까부우란/부우린, 막부옫]	summary/summarize
요일(曜日)	araw[아-라우] 오늘은 무슨 요일이에요?; Anóng araw ngayón?	day of week
요즘	mga araw na itó[망아 아-라우 나 이또] 요즘은 정말 덥다.; Sobrang mainit mga araw na itó.	nowadays
요청/~하다	pakikiusap/makiusap, ipakiusap[빠끼끼우-샆/마끼우-샆, 이빠끼우-샆] 그는 은행에 대출을 요청했다.; Siyá ay nakiusap na pautangin sa bangko.	request/request

욕실	banyo, CR(comfort room)[바-ㄴ요, 씨-알]	bathroom
욕심/…많은	kasakimán/masakím[까사끼만/마사낌]	greed/greedy
욕정	hángárin ng pagtatalik[하-ㅇ아-린 낭 빡따따-르릭]	sexual desire
욕조	banyera[반예-라]	bath tub
용(龍)	dragón[드라곤]	dragon
용감하다	matapang[마따-빵]	brave
용돈	baong pera[바-옹 뻬-라]	allowance
용띠	dragóng sodyak[드라공 소-쟉]	zodiac of dragon
용법	pagkakágámit[빡까까-가-밑]	usage
용서/…하다	patawad/magpatawad, patawarin[빠따-완/막빠따-완, 빠따와-린] 그를 용서해 주세요.; Patawarin ninyó siyá.	foregiveness/forgive
우기	tag-ulán[딱울란]	rainy season
우대(優待)/…하다	espesyál na trato[에스뻬샬 나 뜨라-또]/tumarato nang espesyál[뚜마라-또 낭 에스뻬샬]	courteous treatment/treat courteously
우두머리	☞장(長)	
우리(대화상대 포함)	tayo[따-요] 우리 배드민턴 치러 가요.; Magbadminton ptô ayo. 우리 테니스할까?; Magtetenis ba tayo?	we
우리(대화상대 불포함)	kamí[까미] 우리는 부부예요.; Kamí pô ay mag-asawa.	we
우리를 위해(포함)	para sa atin[빠-라 사 아-띤]	for us
우리를 위해(불포함)	para sa amin[빠-라 사 아-민]	for us

우리에게(포함)	sa atin[사 아-띤]	to us
우리에게(불포함)	sa amin[사 아-민] 우리에게는 많은 돈이 필요하다.; Kailangan ang maraming pera sa amin.	to us
우리에 의해(포함)	atin(전부수식), natin(후부수식)[아-띤, 나-띤]	by us
우리에 의해(불포함)	amin(전부수식), namin(후부수식)[아-민, 나-민]	by us
우리의(포함)	atin(전부수식), natin(후부수식)[아-띤, 나-띤] 우리 집; ating bahay, bahay natin	our
우리의(불포함)	amin(전부수식), namin(후부수식)[아-민, 나-민]	our
우물	balón[발론]	well
우박	ulánng may yelo[울랑 마이 예-르로]	hailstorm
우비	kapote[까뽀-떼]	raincoat
우산	payong[빠-용] 비가 올 것 같으니 우산 가지고 가세요.; Dahíl parang uulán, dalhín ninyó ang payong.	umbrella
우선(于先, 첫째로)	muna[무-나] 우선 너가 먼저 맛을 봐라.; Ikáw muna ang tumikím. 우선 하지마.; Huwág mo muna. 우선 식사부터 하세요.; Kumain kayó muna.	first, ahead of time
우선권(優先權)	karapatáng mauna, kaunahan[까라빠땅 마우-나, 까우나-한] 소방차량이 다른 차량에 대해 우선권을 갖는다.; Ang sasakyáng pamatáy-sunog ay may karapatáng mauna sa ibáng sasakyan.	priority
우선순위	orden ng kaunahan[오-르덴 낭 까우나-한]	number of priority
우세	☞유리(有利)	

(~보다)우세하다	makalamáng, lumamáng, malamangán[마깔라망, 루마망, 말라망안] 나는 너보다 우세하다.; Nalalámangán kitá.	get the advantage over another
우스운	nakakatawá, katawá-tawá[나까까따와, 까따와따와]	ridiculous
우승/…하다	tagumpáy/magtagumpáy[따굼빠이/막따굼빠이] 나의 우승은 당신의 우승이기도 하다.; Ang tagumpáy ko ay tagumpáy mo rin.	victory/win the victory
우승자	kampeón, mananaló[깜뻬온, 마나날로]	winner, champion
우승팀	mananalóng koponán[마나날롱 꼬뽀난]	winning team
우아(優雅)/…하다	kisig, gilas/makisig, magilas, elegante[끼식, 기라스/마끼식, 마기라스, 엘레가ㄴ떼]	elegance/elegant
우연	pagkakataón[빡까까따온] 내가 여기서 그녀를 만남 것은 우연일 뿐이다.; Ang pagkákíta ko sa kanyá rito ay isá lamang pagkakátaón.	coincidence
우연히	hinddî sinásadyâ, bakâ sakalì, sa isáng pagkakataón[힌디' 시나사쟈', 바까' 사까-리', 사 이상 빡까-따온] 우연히 그를 만났다.; Nákíta ko siyá sa isáng pagkakátaón.	by chance
우울	lungkót, lumbáy, pangláw[룽꼳, 룸바이, 빵라우]	gloom, melancholy
우울한	mapangláw, malumbáy, malungkót[마빵라우, 말룸바이, 말룽꼳]	gloomy
우월/…한	kahigitán, kataasán/superyór, nakahihigít, nápakagalíng[까히기딴, 까따아산/수뻬리요르, 나-빠까히긷, 나-빠까갈링]	superiority/superior
우유	gatas[가-따스]	milk
우정	pakikipagkaibigan[빠끼끼빡까이비-간]	friendship
우주(전체)	sansinukob, alangaang, kalawakan[산시누-꼽, 알랑아-앙, 깔라와-깐] 해,	universe

	달 그리고 별들은 우주의 일부이다.; Ang araw, buwán at mga bituín ay isáng bahagi ng kalawakan.	
우주(대기권 밖)	alangaang[알랑아-앙] 우리의 지구는 우주에서 선회한다.; Umíikot sa alangaang ang ating mundó.	space
우주만물	sanglinikhâ[산리닉하']	all creatures
우주비행	paglipád sa alangaang[빡리빧 사 알랑아-앙]	space flight
우주선	sasakyáng alangaang[사사끼양 알랑아-앙]	space ship
우주인	taong alangaang[따-옹 알랑아-앙]	spaceman
우체국	posopis, tanggapan ng koreo[뽀스오-뻬스, 땅가-반 낭 꼬레-오]	post office
우체부	kartero, tagahatíd-sulat[까르떼-로, 따가하띧 수-ㄹ랕]	postman
우체통	busón[부손]	mailbox
우편엽서	tarheta postál[따르헤-따 뽀스딸]	post card
우표	selyo[세-ㄹ요] 봉투에 우표를 붙이세요.; Dikitán ninyó ang sobre ng selyo.	stamp
운(運)/…좋은	kapalaran/mapalad[까빨라-란/마빠-랃] 나는 운이 좋았다.; Nagkaroón akó ng mabuting kapalaran.	luck/lucky
우회전/…하다	pagkanan/kumanan[빡까-난/꾸마-난] 우회전 금지; Bawal kumanan	right turn/ turn right
운동/…하다.	hersisyo/maghersisyo[헤르시-쇼/막헤르시-쇼]	exercise/exercise
운동경기	larô, palaksan[라-로', 빨라-ㅋ산]	sport
운동종목	uri ng[우-리' 낭] palaksan	events of sports
운동화	sapatos pang-isport[사빠-또스 빵이스포츠]	sports shoes

운명	kapalaran, tadhanà[까빨라-란, 따드하-나']	fate
운반/…하다	pagdadalá/dalhín, magdalá[빡다달라/달힌, 막달라] 이 약통을 그에게 운반해라.; Dalhín mo ang kahón ng gamót sa kanyá.	conveyance/convey
운송/…하다	paglululan, transportasyón/maglulan, ilulan[빡루루-ㄹ란, 뜨란스뽀-따시욘/막루-ㄹ란, 이루-ㄹ란]	transportation/transport
운송비	kabayaran ng[까바야-란 낭] transportasyón	transportation fee
운전/…하다	maneho/magmaneho[마네-호/막마네-호]	driving/drive
운전면허증	lisensya ng pagmamaneho[리세-ㄴ샤 낭 빡마마네-호]	driving license
운전사	tsupér[쭈뻬-르]	driver
운율(韻律)	ritmo, indayog[리-트모, 인다-욕]	rhythm
운하	kanál, bambáng[까날, 밤방]	canal
울다	umiyák[움이약] 아기는 밤새도록 울었다.; Buóng gabíng umiyak ang sanggól.	cry
움직이다/움직임	kumikilos, gumaláw/pagkilos, paggaláw[꾸미끼-ㄹ로스, 구말라우 /빡끼-ㄹ로스, 빡갈라우]	move/movement
웃기다	magpatawá[막빠따와]	make person laugh
웃기는	☞재미있는, ☞가소롭다	
웃다	tumawa[뚜마-와] 우리는 재미있는 농담을 들으면 웃는다.; Tumátáwa tayo kapág nakakáriníg ng nakatútuwáng biró.	laugh
웅장/…한	kadalikaan/malakí at magandá[까달릭까-안/말라-끼 앋 마간다]	grandeur/grand
원(圓)	sírkulo, bilog[시-르꿀로, 빌록]	circle

248

원금(元金)	kapitál[까삐딸] 원금과 이자; kapitál at tubò	capital
원래부터	mulá't mulâ[물랕 물라']	from the first
원료(原料)	panangkáp[빤앙깦]	raw material
원로	ang nakatátaás, ang nakagúgúlang[앙 나까따따아스, 앙 나까구-구-ㄹ랑]	senior
원숭이	unggóy[웅고이]	monkey
원시림	gubat sa una, matandáng gubat[구-받 사 우-나, 마딴당 구-받]	primeval forest
원시(原始)적인	kauná-unahan, saunahín[까우나 우나-한]	primitive
원시(遠視)의	may malayong bista[마이 말라-용 비-스따]	far-sighted
원시인	kauná-unahang tao[까우나 우나-항]	primitive man
원앙새	pag-ibig na ibon, mandarín pato[빠이-빅 나 이-본, 만다린 빠-또]	love bird, mandarin duck
원양(遠洋)	malayóng dagat sa lupà[말라용 다-갇 사 루-빠']	ocean
원인	dahilán, sanhí[다힐란, 산히] 그것이 그가 화를 낸 원인이다.; Iyán ang dahilán kung bakit siyá nagalit.	reason
원자(原子)	átomó[아-또모]	atom
원자탄	bomba atómiká[보-ㅁ바 아또-미까]	atomic bomb
원장(院長)	punong tao ng instituto[뿌-농 따-오 낭 인스띠뚜-또]	director of institute
원점(原點)	tulis ng pinagmulán[뚜-ㄹ리스 낭 삐낙물란]	starting point
원조(援助)/…하다	tulong, saklolo/tumulong, sumaklolo[뚜-ㄹ롱, 삭로-ㄹ로/뚜무-롱, 수막로-ㄹ로] 가난한 국가에 대한 원조; ang saklolo sa mahirap na bansâ	assistance/assist
원주(圓周)	sirkumperénsiyá[시르꿈뻬레-ㄴ시야]	circumference of a circle
원주민	taóng tubò sa isáng bansâ(bayan), katutubò, taga + 국가명(지역명)	native

	[따웅 뚜-보' 사 이상 반사'(바-안), 까뚜뚜-보', 따-가 +] 필리핀 원주민; katutubong Pilipinas 필리핀 출신; taga-Pilipinas	
원천(源泉, 물)	hulò, bukál[후-ㄹ로', 부깔]	fountainhead
원천(源泉, 근원)	pinanggágalingan, pinagkúkúnan[삐낭가-갈리-ㅇ안, 삐낙꾸-꾸-난]	source, origin
원하다	gustó, ibigin[구스또, 이비-긴] 나는 따갈로그어로 말하기를 원한다.; Gustó kong magsalitá sa wikàng Tagalog. 그것은 내가 원한게 아니다.; Hindî ang gustó ko iyán.	want, wish
원한	hinanakít, samâ ng loób[히나나낃, 사마' 낭 로옵] 너는 나에게 무슨 원한을 가지고 있느냐?; Anó ang hinanakít mo sa akin?	grudge
원형(原形)	kauná-unahang hugis[까우나-우나-항 후-기스]	original form
원형(圓形)/…의	hugis ng bilog/bilóg, bilugán[후-기스 낭 비-록/빌록, 빌루간]	round shape/circular
월간(月刊)의	búwánan[부-와-난] 월간 잡지; mágasing búwánan	monthly publication
월경	regla, sapanahón, mens[레-글라, 사빠나혼, 멘스]	menstruation
월권	pagmamalabís ng kapangyarihan[빡마말라비스 낭 까빵야리-한]	arrogation
월권하다	pagmalabisán ang[빡말라비산 앙] kapangyarihan	arrogate power
월급/…을 받다(주다)	suweldo ng isáng buwán/magsuweido[수웰-도 낭 이상 부완/막수웨-르도]	salary/receive(pay) salary
월급날	kasahurán, araw ng sahod[까사후란, 아-라우 낭 사-호드] 월급날이 다 가오고 있다.; Dumarating ang kasahurán.	payday
월말	wakás ng buwán[와까스 낭 부완]	end of month
월세	upa ng isáng buwán[우-빠 낭 이상 부완]	monthly rent

월요일	Lunes[루-네스]	Monday
웨이터	serbidór[세르비도르]	waiter
웨이트리스	serbidora[세르비도-라]	waitress
위(방향)/…에	ibabaw/nasa itaás, nasa ibabaw[이바-바우/나-사 이따아스, 나-사 이바-바우]	upside/above, on
위로 향한(위쪽으로)	pataás, paitaás[빠따아스, 빠이따아스]	upward
위(신체)/…통	sikmurà/sakít sa sikmurà[식무-라'/사낃 사 식무-라']	stomach/stomachache
위기	kagípítan[까기-삐-딴]	crisis, emergency
위대한	dakilà[다끼-라'] 박 대통령은 한국 역사상 매우 위대한 영웅이다.; Pangulo Park Jeonghi ay isáng sobrang dakilang bayani sa Koreanong kasaysayan.	great
위도(緯度)	látitúd[라-띠뚣]	latitude
위로/…하다	pagdamay/makiramay[빡다-마이/마끼라-마이]	sympathetic aid/sympathize
위반/…하다	paglabág, pagsuwáy/sumuwáy, suwayín, lumabág[빡라박, 빡수와이 /수무와이, 수와이인, 루마박] 그들은 신의 계율을 위반했다.; Sinuwáy nilá ang mga utos ng Diyós.	violation/violate
위산(胃酸)	ásido sa tiyán[아-시도 사 띠얀]	stomach acid
위신(威信)	dignidád, karangálan[딕니닫, 까랑아-란]	dignity
위엄	☞위신	
위엄을 갖추다	magpadakilà, magparangál[막빠다끼-라', 막빠랑알]	dignify
위엄을 갖춘	marangál, kapíta-pítagan[마랑알, 까삐-따삐-따-간] 그는 위엄을 갖춘	dignified

251

	사람이다.; Siyá'y marangál na tao.	
위원	miyembro ng lupon[미예-ㅁ브로 낭 루-뽄]	member of committee
위원장	pangulo[빵우-ㄹ로] ng lupon	chairman
위원회	lupon[루-뽄]	committee
위조/…하다	paghuwád/huwarín[빡후완/후와린]	forgery/forge
위조된	huwád[후완] 위조된 서류; dokumentong huwád	faked, false
위층/…에	itaás na palapág[이따아스 나 빨라빡]/sa[사] itaás na palapág 그녀는 위층에 살고 있다.;Nakatirá siyá sa itaás na palapág.	upper floor/upstairs
위치	kinálalagyán[끼나-ㄹ라라그얀] 내 집의 위치는 교회에서 가깝다.; Ang kinálalagyán ng bahay ko ay malapit sa simbahan,	location
(~에) 위치하다	mátagpuán[마-딱뿌안] 그것은 마닐라에 위치한다.; Iyán ay nátatagpuán sa Manila.	be located
(~를)위한, 위하여	para sa, alang-alang sa[빠-라 사, 아-ㄹ랑 아-ㄹ랑] 이 차는 나를 위한 것이다.; Ang kotse na itó ay para sa akin.	for
위험/…한	panganib/mapanganib[빵아-닙/마빵아-닙]	danger/dangerous
위협/…하다	bantâ/magbantâ[반따'/막반따']	threat/threaten
유가족(遺家族)	naulilang pamilya[나울리-ㄹ랑 빠미-ㄹ야]	bereaved family
유감스럽다	nagsísísi, kalungkút-lungkót[낙시-시-시, 까룽꿑룽꿑] 심히 유감입니다.; Nagsísísi pô akó talagá.	regrettable
유격(遊擊)	atake sa pamamagitan ng gerilya[아따-께 sa 빠마마기-딴 낭 게리-ㄹ야]	guerilla attack
유격병	gerilya[게리-ㄹ야]	guerilla attack

유격전	digmaan[딕마-안] sa pamamagitan ng gerilya	guerilla warfare
유괴하다	kumidnap, mákídnap, kidnapín[꾸미-드납, 마-끼-드납, 끼드나삔] 시장이 유괴되었다.; Nákídnap ang alkalde.	
유교(儒敎)	Confucianism[콘퓨시아니즘] 한국은 유교에 의한 영향을 많이 받았다.; Maraming naapektuhan Korea sa pamamagitan ng Confucianism.	Confucianism
유능한	may kakayahán[마이 까까야한] 미스 김은 유능한 선생님이다.; Si Bb. Kim ay may kakayahán sa pagtuturò.	able, competent
유니폼	uniporme[우니뽀-르메]	uniform
유동적이다	kumíkílos tulúy-tulóy, napakíkílos[꾸미-끼-로스 뚤루이 뚤로이, 나빠끼-끼-로스] 유동적인 사회; isang lípúnang kumíkílos tulúy-tulóy	mobile
유두	utóng[우똥]	nipple
유럽	Europa[유로-빠]	Europe
유럽인(사람)	(남자)Europeo, (여자)Europea[유로뻬-오, 유로뻬-아]	European
유령	bibít[비빝]	phantom
유리	salamín[살라민]	glass
유리(有利)/…한	kalamangán[깔라망안]/may[마이] kalamangán 우리 팀이 그들 팀보다 유리하다.; May kalamangán sa kaniláng koponán ang aming koponán.	advantage/advantegeous
유명인사	tanyág na tao[딴약 나 따-오]	celebrity
유명(有名)한	bantóg, tanyág, sikát[반똑, 딴약, 시깓] 유명한 가수; sikat na kantór 에디슨은 발명가로서 유명하다.; Bantóg si Edison bilang imbentór.	fameous
유명해지다	magíng[마깅] bantóg(tanyág, sikát)	become fameous

253

유방	suso[수-소]	woman's breast
유사시	oras ng kagípitán[오-라스 낭 까기-삐-딴]	on emergency
유사/…한	pagkakatulad/magkatulad, magkapareho[빡까까뚜-라릳/막까뚜-라릳, 막까빠레-호]	similarity/similar
유산(遺産)	mana, pamana[마-나, 빠마-나]	inheritance
유산 상속자	tagapagmana[따가빡마-나]	inheritor
유성(流星)	bulalakaw[불라라-까우]	meteor
유언	testamento[떼스따메-ㄴ또]	testament
유용한	nakatutulong, magágámit, kapakí-pakinaban[나까뚜뚜-르롱, 나가가-밑, 까빠끼 빠끼나-방] 이 차량은 아직 유용하다.; Ang sasakyáng itó ay magágámit pa.	helpful, useful
유월	Hunyo[후-ㄴ요]	June
유익(有益)/…한	pakinabang/kapakí-pakinabang[빠끼나-방/까빠끼 빠끼나-방]	profitable
유일(唯一)한	tangi, lamang(lang)[따-ㅇ이', 라-망(랑)]	only
유적(遺蹟)	relikya, labí[렐리-꺄, 라비]	relics
유전(遺傳)/…성의	pagmamana/námamana[빡마마-나/나-마마-나]	heredity/hereditary
유죄/…의	kasalanan/makasalanan[까살라-난/마까살라-난]	guilt/guilty
유지(維持)/…하다	pagpapanatili/magpanatili, panatilihin[빡빠빠나띠-르리/막빠나띠-르리, 빠나띨리-힌] 너의 보행 속도를 유지해라.; Panatilihin mo ang tulin ng iyóng lakad.	maintenance/maintain
유창한	mahusay(na magsaltâ)[마후-사이 (나 막살리따')] 따갈로그어를 유창하	fluent

254

	게 하시는군요.; Mahusay kayóng magsalitâ ng Tagalog.	
유충(幼蟲)	uód[우옫] 유충은 숲을 망친다.; Sinisirà ng mga uód ang kagubatan.	grub, larva
유치한	batang-batà[바-땅 바-따']	childish
유쾌한	nakawili-wili, nakalulugód[나까위-ㄹ리 위-ㄹ리, 나까룰루곧]	pleasant
유태인	Hudyó[후조]	Jewish people
유통(流通)/…시키다	pamamahagi/mamahagi, ipamahagi[빠마마하-기/마마하-기, 이빠마하-기] 그는 그 상품들을 유통시켰다.; Namahagi siyá ng mga kalakal na iyán.	circulate, distribute
유통업자	tagapamahagi[따가빠마하-기]	distributer
유학(留學)/…하다	pag-aaral sa ibáng bansâ/mag-aral sa ibáng bansâ[빠아아-랄 사 이방 반사'/막아-랄 사 이방 반사']	studying abroad/study abroad
유학(游學)/…하다	pag-aaral na malayò sa bahay[빠아아-랄 나 말라-요' 사 바-하이] /mag-aral[막아-랄]] malayò sa bahay 나는 고등학교를 다른 도시에서 유학하였다.; Nag-aral akó sa ibáng lungsód na malayo sa bahay habang high school.	studying away from home /study away from home
유한(有限)의	limitado[리미따-도]	limited
유한책임	limitadong responsibilidád[리미따-동 레스뽄시빌리닫]	limited responsibility
유행(流行)/…하다	moda, uso/mauso[모-다, 우-소/마우-소]	fashion, vogue/be in fashion
유행하는/유행이 지난	naúúso, sunód sa moda/lipás na sa moda[나우-우-소, 수녿 사 모-다/리빠스 나 사 모-다] 그녀의 옷은 이미 유행이 지났다.; Ang barò niyá ay lipás na sa moda.	fashionable
유행병	salot, peste[사-롣, 뻬-스떼]	epidemic

유행성감기	trangkaso, flu[뜨랑까-소, 플루]	influenza
유형(類型)	tipo, klase, uri[띠-뽀, 끌라-세, 우-리']	type, pattern
유혹/…하다	tuksó, panunuksó/tuksuhín, manuksó[뚝소, 빠누눅소/뚝수힌, 마눅소] 유혹이 있을 때는 기도해라.; **Magdasál sa oras ng tuksó.**	temptation/tempt
유혹하는	nakatutuksó[나까뚜뚝소]	tempting
육(숫자)	anim, sais[아-님, 사이스]	six
육교	óberpas, tuláy[오-베르빠스, 뚤라이]	overhead bridge
육로(陸路)	daán sa lupà[다안 사 루-빠']	land route
육상/…으로/…에서	lupà[루-빠']/sa pamamagitan ng[사 빠마마기-딴 낭] lupà/nasa[나-사] lupà	land/by land/on land
육상경기	athletic sports[어쓰레틱 스포츠]	athletic sports
육상선수	manlalarô ng athletic sports[만랄라로' 낭 어쓰레틱 스포츠]	player of athletic sports
육수(肉水)	malabnáw na sopas ng karné[말랍나우 나 소-빠스 낭 까르네]	thin meat juice
육식(성)의	mahilig sa karné[마히-릭 사 까르네]	carnivorous
육식동물	hayop na mahilig sa karné[하-욥 나 마히-릭 사 까르네]	carnivorous animal
육체	katawán[까따완]	body
육체노동	trabaho sa pamamagitan ng[뜨라바-호 사 빠마마기-딴 낭] katawán	physical work
은(銀)	pilak[삐-락]	silver
은근한	pahiwatig, dî tuwiran[빠히와-띡, 디' 뚜위-란]	implicit, quiet
은메달	pilak na medalya[삐-락 나 메다-르야]	silver medal
은제품	kubyertos ng[꾸비에-르또스 낭] pilak	silverware

은행	bangko[바-ㅇ꼬] 은행에서 돈을 빌리는 것은 매우 어렵다.; Sobrang mahirap ang ipahirám ng pera sa bangko.	bank
음력	lunar kalendaryo[루나 깔렌다-리오]	lunar calendar
음력날짜	petsa ng[뻬-짜 낭] lunar kalendaryo	date of lunar calendar
음료수	ínúmin[이-누-민]	beverage
음모(陰謀)/…를 꾸미다	sábwátan/magásbwátan[사-ㅂ와-딴/막사-ㅂ와-딴]	conspiracy/conpire
음모(陰毛)	bulból[불볼]	pubic hair
음부(陰部, 여성)	pekpek, kiki, puki[뻬-ㄱ뻭, 끼-끼', 뿌-끼]	vergina
음식	pagkain[빡까-인] 무슨 음식을 드시겠습니까?; Anóng pagkain ang gustó ninyó?	food
음식점	kainán, restaurán[까이난, 레스따우란]	restaurant
음악	tugtóg[뚝똑] 일요일에는 음악을 듣습니다.; Sa Linggó naríriníg ko ang tugtóg.	music
음악가	manunugtóg[마누눅똑]	musician
음악회	konsiyerto[꼰시예-르또]	concert
음주(飮酒)/…하다	inóm ng alak/inumín ang alak[이놈 낭 아-르락/이우민 앙 아르-락]	drinking/drink
음질(音質)	kabutihan ng tunóg[까부띠-한 낭 뚜눅]	quality of sound
음치	sintonado, walâ sa nota[신또나-도, 왈라' 사 노-따]	tone deafness
음표	nota ng tugtóg[노-따 낭 둑똑]	musical note
음향	tunóg[뚜녹]	sound
응.(대답)	Oo.[오-오]	Yes.

응급	kagípitán[까기-삐-딴]	emergency
응급치료	pangunang lunas[빵우-낭 루-나스]	first aid
응답/…하다	sagót, tugón/sagutín, sumagót, tugunín, tumugón[뚜곤/사구띤, 수마곧, 뚜구닌, 뚜무곤] 나는 그의 질문들에 응답했다.; Tinigón(Sinagót) ko ang kanyáng mga tanóng.	reply/reply
응원/…하다	palakpák/palakpakán, pumalakpák[빨락빡/빨락빠깐, 뿌말락빡]	cheering/cheer
의견	palagáy[빨라가이]	opinion
의견교환	pálitan ng mga palagáy[빠-리딴 낭 망아 빨라가이]	exchange of opinions
의도/…하다	sadyâ, tangkâ/sadyaín, magtangkâ, tangkaín[사쟈', 땅까'/사쟈인, 막땅까', 땅까인] 그는 반대를 의도하지 않았다.; Hindî siyá nagtangkâ ng pagtutol.	intention/intend
의도적으로	sadyâ[사쟈'] 그는 의도적으로 나를 피했다.; Sadyâ niyáng iniwasan akó.	intentionally
의도적인/…하지 않은 (우연한)	sinásadyâ/di-sinásadyâ[시나-사쟈'/디 시나-사쟈'] 그 실수는 의도하지 않는 것이다.; Ang pagkámalî ay di-sinásadyâ.	intentional/unintentional, accidental
의례(儀禮)적인	pormál[뽀르말]	formal
의문	tanóng[따농]	question
의미/~있는	kahulugán/makahulugán[까훌루간/마까훌루간]	meaning/meaningful
의사(意思)	kuru-kurò, palagáy[꾸-루꾸-로', 빨라가이]	idea, thought
의사(醫師)	manggagamót, doktór(남성), doktora(여성)[망가가못, 독또르, 독또-라]	doctor
의식/…있는	malay-tao/may-malay-tao, may-malay[마-르라이 따-오/마이 마-르라이 따	consciousness/conscious

	-오, 마이 마-ㄹ라이]	
의식이 없는	waláng-malay-tao[왈랑 마-ㄹ라이 따-오]	unconscious
의심/…하다	álinlangan, duda/magduda, mag-álinlangan[아-ㄹ린라-ㅇ안, 두다 /막두-다, 막아-ㄹ린라-ㅇ안] 나는 이 길이 정확한지 의심한다.; Nagdúdúda akó kung tamà ang daáng itó.	doubt/doubt
의심스러운	dudaso, nag-aalinlangan[두다-소, 낙아알린라-ㅇ안]	doubtful
의욕/…적인	hangád, pagkukusà/mapaghangád[항앋, 빡꾸꾸-사/마-빡항앋]	ambition/ambitious
의욕상실	pagkawaláng[빡까왈랑] hangád	loss of ambition
의원(議員)	representante, kongresista[레쁘레센따-ㄴ떼, 꼰그레레시-스따]	assemblyman
의원(지방 의회)	konsehál[꼰세할]	councilor
의인화(擬人化)하다	kumatawán[꾸마따완] 사탄은 의인화된 악마이다.; Si Satanás ang kumákatawán sa kasamaán.	personify
의자	silya[시-ㄹ야] 여러분 모두 의자에 앉으세요.; Umupô kayóng lahát sa silya.	chair
의장	tagapangulo[따가빵우-ㄹ로] 우리는 그를 의장으로 뽑았다.; Inihalál natin siyáng tagapangulo;	
의장노릇하다	mamunò[마누-노']	preside
의정서(議定書)	protokol[쁘로또-꼴]	protocol
의존(依存)/…하다	pagpápasustento, pagpápakalingà/umasa, pananganan[빡빠-빠수스떼-노, 빡빠-빠깔리-ㅇ아'/움아사, 빠낭아-난] 아이들은 그들의 부모에게 의존한다.; Ang mga batà ay sa kaniláng mga magulang umáasa. 의존명사	

	(문법); di-kumpletong pangngalan	
의지(意志)	paggustó, kagustuhan, kalooban[빠구스또, 까구스뚜-한, 까로오-반] 그의 의지를 꺽지마라.; Huwág mong sirain ang kanyáng kalooban	volition
(~에)의하면	ayon sa[아-욘 사] 테레비전 뉴스에 의하면; Ayon sa balità ng telebisyón	according to
의학	medical science[메디칼 사이언스]	medical science
이(것, 곳 등)	itó[이또] 이 근처; kalapitang itó, 이 음식; pagkaing itó, 이 지역; poók na itó, 이 회사; kompanyang itó 이 사람; taong itó	this
이(숫자)	dalawá, dos[달라와, 도스]	two
이(치아)/이가 나다	ngipin/magkangipin[이-삔/막깡이-삔] 이가 여러개 썩었다.; Bulók ang iláng ngipin. 이를 닦다.(양치질하다.); magsepilyo	tooth/teethe
이것	itó[이또] 이것은 무엇이에요?; Anó pô itó? 이것은 따갈로그어로 뭐예요?; Anó pô itó sa Tagalog? 이것은 누구 것이에요?: Sa kanino pô itó?	this
이것의	nitó[니또]	of this
이곳(여기)	dito[디-또]	here
이기다	tumalo, manalo[뚜마-ㄹ로, 마나-ㄹ로] 우리 팀이 축구경기에서 이겼다.; Nanalo ang ating koponán sa larô ng putbol.	win
이기적인	masakím, maramot, makasarili[마사낌, 마라-못, 마까사리-리]	selfish
이기주의/…자	pagkamakasarili, egotismo/taong makasarili(makaakó)[빡까마까사라-리리, 에고띠-스모/따-옹 마까사리-리(마까아꼬)]	egotism/egotist

이끌다	akayin, pumatnubay[움아-까이, 뿌마뚜누-바이] 그는 말을 물구유로 이끌었다. Inakay niyá ang kabayo sa labangáng páinuman.	guide, lead
이끼	lumot[루-몯] 그 담은 이끼로 뒤덮였다.; Punúng-punó ng lumot ang padér na iyán.	moss
이따금	paminsan-minsan[빠민-ㄴ산미-ㄴ산] 그녀는 이따금 여기에 온다.; Paminsan-minsan siyáng pumáparito.	on and off, now and then
이렇게	ganitó[가니또'] 이렇게 갑자기 얘기하면 나는 어떻게 해?; Kung ganitó biglâng magsalitâ, anó ang gagawín ko? 이렇게 하면 맞습니까?; Kung ginagawâ ko nang ganitó, tamà na pô ba?	like this
이륙/…하다	pag-alís, takeoff/lumipád[빡알리스, 테이크엎/루미빧] 조금 전에 비행기는 이륙했다.; Kaní-kanina lang lumipád ang eruplano.	takeoff/take off
이름	pangalan[빵아-ㄹ란] 당신 이름을 알 수 있을까요?; Puwede ko bang kilala ang pangalan ninyó? 여기에 당신의 이름을 적으세요.; Sulatin ninyó ang pangalan mo ditó.	name
이마	noó[노오] 이마의 주름; guhit sa noó	forehead
이메일	e-mail[이메일] 내일 그에게 이메일을 보내겠다.; Ipapadalá ko ang e-mail sa kanyá bukas.	e-mail
이면(裏面)	likurán[리꾸란]	back side
(~)이면(~라면, ~면)	kung[꿍] 내가 너라면; kung akó ikáw, 내가 부자라면; kung akó'y mayaman	if
이모	tiyá sa iná[띠야 사 이나]	maternal aunt
이모부	asawa ng[아사-와 낭] tiyá sa iná	husband of maternal aunt

이미	na[나] 저는 이미 식사했어요.; Kumain na pô akó. 그들은 이미 떠났다.; Umalís na silá.	already
이민(移民)	imigrasyón, pandarayuhan[이미그라숀, 빤다라유-한]	immigration
이민국	Kawanihán ng Pandarayuhan[까와니한 낭 빤다라유-한], immigration office[이미그레이션 오피스]	immigration office
이발/…하다	gupít/magpagupít[구뼽/막빠구뼽] 이발 좀 해 주세요.; Gustó ko pong magpagupít.	haircut/have one's hair cut
이발소/…사	gupitan, barberya/barbero[구삐-딴, 바르베-랴/바르베-로]	barber shop
이번	beses na itó[베-세스 나 이또] 이번 주말; Sábado at Linggó na itó, 이번이 마지막이다.; Ang beses na itó ay hulí.	this time
이별/…한	hiwalay/hiwaláy[히와-르라이/히왈라이]	seperation/seperated
이별하다	maghiwaláy[막히왈라이]	separate
이봐.(가볍게 부를 때)	Hoy![호이]	Hello!
이불	kumot[꾸-못] 이불을 펴다; unatin ang kumot 이불을 개다; tiklupín ang kumot	quilt
이사하다	paglipat/lumipat[빠리-빹/루미-빹] 우리 가족은 새 집으로 이사했다.; Ang aming pamilya ay lumipat sa bagong bahay.	moving/change one's residence
이산	paghihiwá-hiwaláy[빠히히와 히왈라이] 이산가족; hiwá-hiwaláy na pamilya.	dispersion
이상(以上)	na pataás[나 빠따아스]] 10명 이상; sampúng taong pataás 12살 이상된 소년; batang lalaking labindalawáng taóng gulang na pataás	more than

이상(異狀)	☞고장, ☞문제	
이상(理想)적인	tamang-tamà[따-망 따-마'] 이상적인 배우자; tamang-tamang asawa	ideal
이상(異常)한	kataká-taká, kakaibá[까따까 따까, 까까이바] 그래! 뭔가 이상해.; Kataká-taká isáng bagay, palá.	strange
이서(裏書)/…하다	pagsang-ayon/sumang-ayon[빡상아-욘/수망아-욘]	endorsement/endorse
이성(異性)	ibáng kasarian[이방 까사리-안]	opposite sex
이성(理性)적인	makatwiran[마까뜨위-란]	reasonable
이슈	isyu, paksâ[이-슈, 빡사']	issue
이슬	hamóg[하목]	dew
이쑤시개	palito[빨리-또]	toothpick
이야기/…하다	kuwento/sabihin ang kuwento[꾸웨-ㄴ또/사비-힌 앙 꾸웨-ㄴ또]	story/tell a story
이와 동시에	sabáy-sabáy[사바이 사바이]	at the same time
이웃(집)	kapitbahay[까삗 바-하이]	neighbor
이웃 나라	kapitbansâ[까삗 반사']	neighboring country
이월	Pebrero[뻬브레-로]	February
이유	dahilán, sanhî[다힐란, 산히']	reason
이윤/…을 얻다	tubò, pakinabang/magtubò, pakinabangan[뚜-보`, 빠끼나-방/막뚜-보`, 빠끼나바-○안]	profit/make profit
이익(利益)	kapakinabangán, benepisyo, bentaha[까빠끼나방안, 베네삐-쇼, 벤따-하]	advantage, benefit
이자	tubò[뚜-보'] 그 은행은 년 7%의 이자로 돈을 빌려준다.; Ang bangko na iyán ay magpapahirám ng pera sa tubò ng pitóng porsiyento isáng taón.	interest

263

이전(移轉)/…하다	lipat/lumipat[리-빧/루미-빧]	transfer/transfer
이전(以前)	☞예전	
이제	na[나] 이제 충분해.; Sapat na. 이젠 익숙해.; Sanáy na. 이제 그만 돌아가자.; Umuwî na tayo.	now
이주민(타국에서)	dayo, dayuhan, mandarayuhan[다-요, 다유-한, 만다라유-한] 그들은 중국에서 온 이주민들이다.; Silá'y mga dayuhan buhat sa Tsina.	immigrant
이주하다(타국으로)	dumayo (sa ibáng bansâ)[두마-요(사 이방 반사')], mandayuhan 그들은 아프리카로 이주하기로 결정했다.; Ipinasiyá niláng mandayuhan sa Áfriká.	emigrate
이체(移替)하다	magsalin[막사-ㄹ린]	transfer
이층(二層)	ikalawáng palapág[이깔라왕 빨라빡] 그는 이층에 살고 있다.; Nakatirá siyá sa ikalawáng palapág.	second floor
이치(理致)/…에 맞는	katwiran/makatwiran[까뜨위-란/마까드위-란]	reason/reasonable
이태리/…사람, …의	Italya/Italyano[이따-ㄹ리아/이딸리아-노]	Italy/Italian
이하	na pababâ[나 빠바바'] 7개 이하; pitóng pirasong pababâ 7살 이하; pitóng taóng gulang na pababâ	less than
이해/…하다.	intindí, pagkáunawà/makáunawà, maintidihán[인띤디, 빡까-우나-와'/마까-우나-와', 마인띤디한] 이해하셨어요?; Naintindihán ba ninyò? 이해 못 하겠어요.; Hindî ko pô naíintidihán. 이해했습니다.; Naintindihan ko na pô 이해했어?; Naintindihan mo ba?, 이해해 줘서 고마워요.; Salamat sa pagkáunawà mo.	understanding/understand

이혼/…하다	dibórsiyó/magdibórsiyó, makipagdibórsiyó[디보-르시요/막디보-르시요, 마끼빡디보-르시요] 그녀는 남편과 이혼하고 싶어한다.; Gustó niyáng makipagdibórsiyó sa kanyáng asawa.	divorce/divorce
익명의	waláng-pangalan, waláng-lagdâ[왈랑 빵아-란, 왈랑 락다']	anonymous
익살스러운	kómiko, katawá-tawá[꼬-미꼬, 까따와 따와]	comic
익숙하다	bihasa, sanáy, datihan[비하-사, 사나이, 다띠-한] 나는 이제 거기에 익숙하다.; Datihan na akó riyán.	experienced, familiar
익숙해지다	mabihasa[마비하-사] 그는 이제 어려움에 익숙해졌다.; Nabihasa na siyá sa kahirapan.	become accustomed
익히다(연습하다)	magsanay[막사-나이] 나는 매일 피아노를 익힌다.; Nagsásánay akó sa pioyano araw-araw.	practise
익히다(음식)	magpakulô, maglagà[막빠꿀로', 막라-가']	boil, cook
인계하다	ibigáy, iabót, abután[이비가이, 이아볻, 아부딴] 그는 자동차를 아버지에게 인계하였다.; Iniabót niyá ang kotse sa amá.	hand over
인구	populasyón[뽀뿔라숀]	population
인구수	númeró ng[누-메로 낭] populasyón	number of population
인권(人權)	karapatáng pantao[까라빠땅 빤따-오]	human right
인내(심)/…하다	pagkamatiyagâ/magtiyagâ[빡까마띠야가'/막띠야가']	perseverance/persevere
인내하는	matiyagâ[마띠야가'] 인내하는 노력; matiyagáng pagsisikap	persevering
인도/…사람, …의	Índiya/Índiyan[이-ㄴ쟈/이-ㄴ쟌]	India/Indian
인도(교통)	bangketa[방께-따]	sidewalk

265

인도네시아	Indonesya[인도네-샤]	Indonesia
인도네시아 사람	(남자)Indonés, (여자) Indonéssa[인도네스, 인도네-싸]	Indonesian
인류(人類)	sangkatauhan[상까따우-한]	humankind
인류학	antropolohiya[안뜨로뽈로히-야]	anthropology
인류학자	antropólogó[안뜨로뽀-ㄹ로고]	anthropologist
인물(人物)	katao, tauhan[까따-오, 따우-한]	person
인부(人夫)	trabahadór, manggagawâ[뜨라바하도르, 망가가와']	worker
인사(人事)/…하다	bati, pagbati/batiin, sumalubong[바-띠', 빡바-띠'/바띠-인, 수말루-봉] 그 아이는 나에게 인사하지 않았다.; Ang batang iyán ay hindî bumatî sa akin.	greeting/greet
인상(印象)/…적인	impresiyón, pagkákilala/makabagbag-pusò[임쁘레시욘, 빡까-낄라-ㄹ라/마까박박 뿌-소'] 나는 저 사람에 대해 좋은 인상을 가지고 있다.; Mabuti ang pagkákilala ko sa taong iyón.	impression/impressive
인색한	kuripot[꾸리-뽇]	stingy
인생	buhay[부-하이]	life
인쇄/…하다	limbág/maglimbág[림박/막림박]	printing/print
인쇄소	pálimbagan[빠-ㄹ림바간]	printing house
인수/…하다	pagtanggáp/tumanggáp, tanggapín[빡땅갑/뚜망갑, 땅가삔]	accept
인식/…하다	pagkilala/mákilala, mámukhaán[빡낄라-라/마-낄라-라, 마-묵하안] 너가 너무 자랐기 때문에 하마터면 인식하지 못할 뻔 했다.; Sobrang lumakí ka na, kayâ't halos dî kitá mákilala.	recognition/recognize

인용(引用)…/하다	sinipì/sinipiin[시니-삐'/시니삐-인]	quotation/quote
인용부호(" ")	panipì[빠니-삐']	quotation mark
인정(認定)…/하다	pagpayag/pumayag[빡빠-약/뿌마-약]	acknowledgment/acknowledge
인정(人情)…이 많은	pagkatao/makatao[빡까따-오/마까따-오]	humanity/humane
인종/…차별	sangkatauhan, lahì/rasismo[상까따우-한, 라-히'/라시-스모]	human race/racism
인출하다(돈)	kumuha (ng pera)[꾸무-하(낭 뻬-라)]	draw
인파	dami ng mga tao[다-미 낭 망아 따-오]	crowd of people
인형	manikà[마니-까']	doll
인형극	manikang dulâ[마니-깡 둘라']	doll play
인화/…하다	☞인쇄/~하다	
인화지	papél ng limbág[빠-뻴 낭 림박]	printing paper
일/…하다	trabaho/magtrabaho[뜨라바-호/막뜨라바-호] 호세는 일하지 않고 매일 놀기만 한다.; Waling trabaho si Jose, araw-araw lang siyáng naglálarô. 열심히 일해라.; Magtrabaho ka nang mabuti.	work/work
일(숫자)	isá, uno[이사, 우-노]	one
일간신문	diyaryo ng araw-araw[디야-리오 낭 아-라우.아-라우]	daily newspaper
일곱(숫자)	pitó, siyete[삐또, 시예-떼] 일곱 번째; ikapitó, pampitó	seven
일광(日光)	liwanag ng araw[리와-낙 낭 아-라우]	sun light
일광욕	pagpasò ng katawán sa araw[빡빠-소' 낭 까따완 사 아-라우]	sunbath
일교차	sakláw ng temparatura sa isáng araw[사끌라우 낭 뗌뻬라뚜-라 사 이상 아-라우]	daily temperature range

일기(日記)	talaarawan[딸라아라-완]	diary
일깨우다	paliwanagin[빨리와나-긴]	make aware
일단 ~하면	pag, kapág[빡, 까빡] 일단 강을 건너면, 너는 안전하다.; Pag natawíd mo ang ilog, ikáw ay ligtás na.	once, if ever, whenever
일등급	primerang klase[쁘리메-랑 끌라-세]	first class
일렬(一列)	isáng pila[이상 삐-라] 일렬로 서다;pumila sa isáng pila	one line
일몰(日沒)	paglubóg ng araw[빡루복 낭 아-라우]	sunset
일반적인	karaniwan[까라니-완] 일반적으로 말해서;sa karaniwang salitâ	general
일본/…인	Hapón/Haponés[하뽄/하뽀네스]	Japan/Japanese
일본어	wikang[위-깡] Haponés	Japanese language
일상용품	kagamitang pambuhay[까가미-땅 빰부-하이]	things of daily necessity
일생동안	habang-buhay[하-방 부-하이]	for whole life
일시적인	pansandalî[빤산달리'] 일시적인 현상; kababalagháng pansandalî	momentary
일어나다(누운상태에서)/ 일어나기	bumangon/pagbabangon[부마-ㅇ온/빡바바-ㅇ온] 일어난 지 얼마나 되셨어요?; Gaáno pô katagál mulâ sa pagbabangon ninyó?	get up
일어서다	tumayô[뚜마요']	stand up
일요일	Linggó[링고] 요번 일요일 시간 있어?; Mayroón ka bang oras sa Linggó? 지난 일요일 뭐 했어?: Anó ang ginawâ mo noóng Linggó?	Sunday
일월	Enero[에네-로]	January
일일이	isá-isá[이사 이사] 일일이 세다; bumilang isá-isá	one by one
일제히	láhátan[라-하-딴] 그들은 일제히 소리를 질렀다.; Láhátan siláng	all together

268

	sumigáw.	
일주일	isáng linggó[이상 링고]	one week
일출(日出)	pagsikat ng araw[빡시-깥 낭 아-라우]	sunrise
일찍	maaga[마아-가] 그는 새벽 일찍 깨어난다.; Maaga siyáng gumigising sa madalíng araw.	early
일치하다	mapasabáy, mátapát[마빠사바이, 마-따빹] 내 생일은 광복절과 일치한다.; Nátatapát ang kaarwaán ko sa Araw ng Pagsasarilí.	coincide, accord
일치하는	kaayon ng[까아-욘 낭] 그의 행동은 그의 신념과 일치한다.; Ang kanyáng mga kilos ay kaayon ng kanyáng mga paniwalà.	in accordance with
읽다/읽기	bumasa, magbasa/basa[부마-사, 막바-사/바-사]	read/reading
잃다	mawalán[말왈란] 그는 지갑을 잃었다.; Nawalán siyá ng pitakà.	lose
임금	kita, pasahod, suweldo[끼-따, 빠사-홀, 수웨-르도]	wage
임대…/하다	pagpapaupa/paupahan, umupa[빡빠빠우-빠/빠-우빠-한, 움우-빠] 우리는 후안씨로 부터 집을 임대하고 있다.; Umúupa kamí ng bahay kay G. Juan	rental/rent
임대료	upa[우-빠]	rental fee
임대인	taong nagpapaupa[따옹 낙빠빠우-빠]	lessor
임명/…하다(되다)	nombramyento/magnombrá, nombrahán[놈부라메-ㄴ또/막놈브라, 놈브라한] 그는 그 직위에 임명되었다.; Ninombrahán siyá sa tungkuling iyán.	appoinment/appoint
임무	pakay, misyón, sadyâ[빠-까이, 미숀, 사쟈'] 그는 비밀 임무를 위해 파견되었다.; Inutusan siyá sa isáng lihim na misyón.	mission

임시의	pansamantalá, temporero[빤사만딸라, 뗌뽀레-로]	temporary
임신/…한	kabuntisán/buntís, nagdadaláng-tao[까분띠산 /분띠스, 낙다달랑 따-오] 나의 아내는 쌍둥이를 임신했다.; Ang aking asawa ay buntís ng kambál.	pregnancy/pregnant
임신되다/…시키다	magbuntis/buntisín[막분띠스/분띠신]	get pregnant/impregnate
임업	panggugubat[빵구구-밭]	forestry
임차하다	mangupahan[망우빠-한]	lease, rent
임차인	mángungupahan[마-ㅇ웅우빠-한]	tenant, lessee
입	bibíg[비빅]	mouth
입구	pasukán[빠수깐]	entrance
입국/…하다	pagpasok sa isáng bansâ[빡빠-속 사 이상 반사']/pumasok[뿌마-속] sa isáng bansâ	entry into a country/enter a country
입다	isuót, magsuót[이수옽, 막수옽] 그 남자는 코트를 입고 있다.; Ang taong lalaki ay nagsúsuót ng amerikana.	wear
입맛/…을 돋우는	gana/nakagágána[가-나/나까가-가-나]	apetite/stimulating the apetite
입법부	lehislatura, bátásan[레히슬라뚜-라, 바-따-산]	legislature
입어보다	isukat[이수-같] 여동생은 새 옷을 입어 보았다.; Isinukat ng nakababatang kapatíd na babae ang bagong damít.	try on
입장/…하다	pagpasok/pumasok[빡빠-속/뿌마-속]	entrance/enter
입장권	tiket ng pasok[띠-곝 낭 빠-속]	entrance ticket
입장료	bayád ng pasok[바얃 낭 빠-속]	entrance fee

입찰(금액)/…하다	alók/magalók, umalók[알록/막알록, 움알록]	bid, offer/offer
입천장	ngalangalá[ㅇ알랑알라]	palate
잇따르다	mangyari magkasunód[망야-리 막까수녿]	follow one after another
잇몸	gilagid[길라-긷]	gum
잉크	tinta[띠-ㄴ따]	ink
잊다(의도적)	kalimutan, lumimot, limutin[깔리무-딴, 루미-몯, 리무-띤] 그를 잊어라.; Kalimutan mo siyá.	forget intentionally
잊다(비의도적)	mákalimútan, malimutan[마-까리무-딴, 말리무-딴] 나는 그의 이름을 잊었다.; Nákalimutan ko ang pangalan niyá.	forget unintentionally
잎/…이 자라다	dahon/magdahon[다-혼/막다-혼]	leaf/grow leaves
애도/…하다	pakikidalamhati/makidalamhati[빠끼끼알람하-띠'/마끼달람하-띠'] 우리는 그의 모친 사망에 대해 애도했다.; Nakíkidalamhati kamí sa pagkamatáy ng kanyáng iná.	condolence/condole

ㅈ 자

자(사무용품)	regladór, panraya[레글라도르, 빤라-야]	ruler, measure
자가용	pribadong kotse[프리바-동 꼬-쩨]	private car
자극/…하다(…을 주다)	pagpapasiglâ/magpasiglâ[빡빠-빠시글라-/막빠시글라] 자극적인(흥분시키는); pampasiglâ	stimulation/stimulate
자기	sarili[사리-르리]	oneself
자기소개	pagpapakilala ng[빡빠-빠낄라-르라 낭] sarili	self introduction
자다	matulog[마뚜-르록] 그는 방에서 자고 있다.; Natútúlog siyá sa silíd.	sleep
자동사(문법)	pandiwang kátawanín[빤디-왕 까-따와닌]	intransitive verb
자동적인	automátiko[아우또마-띠꼬]	automatic
자동차	kotse[꼬-쩨] 자동차로 가자.; Pumuntá tayo sa kotse.	kotse
자두	sirwelas[시르웨-르라스]	plum
자라다	lumakí[루마끼]	grow up
자랑/…하는	kayabangan/mayabang[까야바-ㅇ안/마야-방]	pride/proud
자랑하다	ipagmalakí, ipagkapuri[이빡말라끼, 이빡까뿌-리] 우리의 깨끗한 거리를 자랑합니다.; Ipinagkákapuri namin pô ang aming malilinis na daán.	be proud of
자루걸레/…로 닦다	lampaso/maglampaso[람빠-소/막람빠-소]	mob/clean with a mop
자료	materiyál, kagamitán[마떼리얄, 까가미딴]	material
자르다	putulin, pumutol[뿌뚜-르린, 뿌무-똘]	cut

자리/~에 앉다	úpuán, lugár/umupô[우-뿌안, 루가르/움우뽀'] 모두 의자에 앉으세요.; Umupô kayóng lahát sa silya.	seat, place/sit down
자막(영화, TV 등)	subtitle[서부타이틀]	subtitle
자매	kapatíd na mga babae[까빠띧 나 망아 바바-에]	sisters
자물쇠/…를 잠그다	kandado/ikandado, magkandado[깐다-도/이깐다-도, 막깐다-도] 문을 잠가라.; Magkandado ka ng pintó.	padlock/lock
자발적인	kusà, kusang-loób[꾸-사', 꾸-상 로옵] 자발적으로 손을 씻는 아이는 매우 드물다.; Ang batang kusang naghúhúgas ng kamay ay tunay na pambihirà.	voluntary, spontaneous
자백/…하다	pag-amin/umamin, aminin[빡아-민/움아-민, 아미-닌] 왜 너의 죄를 자백하지 않느냐?; Bakit hindî mo aminin ang iyóng kasalanan?	confession/confess
자본	kapitál[까삐딸]	capital
자산	arí-arian, propyedád[아리 아리안, 쁘로뻬닫]	property
자세(姿勢)/…를 취하다	pustura/pumustura[뿌스뚜-라/뿌무스뚜-라]	posture
자세한/자세히	detalyado, madetalye/sa detalye[데딸야-도, 마데따-르예/사 데따-르예] 우리는 그 일에 대해 자세히 토의했다.; Nag-usap tayo ng pangyayari sa detalye.	detailed/in detail
자손	angkáng susunód, inapó[앙깡 수수놀, 인아뽀]	offspring
자수(刺繡)/…를 놓다	pagbuburdá/burdahán, magburdá[빡부부르다/부르다한, 막부르다]	embroidery/embroider
자수(自守)/…하다	pagsukò/sumukò, isukô[빡수-꼬/수무-꼬', 이수-꼬'] 그 도둑은 경찰에 자수했다.; Ang magnanakaw ay sumukò sa pulís.	surrender/surrender

자식	mga anák, suplíng[망아 아낙, 수쁠링] 매를 아끼면 자식을 망친다.; Kung itabí ang pamalò, sirain ang bata.	child
자신(自信, 자신감)	tiwalà sa sarili[띠와-르라' 사 사리-르리] 자신감을 가져라.; Kunin mo ang tiwalà sa sarili.	self-confidence
자신(自身)	sarili[사리-르리] 나 자신;sarili ko, 너 자신;sarili mo	oneself
자연/…의(…적인)	kalikasan/likás, naturál[까리까-산/리까스, 나뚜랄]	nature/natural
자연자원	likás na kayamanan[리까스 나 까야마-난]	natural resource
자연재해	likás na kapahamakán[리까스 나 까빠하마깐]	natural disaster
자원(資源)	ang mapagkukunan[앙 마빡구꾸-난] 한국에는 자원이 부족하다.; Kulang ang mapagkukunan sa Korea.	resource
자원(自願)하다	magboluntaryo[막볼룬따-리오]	volunteer
자원봉사자	boluntaryo[볼룬따-리오]	volunteerer
자유/…로운	kalayaan/malayà[깔라야-안/말라-야'] 한국과 필리핀은 자유국가다.; Korea at Pilipinas ay mga bansang malayà.	freedom/free
자유로워지다	lumayà[루마-야']	become free
자유의사	malayang kaloobán[말라-양 까로오반]	free will
자전거	bisikleta[비시끌레-따]	bicycle
자존심	pagpapahalagá sa sarili[빡빠빠할라가 사 사리-르리], pagpuri[빡뿌-리] sa sarili	self-respect
자주(종종)	malimit, madalás[말리-밑, 마달라스] 나는 자주 영화보러 간다.; Malimit na pumúpunta akó sa sine.	often

자주권	pagsasarili, autonomiyá[빡사사리-리, 아우또노미야]	autonomy
자주색	kulay-ube[꾸-ㄹ라이 우-베]	purple
자주포	sariling-tulak na howitzer[사리-ㄹ링 뚜-ㄹ락 나 호위쩌] 한국산 K9 자주포는 세계적으로 최고의 성능을 가지고 있다.; Ang K9 sariling-tulak na howitzer na gawâ sa Korea ay may pinakamahusay na pagganap sa mundo.	self-propelled howitzer
자치(自治)	sariling pámahalaán, awtonomiya[사리-ㄹ링 빠-마할라안, 아우또노미-야] 자치능력; kapangyarihan ng sariling pámahalaán 자치제; sistema ng sariling pámahalaán.	self-government, autonomy
자치의(자치권이 있는)	nagsásarilí, may-kasarinlán[낙사-사릴리, 마이 까사린란]	autonomous
작가	mánunulát[마-누눌랕]	author
작년	noóng isáng taón[노옹 이상 따온]	last year
작다	muntî, kauntî, maliít[문띠', 까운띠', 말리읻]	small
작동/…시키다/…하다	andár, operasyón/magandár/umandár[안다르, 오뻬라숀/막안다르/ 움안다르]	operation/operate/operate
작문/…하다	komposisyón, akdâ[꼼뽀시숀, 악다']/umakdâ, sumulat ng komposisyón/움악다', 수무-ㄹ랕 낭 꼼뽀시숀] 우리는 자유라는 제목으로 작문을 썼다.; Sumulat kamí ng komposisyón sa ilalim ng pamagát na Kalayaan.	composition/compose
작물(作物)	pananím[빠나님] 이런 날씨는 작물에 좋다.; Ang panahón na itó ay mabuti para sa mga pananím.	crops
작별/…하다	pamamaalam, adyós/magpaalam, mag-adyós[빠마마아-ㄹ람, 아디오스/ 막빠아-ㄹ람, 막아디오스] 작별 인사하러 왔습니다.; Pumarito akó pô	good-by/say good-by

	para magpaalam. 가기 전에 작별인사를 드리고 싶습니다.;Gusto ko pong sabihin ang adyós sa inyó, bago aalís ako.	
작업/…하다	trabaho/magtrabaho[뜨라바-호/막뜨라바-호]	work/work
작용/…하다	aksyón, pagkilos/kumilos, magkabisà[악숀, 빡끼-로스/꾸미-로스, 막까비-사'] 작용과 반작용; aksyón at reaksyón 브레이크의 작용으로 차가 멈춘다.; Humintô ang sasakyán dahil sa pagkilos ng preno.	action/act
작전	operasyón, pagpapakilos[오뻬라숀, 빡빠빠끼-로스] 군사 작전; operasyóng militár	operation
작품	(문학)akdâ, gawâ[악다', 가와'] 그녀는 유명한 작품들을 수집하고 있다.; Siyá ay nagtítípon ng mga bantóg na gawâ.	piece of work
잔	baso[바-소] 시원한 물 한 잔 주세요.; Bigyán ninyó akó ng isáng baso ng tubig na malamíg.	glass
잔고	balanse[발라-ㄴ세]	balance
잔고증명	katunayan ng[까뚜나-얀 낭] balanse	balance certificate
잔돈	suklî[수끌리'] 음식이 맛있었어요. 잔돈은 가지세요.; Masaráp ang pagkain. Itagô ninyó ang suklî.	change
잔디	damó[다모]	grass
잔소리/…하다	mura, pagmumurá/murahin, magmurá[무-라, 빡무무라/무라-힌, 막무라] 그녀는 손님들 앞에서 남편에게 잔소리했다.; Minura niyá ang kanyáng asawa sa harap ng kaniláng panauhin.	nagging/nag
잔업	trabaho ng higít na oras, paglamay(야간 잔업)[뜨라바-호 낭 히긷 나 오-라스, 빡라-마이]	overtime work

잔인(잔혹행위)/…한	kalupitán, kabagsikán/malupít, mabagsík[깔루삐딴, 까박시깐/말루뻴, 마박식] 우리는 동물에 대한 잔혹행위를 멈추어야 한다.; Dapat tayong tumigil ng kalupitán sa hayop.	cruelty/cruel
잔잔한	payapà, matiwasáy[빠야-빠', 마띠와사이] 오늘은 바다가 잔잔하지 않다.; Ang dagat ay hindî payapà ngayón.	tranquil, calm
잔치	parti, pagtitipon, salu-salo[빠-르띠, 빡띠띠-뽄, 사-ㄹ루 사-ㄹ로]	party, feast
잘	mabuti, magalíng[마부-띠, 마갈링] 잘 자.; Matulog kang mabuti. 참 잘 하는군요!; Ang galíng ninyó, talagá!	well, good
잘게 썰다	maghiwà nang maninipís[막히-와' 난 마니니삐스]	slice
잘게 자르다	magtiládtilarín[막띨랃, 띨라린] 장작을 잘게 잘라라.; Magtilád ka ng panggatong!	chop
잘다	muntíng-muntî, nápakaliít[문띵 문띠', 나-빠까리읻]	small
잘라내다	putulín, gupitín[뿌뚤린, 구삐띤]	cut off
잘못/…하다	kamálían, pagkakámalî/magkamalî[깜까-말리', 까마-ㄹ리-안 /막까말리'] 내가 잘못했다.; Nagkamalî akó.	mistake, error/mistake
잘못된	malî[말리'] 너가 잘못 생각했다.; Malî ang inisip mo. 내가 잘못 들었다.; Malî ang narinig ko. 그는 전화를 잘못 걸었다.; Malî ang tinawag niyá sa teléphono.	wrong
잘생겼다(남자)	guwapo, pogi[구와-뽀, 뽀-기]	handsome
(열쇠로)잠그다	magsusì, isusì[막수-시', 이수-시'] 누가 방문을 잠갔느냐?; Sino ang nagsusì ng pintó sa kuwarto?	lock
잠깐만	sandalî lang[산달리' 랑] 잠깐만 기다려.;Teka sandalî lang.	just a moment

잠깨다	gumising[구미-싱]	wake up
잠시	sandalî[산달리']	a moment
잠/…을 자다	tulog/matulog[뚜-ㄹ록/마뚜-ㄹ록]	sleeping/sleep
잠자리	tutubí[두뚜비]	dragon fly
잠자리(잠자는 장소)	tulugán[뚤루간]	sleeping place
잠재력	maaaring bisà[마아아-링 비-사']	potential power
잠재적인	maáari, posible[마아-아-리', 뽀시-블레] 그는 잠재적인 대통령이다.; Siyá ay maááring pangulo.	potential
잡다(손으로)	humawak, kumapit, sumunggáb[후마-왁, 꾸마-삣, 수뭉갑] 꼭 잡아라.; Kumapit kang mabuti.	hold on, grasp
잡다(물고기 등)	manghuli[망후-리] 나는 낙지 4마리를 잡았다.; Nanghuli akó ng apat na pugita.	catch
잡다(범인, 도둑 등)	humuli, dumakíp[후무-리, 두마낍] 경찰이 그 도둑을 잡았다.; Humuli ang mga pulís ng magnanakaw na iyán.	catch, arrest
잡다한	sari-sari, bagay-bagay[사-리 사-리, 바가-이 바가-이]	various
잡담/…하다	tsismís/magtsismís[치스미스/막치스미스]	gossip/gossip
잡담풍의	tsismoso[찌스모-소]	gossipy
잡음/…을 내다	ingay/mag-ingáy[이-ㅇ아이/마잉아이]	noise/make noise
잡지	magasín[마가신]	magazine
장(長)	punò(지휘자, 우두머리)[뿌-노']	leader
장(腸)	bituka[비뚜-까]	intestines

장가/…를 가다	kasál na pagkuha ng asawang babae[까살 나 빡꾸-하 낭 아사-왕 바바-에]/magpakasál sa[막빠까살 사] asawang babae 나이든 남자가 젊은 여자에게 장가를 갔다.; Isáng matandáng lalaki ang nagpakasál sa isáng nakababatang babae.	marriage getting a wife
장갑	guwantes, glab[구와-ㄴ떼스, 글랍] 장갑이 손에 너무 끼네요.; Masyadong masikíp ang guwantes.	glove
장관	ministro[미니-스뜨로]	minister
장구	tradisyunál na tamból ng Koreano[뜨라디슈날 나 땀볼 낭 꼬리아-노]	Korean traditional drum
장군	henerál[헤네랄]	general
장기(長技)	espesyál na kasanayán[에스뻬샬 나 까사나얀]	special skill
장기(長期)	katagalán, mahabang panahón[까따갈란, 마하-방 빠나혼] 장기로 계약하다; magkontrata sa mahabang panahon	long term
장기(체스)	ahedrés[아헤드레스] 그들은 장기를 두고 있다.; Naglalarô silá ng ahedrés.	chess
장난감	laruán[라루안]	toy
장래	☞미래	
장려/…하다	pagpapataás/mapasiglá, pasiglahín[빡빠빠따아스/마빠시글라', 빠시글라힌]	encouragement/encourage
장례식	seremonya ng libíng[세레모-냐 낭 리빙] 그의 장례식은 언제야: Kailán ang seremonya ng libíng niyá?	funeral ceremony
장례식장	funerária[퓨너라-리아]	funeral parlor

279

장롱	aparadór[아빠라도르]	dresser
장마(철)	tag-ulán[딱울란]	rainy season
장막/…을 치다	tabing/magtabing, tabingan[따-빙/막따-빙, 따비-ㅇ안] 구름의 장막; tabing na ulap	screen
장면(연극, 영화 등)	tagpô[딱뽀']	scene
장모	biyanáng-babae[비야낭 바바-에]	mother-in-law
장미	rosas[로-사스]	rose
장부	talatuusang libro[딸라뚜우-상 리-브로]	accounting book
장사/…하다	negosyo, kalakalan/magnegosyo[네고-시오, 깔라까-ㄹ란/막네고-시오]	business/do business
장사꾼	mangangalakál, negosyante[망앙알라깔, 네고시야-ㄴ떼]	businessman
장소	lugár[루가르] 그 장소를 좀 아르켜 주세요.; Pakiturò ninyó sa akin ang lugár na iyán.	place
장식/…하다.	palamuti, dekorasyón/palamutihan[빨라무-띠, 데꼬라숀/빨라무띠-한]	decoration/decorate
장식품	palamuti[빨라무-띠] 보석은 장식품이다.; Ang hiyás ay palamuti.	ornament
장애(물)	hadláng[하들랑]	obstacle, obstruction
장을 보다	mamalengke[마말레-ㅇ께] 나는 토요일마다 장을 본다.; Namámaléngke akó tuwíng Sábado.	go shopping
장어	igat, palós[이-갇, 빨로스] 맛있게 요리된 장어 먹어봤어요?; Nakákáin na ba kayó ng igat na nilutò nang masaráp?	eel
장인	biyanáng-lalaki[비야낭 라라-키]	father-in-law
장작	kahoy na panggatong[까-호이 나 빵가-똥] 우리는 겨울을 대비하여 장	firewood

	작을 많이 준비했다.: Naghandâ kamí ng maraming kahoy na panggatong para sa taglamíg.	
장전/…하다	pagkakargá/magkargá, kargahán[빡까까르가/막까르가, 까르가한] 그는 총에 화약을 장전했다.; Kinargahán siyá ng pulburá ang baríl.	loading/load
장점	mabutihan, kagalingan[마부띠-한, 까가리-ㅇ안]	merit, advantage
장치	kagamitán, aparato[까가미딴, 아빠라-또]	apparatus, device
장티푸스(의학)	tipus[띠-뿌스]	typhoid fever
장판	linolyo[리노-ㄹ료]	linoleum
장학금	salaping-gugol para mag-aral[살라-뼁 구-골 빠-라 막아-랄] 그는 미국에서 장학금을 받고 있다.; Tumatanggáp siyá ng salaping-gugol para mag-aral sa Amerika.	scholarship
장화	botas[보-따스]	boot
재고(再考)/…하다	mulíng pagsasaalang-alng/magsaalang-alang na mulî[물링 빡사사아-ㄹ랑 아-ㄹ랑/막사아-ㄹ랑 아-ㄹ랑 나 물리^]	reconsideration/reconsider
재고(在庫)	panindá[빠닌다] 이 상점은 장난감 재고를 많이 가지고 있다.; Maraming panindáng laruán ang tindahang itó.	stock
재난	kalamidád[깔라미닫]	calamity
재능	katalinuhan[까딸리누-한]	talent
재다	magsukat, sukatin[막수-깓, 수까-띤] 너의 키를 재겠다.; Susukatin ko ang taás mo.	measure
재떨이	sinisero, titisán, abuhan[시니세-로, 띠띠산, 아부-한]	ashtray

재미있는	nakakátawá[나까까-따와] 재미있을 것 같애.; Parang nakakátawá.	interesting
재발/…하다	pagbalík, pag-ulit/magbalík, umulit[빡발릭, 빡우-르릿/막발릭, 움우-르릿]	recurrence/recur
재산	arí-arian, propyedád[아리 아리-안, 쁘로뻬단]	property
재정/재정(상)의	pananalapî/náuukol sa pananalapî[빠나날라삐'/나-우우꼴 사 빠나날라삐']	finance/financial
재채기/…하다	bahín/mápabahín, bumahín[바힌/마-빠바힌, 부마힌] 나는 갑자기 재채기를 했다.; Biglâ akóng nápabahín(bumahín).	sneezing/sneeze
재촉하다	papagmadalín[빠-빡마달린] 운전기사를 재촉하지마라.; Huwág mong papagmadalín ang tsupér.	urge
재판/…하다	paghuhúkom/hukumán[빡후후-꼼/후꾸만]	judgement/pass judgement
재판관	hukóm[후꼼]	judge
재혼하다	kasalín(magkasál) ulî[까살린(막까살) 울리']	remarry
잼	diyám, halayá[지얌, 할라야]	jam
쟁반	bandeha[반데-하]	tray
쟁취/…하다	panalo/tumalo, manalo[빠나-르로/뚜마-르로, 마나-르로]	winning/win
저	mababang-loób na pananalitâ ng 나(akó) '나'의 겸양어, 저는 막 왔습니다.: Kararatíng ko lang pô. 저를 따라 오세요.; Sumunód pô ninyó sa akin.	I
저것…/의	iyón/niyón[이욘/니욘] 저것의 주인은 누구입니까.?; Sino pô ang may-arì niyán?	that/of that
저것처럼(저것과 같은)	ganón[가논] 너가 살려는 차는 저 차와 같으냐?; Ganón ba ang	like that

282

		kotseng bibilhín mo?	
저것 봐.		Hayún![하윤]	There!
저금하다		magdepósito ng pera sa bangko[막데뽀-시또 낭 뻬-라 사 바-ㅇ꼬]	deposit in bank
저기		doón[도온] 그 사람이 저기 서 있는 것을 보았다.; Doón ko siyá nákítang nakatayó.	there/there is
저녁		gabí[가비] 저녁 때 만나서 같이 식사하자.; Magkita tayo sa gabí at sabáy tayong kumain.	evening
저녁(식사)		hapunan[하뿌-난] 저녁 준비 중입니다.; Nakakahandá pô akó ng hapunan. 저녁 먹고 테레비 봐라.; Manoód mo ang telebisyón pagkatapos ng hapunan.	dinner
저녁마다		gabí-gabí[가비 가비]	every evening
저렇게		☞저것처럼	
(고기를)저미다		maghiwà ng karné[막히-와' 낭 까르네]	slice, cut thin
저 분		magalang na pananalitâ ng 저 사람(taong iyón); '저 사람'의 겸양어	
저자		mánunulát, may-akdâ[마-누눌랃, 마이 악다']	author, writer
저작권		kópiráyt, karapatáng magpalathalà[꼬뻐라-일, 까라빠땅 막빠랄하-ㄹ라]	copyright
저장/…하다		pag-iimbák/mag-imbák[빡이임박/막임박]	storage/store
저장소		imbakan[임바-간]	storage place
저쪽		sa dako roón[사 다-꼬 로온] 저쪽에 사람이 많다.; Maraming tao sa dako roón.	over there
저항/…하다		paglaban/labanan, lumaban[빡라-반/라바-난, 루마-반] 그들은 적에게 저	resistance/resist

283

	항하였다.; Nilabanan nilá ang kaaway.	
저희	mababang-loób na pananalitâ ng 우리(tayo); '우리'의 겸양어	we
적(敵)	kalaban, kaaway[깔라-반, 까아-와이]	enemy
적국(敵國)	kadigmaan[까디그마-안]	opponent in a war
적군(敵軍)	kabaka, kaaway[까바-까, 까아-와이] 적군과 교전하다; makipagbaka sa mga kaaway	enemy troops
적극적인	masugíd, masigasig[마수긷, 마시가-식] 그는 그 단체의 매우 적극적인 회원이다.; Siyá ay masigasig na kaanib ng kapisanan.	active
적기(適期)의	nápapanahón[나-빠빠나혼]	opportune, timely
적다(기록)	sumulát[수물랃]	note down
적당한	katamtaman[까땀따-만] 그의 체중은 그의 키에 적당하다.; Ang kanyáng timbág ay katamtaman sa taás niyá.	fair, moderate
적도(赤道)	ekwadór[에꽈도르]	equator
적시다	basaín, bumasâ[바사인, 부마사] 나무를 적셔라.; Basaín mo ang kahoy.	make wet
적용/…하다	paggamit, pagsasagawâ/gamitin, magsasagawâ[빡가-밑, 빡사사가와' /가미-틴, 막사사가와'] 너는 왜 그 공식을 적용하지 않느냐?; Bakit hindî mo gamitin ang pórmulá?	application/apply
적응/…하다	pagkápagbagay/maibagay[빡까빡바-가이/마이바-가이] 그는 쉽게 새로운 기후에 적응했다.; Madalî niyáng naibagay ang kanyáng katawán sa bagong klima.	adaptation/adapt oneself
(~한)적이 없다	kailanma'y hindî pa[까일란마이 힌디' 빠] 나는 중국에 가본 적이 없	never, not ever

		다.; Kailanma'y hindî pa akó nakarárating sa Tsina.	
적장		punò ng kalaban[뿌-노' 낭 깔라-반]	enemy commander
적합한		wastô, tamà, tumpák[와스또', 따-마', 뚬빡]	proper
적혈구		puláng dugô[뿔랑 두고']	red blood cell
전(前)		noón[노온] 3일전; noóng nakaraáng(=lumipás na) tatlóng araw	ago
전갈		pahatíd, pasabi[빠하띧, 빠사-비] 너의 어머니에게서 온 전갈이 여기 있다.; Nárito ang pahatíd mulâ sa iyóng iná.	message
전국		buóng bansâ[부옹 반사']	whole country
전극		de-kuryenteng polo[데꾸리엔-ㄴ뗑 뽀-르로]	electric pole
전기/…의		elektrisidád/de-kuryente[엘렉뜨리시닫/데꾸리엔-ㄴ떼]	electricity/electric
전기제품		de-kuryenteng kagamitán[데꾸리엔-ㄴ뗑 까가미딴]	electric goods
전날		nakaraáng araw[나까라앙 아-라우]	the previous day
전단지		kartél[까르뗄]	handbill
전당(殿堂)		santuwaryo, banál na lugár[산뚜와-료, 바날 나 루가르]	sanctuary
전당포		sánglaan[사-ㅇ라안]	pawnshop
전등		bombilya[봄비-ㄹ야]	electric lamp
전람회		☞전시회	
전략(戰略)		estratehiya[에스뜨라따헤-야]	strategy
전력(全力)		lahát ng makakaya, lahát ng bisà[라핟 낭 마까까-야, 라핟 낭 비-사'] 전력을 다해라.; Gawín ang lahát ng makakaya mo.	all one's strength
전력(電力)		de-kuryenteng bisà[데꾸리엔-ㄴ뗑 비-사']	electric power

전력(戰力)	panghukubóng bisà[빵후꾸봉 비-사']	military power
전류	kuryente[꾸리에-ㄴ떼]	current
전면적인	óberol[오-베로올]	overall
전문(專門)/…적인	espesyalidád/espesyál[에스뻬샬리닫/에스뻬샬]	speciality/special
전문가	espesyalista, dalubhasà[에스뻬샬리-스따, 달룹하-사']	specialist
전문분야	espesyál na pagbabahagi[에스뻬샬 나 빡바바하-기]	special field of study
전반적으로	pangkaraniwan[빵까라니-완] 그들은 전반적으로 정시에 도착한다.; Pangkaraniwa'y dumáratíng silá sa oras.	generally
전복/…되다	pagkátaób/tumaób[빡까-따옵/뚜마옵], 배가 전복되었다.; Tumaób ang bapór.	overturn/overturn
전부	lahát ng parte[라핟 낭 빠-르떼]	all parts
전선(電線)	de-kuryenteng kable[데꾸리에-ㄴ뗑 까-블레]	electric cable
전설/…적인	alamát/maalamát[알라맏/마알라맏] 그는 필리핀에서 전설적인 영웅이다.; Siyá ay isáng maalamát na bayani sa Pilipinas.	legend
전시/…하다	pagtatanghál/itanghál, magtanghál[빡따땅할/이땅할, 막땅할] 너는 너의 그림을 전시해야 한다.; Dapat mong itanghál ang iyóng pinta.	display, exhibition/exhibit, display
전시된(공개된)	nakatanghál[나까땅할]	on display(exhibit)
전시회	tanghalan[땅하-ㄹ란]	exhibition
전신(全身)	buóng katawán[부옹 까따완]	whole body
전에	noón, kanina[노온, 까니-나] 3년 전에; noóng tatlóng taón, 바로 조금 전에; kani-kanina lang	ago

전염/…시키다	hawa/makaháwa[하-와/마까-하-와] ☞감염/~되다	contagion, infection/infect
전염성의(전염시키는)	nakakáhawa[나까까-하-와] 나병은 전염성이다.; Nakakáhawa ang ketong.	contagious, infectious
전자(電子)	elektroniko[엘렉뜨로-니꼬]	electronic
전자레인지	microwave[마이크로웨이브]	microwave
전자제품	elektronikong kagamitan[엘렉뜨로-니꽁 까가미-딴]	electronic goods
전쟁/…을 하다	digmâ, digmaan/makipagdigmâ[딕마', 딕마-안/마끼빡딕마']	war/battle, be at war
전쟁을 일으키다	digmaín[딕마인] 독일은 프랑스와 전쟁을 일으켰다.; Dinigmâ ng Alemanya ang Pránsiya.	make war
전체/…적으로	totalidád, kalahatán[또딸리단, 깔라하딴]/sa kalahatán[싸 깔라하딴]	totality/totally
전체적인	totál[또딸]	total
전치사(문법)	pang-ukol[빵우-꼴]	preposition
전통/…적인	kaugalian, tradisyón/tradisyunál, kinaugalian[까우갈리-안, 뜨라디숀 /끼나우갈리-안]	tradition/traditional
전통음식	kinaugaliang pagkain[까우갈리-앙 빡까-인]	traditional food
전투/…하다	pagbabaka/makipagbaka, magbaka[빡바바-까/마끼빡바-까, 막바-까] 일본 군과 필리핀 유격대의 전투; ang pagbabaka ng mga kawal-Haponés at gerilyang Pilipino.	combat, battle/battle with, fight
전하다(소식 등)	ipaalám, magbigáy-alám, ipabatíd[이빠알람, 막비가이 알람, 이빠바띧] 그녀에게 그 얘기를 전해라.; Ipabatíd mo sa kanyá ang paksâ.	inform
전혀 (…아니다)	hindî sa anumáng paraán[힌디' 사 아누망 아우만] 그것은 전혀 다른	not at all

	소식이다.; Ang balitang iyán ay hindî pareho sa anúmang paraán. 전혀 폐가 되지 않는다.; Hindî bagabag sa anúmang paraán.	
전화/…하다	telépono/teleponohán, tumawag[뗄레-뽀노/뗄레뽀노한, 뚜마-왁] 이제 전화 끊겠습니다.; I bababà ko na pô ang telépono. 전화했다고 전해 주세요.; Pakisabi ninyó lang na akó'y tumawag.	telephone/call up
전화번호	númeró ng teléfono[누-메로 낭 뗄레-뽀노]	phone number
절(사찰)	templo[뗌-ㅁ 쁠로]	temple
절(인사)/…하다	pagyukód/yumukód[빡유꼳/유무꼳]	bow/make a bow
절교하다	basagin ang(makabasag ng) pakikipagkaibigan[바사-긴 앙(마까바-삭 낭) 빠끼끼빡까이비-간] 그들은 싸우고 나서 절교했다.; Silá ay nakabasag ng pakikipagkaibigan pagka-away nilá.	break the friendship
절단/…하다	putol/pumutol, putlín[뿌-똘/뿌무-똘, 부뚤린]	cut
절대적인	buô, lubós[부오', 루보스] 절대적인 진리; ang buóng(lubós na) katatóhanan.	absolute
절대 ~ 않다	hindî ~ kailanmán[힌디' ~ 까일란만] 절대 그것을 하지마라.; Huwág mong gawín iyán kailanmán. 그는 절대 술을 마시지 않는다.; Hindî siyá umíinóm ng alak kailanmán.	never, not ever
절반	kalahati[깔라하-띠']	half
절약/…하다	pagtitipíd/magtipíd[띠삡/막띠삡]	saving/save
절약하는	matipíd[마띠삡], Matipíd na may-bahay ang aking iná.; 나의 어머니는 절약하는 주부이다.	thrifty

절이다/절인	magburo/buro[막부-로/부-로] 절인 배추; burong petsay	pickled/pickle
절정	taluktók, tugatog[딸룩똑, 뚜가-똑]	summit, peak
절차	kaparaanán, paraán[까빠라아난, 빠라안] 빵을 만드는 절차는 무엇이냐?; Anó ang paraán sa paggawâ ng tinapay?	procedure
젊은	batà[바-따']	young
젊은이	batang tao[바-땅 따-오]	youngster, the young
점(얼룩)	batik, mantsa[바-띡, 마-ㄴ짜]	blot, spot
점(점수)	marká, punto[마르까, 뿌-ㄴ또] 그는 높은 점수를 유지하기 위해 열심히 공부한다.; Nag-aaral siyá nag mabuti para magpanatili ng mataás na marká.	mark, point
점심(식사)/… 때	tanghalian/tanghali[땅할리-안/땅하-르리']	lunch/noon
점원	(여성)tindera, (남성)tindero[띤데-라, 띤데-로]	store clerk
점쟁이	manghuhulà[망후후-ㄹ라'] 점을 보다; magpahulà	fortune teller
점점	untí-untí, atay-atay[운띠 운띠, 아-따이 아-따이] 해가 점점 짧아지고 있다.; Ang araw ay nagiging mas maigsî nang untí-untí.	little by little
점화하다	magpaapóy[막빠아뽀이]	ignite
접근하다	lumapit[루마-삗]	approach
접다(종이, 수건 등)	magtiklóp, itiklóp, tiklupín[막띠끌롭, 이띠끌롭, 띠끌루삔] 식탁보를 접어라.; Tiklupín mo ang mantél.	fold
접대하다	tumanggáp ng bisita nang mabaít[뚜망갑 낭 비시-따 낭 마바잍]	receive guests warmly
접속사(문법)	pang-ugnáy, pangatníg[빵우그나이, 빵아뜨닉]	conjunctive

접수…/하다	pagtatanggáp/tumanggáp[빡따땅갑/뚜망갑]	reception/receive
접시	pinggán[삥간] 나는 저녁식사 후에 접시를 씻었다.; Hinugasan ko ang mga pinggán pagkakain ng hapunan.	dish
접착하다(붙이다)	dikitán[디끼딴] 편지에 우표를 붙이세요.; Dikitán ninyó ng selyo ang liham.	stick on
접착제	pandikít[빤디낕]	adhesive
접촉/…하다(맞붙음)	pagdiít, paghipò/magdiít, hipuin, humipò[빡디읻, 빡히-뽀/막디읻, 후미-뽀]	touching/touch
접촉/…하다(만남)	pakikipag-alám, pakikipagkita/makipag-alám, makipagkita[빠끼끼빡알람, 빠끼끼빡끼-따/마끼빡알람, 마끼빡끼-따] 그는 여러 부류의 사람들과 접촉한다.; Nakikipag-alám siyá sa ibá't ibáng tao.	touching, contact/get in touch with
젓가락	sipit ng Insík[시-삗 낭 인씩]	chopsticks
정(情)	pagmamahál, pag-ibig[빡마마할, 빡이-빅]	affection, love
정가(定價)	nakapirmíng presyo[나까삐르밍 쁘레-쇼]	fixed price
정가표	tag ng presyo[딱 낭 쁘레-쇼]	price tag
정각/정각 12시	tapát, sakto[따빧] 정각 2시; alas dos na tapát(saktong alas dos) 버스는 정각 3시에 출발한다.; Áalís ang bus sa saktong alas tres.	sharp
정규(正規)/…의	pormalidád/pormál, palagian, pirmihan[뽀르말리닫/뽀르말, 빨라기-안, 삐르미-한] 그녀는 정규 오리사이다.; Siyá ay palagiang kusinera.	formality/formal, regular
정당(政黨)	pampulítikang partido[빰뿔리-띠깡 빠르띠-도]	political party
정당방위	pagtatanggól sa sarili[빡따땅골 사 사리-ㄹ리] 그는 정당방위로 사람	self-defense

290

	을 죽였다.; Nakamatáy siyá ng tao sa pagtatanggól sa sarili.	
정당(正當)한	matuwíd, marapat[마뚜윋, 마라-빧]	rightful
정당화/…하다	pagbibigáy-katwiran/magbigáy-matwíd[빡비비가이 깥위-란/막비가이 마뚜윋]	justification/justify
정도(程度, 대략, 약)	mga(=mangá), humigít-kumulang[망아, 후미긷 꾸무-ㄹ랑] 이 상자 안에는 약 100개(100개 정도)의 사과가 있다.; Mayroong humigit-kumulang 100 mansanas sa kahon na ito.	about, more or less
정독/…하다	masikháy na pagbasa[마시까이 나 빡바사], másinsinang[마-신시낭] pagbasa /bumasa nang másinsinan[부마-사 낭 마-신시난]	intensive reading/read intensively
정돈/…하다	pakikipagayos/mag-ayos, isa-ayos[빠끼끼빡아-요스/막아-요스, 이사아-요스]	arrangement/arrange
정돈된	maayos[마아-요스]	in good order
정류소	términal[떠-미날]	terminal
정리/…하다	☞정돈/…하다	
정말	palá, talagá[빨라, 딸라가] 정말 미안해.; Pasensiyá ka na, talagá. 정말 이네.;Ang totoó, palá. 정말 잘하네요.; Ang galíng mo, talagá.	really
정면	haráp, harapán[하랖, 하라빤]	façade
정미소	kiskisan, bígasan[끼스끼-산, 비-가-산]	ricemill
정보/…를 주다	kaalaman, kabatirán, impormasyón/ipaalám, magbigáy-alám[까알라-만, 까바띠-란, 이쁘르마숀/이빠알람, 막비가이 알람]	information/inform
정복(征服)/…하다 /…당하다	pagsakop/sumakop/masakop[빡사-꼽/수마-꼽/마사-꼽] 지난 번 전쟁에서 필리핀은 일본에 정복당했다.; Noóng nakaraáng digmaan ang Pilipinas	conquest/conquer

	ay nasakop ng Hapón.	
정부	pamahalaán, gobyerno[빠마할라안, 고비예-르노]	government
정부부서	mga kágawarán pampamahalaán[망아 까-가와란 빰빠마할라안]	department of government
정상(꼭대기)	tuktók[뚝똑]	summit, peak
정상화…/시키다	normalisasyón/normalisahín[노르말리사숀/노르말리사힌]	normalization/normalize
정숙(貞淑)/…한	kahinhinán/mahinhín[까힌히난/마힌힌]	modesty/modest
정시	takdáng oras[딱당 오-라스]	fixed time
정신(근본이념)/…적인	espíritu, káluluwá/pangkáluluwá[에스뻬-리뚜, 까-르룰루와 /빵까-르룰루와]	spirit
정신(의식)	malay-tao[마-르라이 따-오]	consciousness
정신병	sakit sa pag-iisip[사-낃 사 빡이이-싶]	mental disease
정신병원	ospitál para sa mga loko[오스삐딸 빠-라 사 로-꼬]	mental hospital
정신 착란/…의	pagkahibáng/nahíhibáng[빡까히방/나히-히방]	delirium/delirious
정어리	sardinas[사르디-나스]	sardine
정오	☞점심/~ 때	
정원(庭園)	hardín, hálamanán[하르딘, 하-르라마난]	garden
정원(定員)	limitadong bilang ng mga regulár na tauhan, kapasidád ng tauhan [리미따-동 비-랑 낭 망아 레굴라-르 나 따우-한, 까빠시닫] 버스의 승객 정원은 몇 명이냐?; Anóng bilang ang kapasidád ng pasahero sa bus?	limitted number of regular personnel, capacity of personnel
정의(正義)	hustisya, katuwiran[후스띠-샤, 까뚜위-란] 정의는 우리 편이다.; Ang hustisya ay nasa ating panig. 정의는 결국 승리한다.; Panalo ang	justice, righteousness

	katuwiran sa wakás.	
정의(定意)/…하다	pagpapakahulugán/magpaliwanag, ipaliwanag [빡빠빨리와-낙 /막빨리와-낙, 이빨리와-낙]	definition/define
정액	tamód[따몯]	semen
정장	terno[떼-르노]	suit
정전	brown-out[브라운 아울]	blackout
정절(貞節)	katapatan, kalinisang-puri[까따빠-딴, 깔리니-상 뿌-리] 정절을 지키다; mamuhay nang malinis	faithfulness,chastity/chaste
정족수	korum, kuworum[꼬-룸, 꾸워-룸]	quorum
정지/…하다/…시키다	paghintô/humintô/maghintô[빡힌또'/후민또'/막힌또'] 갑자기 경찰이 차들을 정지시키고 있다.; Ang mga pulís ay naghíhintô ng mga sasakyán na bigalâ.	halt/stop/make a stop
정지신호	hudyát ng paghintó[gnwix 낭 빡힌또']	stop signal
정직/…한	katápátan/matapát[까따-빠-딴/마따빧] 정직한 정치가는 많지 않다.; Hindî marami ang mga tapát na pulitikó.	honesty/honest
정찰(偵察)/…하다	pagmamanmán(pagmamatyág) sa kilos ng kaaway[빡마만만(빡마마땍) 사 끼-ㄹ로수 낭 까아-와이]/magmanmán(magmatyág) ng[막만만(막마땍) 낭] kilos ng kaaway	reconnaissance/reconnoiter
정책	pátakarán, pamamalakad[빠-따까란, 빠마말라-깓]	policy
정치/…적인	pulítika/pampulítika[뿔리-띠까/빰뿔리-띠까] 정치 권력; pampulítikang kapangyarihan	politics/political

정치인	estadista, pulítiko[에스따디-스따, 뿔리-띠꼬]	politician
정확/…한	pagwastô/tamà, wastô[빡와스또'/따-마', 와스또']	correctness/correct
젖다	mabasâ[마바사'] 흠뻑 젖다; mabasáng-basá 나는 비에 흠뻑 젖었다; Nabasáng-basá akó sa ulán	get wet
젖병	tsupón[쭈뽄]	nursing bottle
제	sarili, mababang-loób na pananalitâ ng 나(akó); '나'의 겸양어, 나의; akin, ko 제가 말한 것 이해하셨어요?; Naintidihan pô ba ninyó ang sabi ko? 제 전화번호 알고 계세요?;A lám pô ba ninyó ang aking númeró ng teléponó? 제가 함께 가겠습니다.; Pupuntá pô akó kasama. 그는 뭐든지 제 멋대로 해요.; Ginagawâ niyá ang lahát sa sarili.	I, my
제거/…하다	pag-aalís/mag-alís, alisín[빡아알리스/막알리스, 알리신] 단지의 뚜껑을 제거해라.; Alisín mo ang takíp ng palayók.	removal/remove
제고/…하다	pagpabuti/magpabuti[빡빠부-띠/막부-띠]	improvement/improve
제곱/…하다	multiplikasyón ng sariling númeró, parisukát/multiplikahín sa sarili ang númeró[물띠쁠리까숀 낭 사리-ㄹ링 누-메로, 빠리수깓 /물띠쁠리까힌 사 사리-ㄹ리 앙 누-메로] 4의 제곱은 16이다.; Ang parisukát ng 4(apat) ay 16(labing-anim).	square/square a number
제공/…하다	paghahandóg/maghandóg[빡하한독/막한독]	offer/offer
제과점	tindahan ng sari-saring matamís[띤다-한 낭 사-리 사-링 마따미스]	confectionery
제단(종교)	altár, dambanà[알따ㄹ, 담바-나]	altar
제도/…적인	kaparaanán, sistema/may-sistema, maparaán[까빠라아난, 시스떼-마/마이시스떼-마, 마빠라안]	system/systematic

제독	almirante[알미라-ㄴ떼] 그는 제독으로 승진되었다.; Siyá ay itinaás bilang almirante.	admiral
제목	pamagát, título[빠마갇, 띠-뚤로]	title
제물	alay[아-라이] 그들은 양을 제물로 바쳤다.; Ang inihandóg nilá ay tupa bilang alay.	offering, victim
제발	pakiusap[빠끼우-싶] ※ 동사의 어근에 paki-(maki-) 접두사를 붙여서 부탁의 의미로 사용. 제발 이곳에 쓰레기를 버리지 마시오.; Pakiusap na hindî itapón ang basura rito. 택시 좀 불러 주세요.; Pakitawag ninyó akó ng taksi.	please
제방	pampáng[빰빵]	bank
제비(새)	layang-layang[라-양 라-양]	swallow
제비(추첨)	loteriya[로떼리-야]	lottery
제사	pagsambá[빡삼바] 제사는 전통적인 절차에 따라 진행한다.; Ang pagsambá ay nagpapatulóy ayon sa kinaugaliang kaparaanán.	worship for the dead
제삿날	araw ng[아-라우 낭] pagsambá	anniversary of death
제시(提示)/…하다	paghaharáp/magharáp[빡하하랖/막하랖]	presentation/present
제안(提案)/…하다	mungkahì/imungkahi, magmungkahì[뭉까-히/이뭉까-히', 막뭉까-히'] 당신의 제안은 무엇이냐?; Ano ang iminúmungkahì ninyó?	suggestion/suggest
제압/…하다	pamamahalà/pamahalaán[빠마마하-라/빠마마할라안]	control/control
제일(첫번 째)	número una[누-메로 우-나]	number one
제일(형용사의 최상급)	pinaka[삐나까]+형용사, 제일 높다; pinakamataás, 제일 슬프다;	the most

295

		pinakamalungkót 제일 친한 친구; pinakamatalik na kaibigan 제일 편리한 교통수단; pinakamaginhawang sasakyán	
제자		alagád, disípulo[알라갇, 디시-뿔로]	follower, disciple
제정/…하다(법)		pagbabatás/magbatás[빡바따스/막바따스] 법 제정은 입법부의 의무이다.; Ang pagbabatás ay tungkulin ng lehislatura.	establishment of law/establish a law
제조/…하다		pagkakayari/yumari[빡까까야-리'/유마-리']	manufacture/manufacture
제출하다		ibigáy, iharáp[이비가이, 이하랍]	hand out
제품		produkto, gawâ, yarì[쁘로두-ㄱ또, 가와', 야-리'] 이것은 한국산 제품이다.; Itó ay gawâ sa Korea.	product
제한/…하다		takdâ/itakdâ, takdaán[닥다'/이딱다', 딱다안] 우리 클럽의 회원은 10명으로 제한되어 있다.; Ang mga kasapì sa aming samahán ay itinakdâ sa sampû.	limitation/limit
제한된		natátakdaán[나따-딱다안]	limited
제화점		sapateriya[사빠떼리-야]	shoe store
조각		piraso[삐라-소] 한 조각;isáng piraso	piece
조개		kabibi[까비-비]	shellfish
조건		lagáy, kondisiyón[라가이, 꼰디시욘]	condition
조국		bansáng-tinubuan[반상 띠누부-안]	fatherland
조금		kauntî(kontî)[까운띠'(꼰띠)] 한번에 조금씩; kaú-kauntî, 조금씩 조금씩; untî-untî, 조금씩 조금씩 하다; untî-untiín, 저에게 조금만 주세요.; Konting bigyán ninyó akó.	little

조류독감	flu ng ibon[플루 낭 이-본]	bird influenza
조망/…하다	tánáwin/mátanawán[따-나-윈/마-따나완]	view/look out
조명/…하다	ilaw, pailaw/mag-ilaw, ilawan[이-르라우, 빠이-르라우/막이-르라우, 일라-완] 전시회의 조명은 멋있었다.; Kaakit-akit ang pailaw sa perya.	illumination/illuminate
조미료	pampalasa, panimplá[빰빨라-사, 빠님쁠라]	seasoning, condiment
조부모(祖父母)	mga nunò[망아 누-노'] 나의 조부모는 모두 돌아 가셨다.; Patáy nang lahát ang aking mga nunò.	grandparents
조사(調査)/…하다	pagsisiyasat, pagkakasuri/siyasatin, magsuri, suriin[빡시시야-삳, 빡까까수-리'/시야사-띤, 막수-리, 수리-인]	investigation/investigate
조상(祖上)	nunò, ninunò[누-노', 니누-노']	ancestor
조상(彫像)	estátuwá[에스따-뚜와]	statue
조성(造成)/…하다	pag-unlád/mag-unlád, paunlarín[빡운랃/막운랃, 빠운라린] 택지 조성; pag-unlád ng lugár ng tirahan	development/develop, make up
조심/…하다	ingat/ingatan, mag-ingat[이-ㅇ앋/잉아-딴, 막이-ㅇ앋] 조심해.; Ingat ka.	care/take care
조심하는	maingat[마이-ㅇ앋]	careful
조용한/조용히 하다	tahimik/tumahimik[따히-믹/뚜마히-믹] 조용히 해.; Tumahimik kayó.	quiet/be quiet
조의(弔意)/…를 표하다	pakikiramay/makiramay[빠끼끼라-마이/마끼라-마이] 부친상에 대해 삼가 조의를 표합니다.; Nakíkiramay pô ako sa pagkamatáy ng inyóng amá.	condole/condolence
조작/…하다	palsipikasyón/palsipikahín, pumalsipiká[빨시삐까숀/빨시삐삐까힌, 뿌말시삐까] 그는 서류들을 의도적으로 조작했다.; Sadyáng pinalsipiká niyá	falsification/falsify

297

	ang mga papeles.	
조절(調節)/…하다	pagkaakmâ/iakmâ[빡까아끄마'/이아끄마'] 정확히 조절하다; magkáakmá-akmâ	adjustment/adjust
조정(調整)/…하다	☞조절(調節)/~하다	
조제/…하다	paghahandâ ang gamót/maghandâ ng gamót[빡하한다' 앙 가못/막한다' 낭 가못]	preparation of medicine /prepare medicine
조직/…하다	pag-aayos, pagsasaayos/magtatag, magtayô[빡아아-요스, 빡사사아-요스/막따-딱, 막따요'] 그들은 가난한 사람을 돕기 위한 단체를 조직했다.; Silá'y nagtatag ng isáng kapisanan para tumulong sa mga pobre.	organization/organize
조치/…하다	pagkalutás/lumutás, lutasín[빡까루따스/루무따스, 루따신] 그 문제에 대한 그녀의 조치는 모두를 기쁘게 했다.; Ikinatuwâ ng lahát ang pagkalutás niyá sa súlranin.	disposal/dispose
조카	pamangkíng lalaki[빠망낑 라라-끼]	nephew
조폭	Organisadong grupo ng mga gangster[오-가니자-동 구루-뽀 낭 망아 가-ㅇ스터]	organized group of gangsters
조합(組合)	unyón, pagkakaisá, pagsasama[유니온, 빡까까이사, 빡사사-마]	union
조합(調合)/…하다	timplá/magtimplá[띰쁠라/막띰쁠라]	blend, mixture/mix, combine
조항	pangkát, artíkuló[빵깥, 아르띠-꿀로]	article
조화(造花)	hindî tunay na bulaklák[힌디' 뚜-나이 나 부락락]	imitation flower
조화(調和)/…를 이루다	pagkakátugmâ, pagkakáisá/magtugmâ[빡까까-둑마', 빡까-이사/막뚝마'] 그 두 형제는 완벽한 조화를 이룬다.; May ganáp na pagkakáisá ang	harmony/harmonize

		dalawáng magkapatíd.	
족발		isáng pagkain na yarì sa paá ng baboy[이상 빠까-인 나 야-리' 사 빠아 낭 바-보이]	food made by foot of pig
존경/…하다		paggalang, pítagan/gumalang, igalang, mamítagan[빡가-르랑, 삐-따-간 /구마-르랑, 이가-르랑, 마미-따-간]	respect/respect
존경할 만한(스러운)		kagalang-galang[까가-르랑가-르랑], kapita-pitagan[까삐따삐따-간] 존경 스러운 대통령이 많은 사람들 앞에서 연설을 했다.; Nagsalitâ sa haráp ng maraming tao ang kagalang-galang na pangulo. 존경할 만한 행동; kapita-pitagang kilos	respectable
존재/…하다		pagkakaroón, pag-iral/mayroón, umiral[빡까까로온, 빡이-랄/마이로온, 움이-랄]	existence/exist
존중/…하다		pagpapahalagá/magpahalagá[빡빠빠할라가/막빠할라가] 나는 약속을 지키는 사람을 존중한다.; May pagpapahalagá akó sa taong tumútupád sa pangakò.	estimation/esteem
졸리다/졸음		nag-aantók/antók[낙아안똑/안똑]	sleepy/sleepiness
졸업/…하다		gradwasiyón, pagtatapós/magtapós[그랃와시욘, 빡따따뽀스/막따뽀스]	graduation/graduate
졸업생		ang nagtapós[앙 낙따뽀스]	graduate
좀(조금)		kauntî[까운띠'] 그는 영어를 좀 해.; Kauntî na lamang nagsasalitâ siyá ng Íngles.	little
좀(다소)		medyo, humigit-kumulang[메-죠, 후미-긷 꾸무-르랑] 그것은 좀 작다.; Medyo maliít iyán.	more or less
좀(제발)		paki-, maki-[빠끼, 마끼] 좀 기다리세요.; Pakihintáy na ninyó.	please

좁다	(작은 것; 책, 종이, 테이블 등)makitid, (큰 것; 도로, 계곡 등)makipot[마끼-띧, 마끼-뽇] 마음이 좁다.; Makitid ang isip. 방들이 좁다.; Makikipot ang mga silíd.	narrow
좁아지다	kumipot[꾸미-뽇]	become narrow
종/···노릇	alipin/pagkaalipin[알리-삔/빡까알리-삔]	slave/slavery
종(鐘)	kampanà, (작은 종)kulilíng[깜빠-나', 꾸릴링]	bell
종탑(鐘塔)	kampanaryo[깜빠나리오]	bell house
종교	relihiyón[렐리히욘] 종교는 뭐예요?; Anó ang relihiyón ninyó?	religion
종기(腫氣)	pigsá, naknák[삑사, 낙낙]	boil, abscess
종류	uri[우-리'] 직업의 종류; uri ng hanapbuhay	kind
종업원	empleado, kawaní[엠쁠레아-도, 까와니]	employee
종이	papél[빠-뻴]	paper
종합/···하다	pagkabuô/magbuô[빡까부오'/막부오']	synthesis/synthesize
종합적인	sintétiko[신떼-띠꼬]	synthetic
좋다	mabuti, magandá, pino[마부-띠, 마간다, 삐-노] 날씨가 좋다.; Magandá ang panahón. 그의 생활수준은 좋다.; Mabuti ang kanyáng kabuhayan. 그 옷이 좋은 것 같습니다.; Parang pino ang damít na iyán.	good
좋아하다	máibigan, magustuhán, gustó[마-이비간, 마구스뚜한, 구스또] 매우 좋아하다; gustóng-gustó, 그가 좋아하는 것은 먹고 자는거다.; Ang kanyáng gustó ay kumain at matulog.	like
좌석	upuan[우뿌-안]	seat

좌초(배)	pagkáwasák ng bapór[빡까-와삭 낭 바뽀르]	shipwreck
좌회전/…하다	pagpakaliwâ/pumakaliwâ[빡빠까리와'/뿌마깔리와']	left turn/turn left
죄	sala, kasalanan[사-f라, 까살라-난]	guilt, crime
죄 없는	waláng-sala[왈랑 사-ㄹ라]	unguilty
죄송하다	pasensiyá[빠센시야] 죄송합니다.; Pasensiyá na kayó.	sorry
죄수	preso, bilanggó[쁘레-소, 빌랑고] 죄수 두 명이 가 탈옥했다.; Tumakas ang dalawámg bilanggô.	prisoner
주(週)	linggó[링고]	week
주간(週刊)	lingguhang publikasyón[링구-항 뿌브리까숀]	weekly publication
주격(主格: 문법)	kaukuláng palagyô[까우꿀랑 빨라교']	subjective case
주고받다	bigyán at tanggapín[빅얀 앝 땅가삔]	give and take
주관(主管)하다	mamatnugot, pamatnugutan[마맏누-곹, 빠맏누구-딴] 새로운 출판물은 그가 주관한다.; Siyá ang mamámatnugot sa bagong páhayagán.	manage, direct
주걱/…으로 푸다	sandók/sumandók, sandukín[산독/수만독, 산두낀] 형은 주걱으로 솥에서 밥을 펐다.; Sumandók ang kuya ng kanin sa saingán.	rice scoop
주근깨	pekas[뻬-까스]	freckles
주기(週期)적인	may-panahón, paná-panahón[빠나혼/마이 빠나혼, 빠나빠나혼]	period/periodic
주다	ibigáy, bigyán[이비가이, 빅얀] 시원한 물 한 잔 주세요.; Bigyán ninyó akó ng isáng baso ng malamíg na tubig.	give
주된	pangunahín[빵우나힌] 그가 말한 것이 바로 주된 이유이다.; Ang sabi niyá ang pangunahíng dahilán.	main

주름(진)/…을 만들다	kunót/magkunót[꾸놑/막꾸놑]	wrinkle/draw wrinkles
주말	Sábado at Linggó[사-바도 앝 링고]	weekend
주머니	bulsá[불사]	pocket
주먹	kamaó[까마오]	fist
주먹으로 치다	sumuntók, suntukín[수문똑, 순뚜낀]	punch, give a blow
주먹싸움/…을 하다	suntukan/magsuntukan[순뚜-깐/막순뚜-깐]	fistfight/fight with the fist
주목(注目)…/하다	pansín, asikaso/pumansín, asikasuhin[빤신, 아시까-소/뿌만신, 아시까수-힌]	attention/give attention
주문하다	mag-order[막오-더] 음식을 주문하고 싶습니다.; Gusto ko pong mag-order ng pagkain.	order
주민	naninirahan[나니니라-한]	resident
주방/…장	kusinà/punong-kusinero[꾸시-나/뿌-농 꾸시네-로]	kitchen/head cook
주변	paligid[빨리-긷]	circumference
주부(主婦)	maybahay, iná ng tánahan [마이바-하이, 이나 낭 따-나-한]	housewife
주사(注射)/…를 놓다	inyeksiyón/mag-inyeksiyón[인옉시욘/막인옉시욘]	injection/inhect
주석(主席)	punong-upuan[뿌-농 우뿌-안]	top seat
주석(註釋)/…을 달다	komentaryo/magkomentaryo[꼬멘따-리오/막꼬멘따-리오]	annotation/annotate
주소	tirahan, direksiyón[띠라-한, 디렉시욘] 너의 집주소를 말해라.; Sabihin mo ang direksión ng bahay mo.	address
주시/…하다	pagmamasíd/magmasíd, masdán[빡마마신/막마신, 마스단] 아이들은 그 경찰을 주시했다.; Minamasdán ng mga batà ang pulís na iyán.	careful observation/observe carefully
주식(株式)	aksiyón[악시욘]	stock

302

주어(主語, 문법)	simunò[시무-노']	subject
주유/…하다	kargá ng gatong[까르가 낭 가-똥]/magkargá ng[막까르가 낭] gatong	refueling/ refuel
주유소	istasiyón ng gasolina[이스따시욘 낭 가솔리-나]	gas station
주의/…하다	☞조심/…하다	
주의력이 부족한	kulang sa ingat[꾸-ㄹ랑 사 이-ㅇ앝]	careless
주인	may-ari[마이 아-리']	owner
주인공	bida[비-다]	main character
주인공(남자)	bidang lalaki, pángunahíng tauhang lalaki[비-당 라라-끼, 빠-우나힝 따우-항 랄라-끼]	hero
주인공(여자)	bidang babae, pángunahíng tauhang babae[비-당 바바-에, 빠-우나힝 따우-항 바바-에]	heroine
주장(主將)	kapitán ng koponán[까삐딴 낭 꼬뽀난]	team leader
주장(主張)/…하다	giít/gumiít, igiít[기잍, /구미잍, 이기잍] 그는 유산상속에서 그의 권리를 주장했다.; Iginiít niyá ang kanyáng karapatán sa mámanahin.	assertion/assert
주전자	takori[따꼬-리]	kettle
주제	paksâ[빡사'] 주제를 벗어난; walâ sa paksâ	topic
주주(株主)	aksiyonista[악시요니-스따]	stockholder
주지사	gubernadór[구베르나도르] 누가 주지사로 당선되었어?; Sino ang náhalál na gubernadór?	governor of province
주차/…하다	parada/pumarada[빠라-다/뿌마라-다]	parking/park a car
주차장	paradahán[빠라다한]	parking lot

303

주택	☞집	
주택단지	bahayán[바하얀]	housing complex
주택난	kakulangán ng[까꿀랑안 낭] bahay	shortage of house
죽다/죽음	mamatáy/kamátayan[마마따이/까마-따-얀]	die/death
죽은	patáy[빠따이]	dead
죽순	tubò ng kawayan[뚜-보' 낭 까와-얀]	bamboo shoot
준결승	semipaynal[세미빠이날]	semifinal
준비/…하다	paghahandâ/ihandâ, maghandâ[빡하한다'/이한다', 막한다'] 소풍을 가기 위한 모든 준비가 끝났다.; Tapós na ang lahát ng paghahandâ para sa piknik. 우리는 마닐라로 가는 준비를 했다.; Naghandâ kamíng pumuntá sa Maynilà.	preparation/prepare
준비된	handâ, nakahandâ[한다', 나까한다']	ready, prepared
줄(끈, 선)	linya[리-냐]	line
줄(사람, 물건)/…서다	pila/pumila[삐-라/뿌미-라] 얘들아, 두 줄로 서라.; Mga batà, magdalawáng pila.	line/form a line
줄 세우다(사람)	papilahin[빠-삘라-힌]	get people to form a line
줄어들다	lumiít, umuntî[루미잍, 움운띠'] 식량공급이 줄어들고 있다.; Umúuntî ang panustós ng pagkain.	diminish
줄이다	magpaliít, paliitín[막빠리잍, 빨리이띤]	lessen, make smaller
줍기/줍다	pulot/makápúlot[뿌-롣/마까-뿌-롣] 그는 길에서 100페소를 주웠다.; Nakápúlot siyá ng sandaáng peso sa kalye.	picking up/pick up

중간의	katamtaman[까땀따-만]	middle
중국/…의	Tsina/Tsino[찌-나/찌-노]	China/Chinese
중국어	wikang Intsík, wikang Tsino[위-깡 인찍, 위-깡 찌-노]	Chinese language
중국인	Intsík, (남자)Tsino, (여자)Tsina, (소년, 젊은 남성)Tsinito[찌니-또] (소녀, 젊은 여성)Tsinita[찌니-따]	Chinese
중년(中年)…/의	katamtamang gulang[까땀따-망 구-ㄹ랑]/nasa[나-사] katamtamang gulang	middle aged
중단/…하다	hintô/humintô[힌또'/후민또']	halt/stop
중독(성)의/중독되다	may-lason/makáláson[마이 라-손/마까-라-손] 불량한 서적들은 사람의 마음을 중독시킨다.; Ang mga masamáng libró ay nakakáláson sa isip ng tao.	toxic/be addicted
중량/…을 재다	timbáng/timbangín[띰방/띰방인] 중량이 무겁다.; Mabigát ang timbáng.	weight/weigh
중량초과	higít na timbáng[히긷 나 띰방]	overload
중병	malaláng sakít[말랄랑 사낃]	serious illness
중성(中性, 문법))	waláng-kasarian[왈랑 까사리-안]	neutral gender
중세(中世)	gitnáng panahón[긷낭 빠나혼]	Middle Ages
중소기업	maliít at katamtamang kompanya[말리일 앋 까땀따-망 꼰빠-냐]	small and medium enterprise
중심	sentro[세-ㄴ뜨로]	center
중앙	(위치)kalagitnaan, (시간)kalahatián[깔라긷나-안, 깔라하띠안]	middle
중요한	importante[임뽀르따-ㄴ떼] 가족이 일보다 더 중요하다.; Ang pamilya ay lalong importante kaysa sa trabaho.	important
중용(中庸)의	katamtaman[까땀따-만]	middle, average, ordinary

305

중진국	semi-pinaunlád na bansâ[세미삐나운랃 나 반사'] 한국은 중진국을 벗어났다.; Ang Korea ay lumabás sa semi-pinaunlád na bansâ.	semideveloped country
중죄(重罪)	mabigát na kasalanan[마비갇 나 까살라-난]	felony
중추절	☞추석	
중학교	mataás na paáralán, high school[마따아스 나 빠아-랄란, 하이 스쿨](※ 필리핀은 중, 고등학교가 하나로 통합된 학제임.)	high school
쥐	dagâ[다가']	mouse, rat
쥐(근육의 경련)	pulikat[뿔리-깓]	cramp
(손에) 쥐다	kimkimín, kumimkím[낌끼민, 꾸밈낌] 아이는 돈을 손에 쥐었다.; Kininkím ng batà ang pera.	clench
쥐띠	dagáng sodyak[다강 소-쟉]	zodiac of rat
쥐어박다	sumuntók[수문똑]	punch
즉시	pagdaka, ngayón din, agád[빡다-까, ㅇ아욘 딘, 아갇] 즉시(곧) 돌아 오겠다.; Babalík akó agád.	immediately
즐거운	masayá, matuwâ, maligaya[마사야, 마뚜와' 말리가-야] 즐거운 여행 되세요.; Sana magkakaroón kayó ng maligayang paglalakbay.	pleasant, delightful
즐기다	malugód, matuwâ[말루곧, 마뚜와'] 그는 아름다운 음악을 즐기고 있다.; Natútuwâ siyá sa mga magandáng tugtugin.	enjoy
증가/…하다	dagdág, pagdami/dumami[닥닥, 빡다-미/두마-미]	increase/increase in number
증권	katunayan ng aksiyón[까뚜나-얀 낭 악시욘]	certificate of stock
증기/…로 찌다	singáw/pasingawán[싱아우/빠싱아완] 그는 생선을 증기로 쪘다.;	steam/steam

	Pinasingawán niyá ang isdâ.	
증명/…하다	patunay, patotoó/magpatunay, patunayan, magpatotoó[빠뚜-나이, 빠또또오/막빠뚜-나이, 빠뚜나-얀, 막빠또또오] 너의 진술을 증명해라.; Patunayan mo ang iyóng pahayag.	proof/prove
증발/…하다	pagsingáw/sumingáw, matuyô[싱아우, 빡싱아우/수밍아우, 마뚜요'] 물은 증발하였고, 소금이 남아있다.; Natuyô ang tubig at naííwan ang asín.	evaporation/evaporate
증서	dokumento, kasulatan[도꾸메-ㄴ또, 까술라-딴]	document
증손(曾孫)	apó sa tuhod[아뽀 사 뚜-홀]	great-grandchild
증인	saksí, testigo[삭시, 떼스띠-고]	witness
증정품	regalo[레가-ㄹ로]	present
증정하다	magregalo[막레가-ㄹ로]	present
증조모(曾祖母)	lola sa tuhod[로-ㄹ라 사 뚜-홀]	great-grandmother
증조부(曾祖父)	lolo[로-ㄹ로] sa tuhod	great-grandfather
지각/…한	kahulihán/hulí, nahulí[까훌리한/훌리, 나훌리] 그는 항상 수업에 지각한다.;Lagí siyáng hulí sa klase.	lateness/late
지갑	pitakà, kartera, kalupí[삐따-까', 까르떼-라, 깔루삐]	purse
지겨운	nakabábagót, nakayáyamót[나까바-바곳, 나까야-야몯]	boring, tedious
지겹다	mabagót, mayamót[마바-곧, 마야-몯]	feel bored(tedious)
지구	mundó, daigdíg, lupà[문도, 다익딕, 루-빠'] 지구는 우주의 별들 중 하나이다.; Ang daigdíg ay isá sa mga bituín sa alangaang.	earth

지구온난화	ang umíinit nang labis sa daigdíg[앙 움이-이-닡 낭 라-비스 사 다익딕]	global warming
지금	na, ngayón[나, ○아욘] 지금 몇 시야?: Anóng oras na? 지금 가는 길이예요.: Pumupuntá na pô. 나는 지금 너가 필요해.; Kailangan ko ikáw ngayón. 지금 어디에 있어?; Nasaán ka?	now
지금부터	mulâ[물라'] ngayón 지금부터 영어로만 얘기하자.; Mag-usap tayo sa Íngles lang mulâ ngayón.	from now on
지금 바로	ngayón din, kaagád[○아욘 딘, 까아갇]	right now
지나가다	lumipás[루미빠스] 3일이 지나갔다.; Tatlóng araw ay lumipás. ☞통과하다	pass
(너무)지나치다/지나친	lumabis/labis[루마-비스/라-비스] 연극에서 웃기는 장면들은 너무 지나쳤다.; Lumabis ang mga katatawanáng tagpô sa dulà. 지나치게 많다; marami nang labis(masyadong marami)	exceed
지나치다	☞통과/~하다	
지난 달	noóng isáng buwán[노옹 이상 부완]	last month
지난 주	noóng isáng linggó[노옹 이상 링고]	last week
지능	pag-iisip, talino[빡이이-싶, 딸리-노] 인간은 지능을 가졌다.; Ang tao ay may pag-iisip.	intelligence
지다(승부)	matalo[마따-로]	be beaten
지다(해)	lumubóg[루무복] 해가 지고 있다.; Lumulubóg ang araw.	set
지다(짐)	magpasán sa likód[막빠산 사 리꼳]	carry on the back
지도(지리)	mapa[마-빠]	map

지도(指導)/…하다	pamumunò/mamunò[빠무무-노'/마무-노']	leading/lead
지도자	lider, punò, pinunò[리-더, 뿌-노', 삐누-노'] 우리는 훌륭한 지도자가 필요하다.; Kailangan natin ang isáng mabuting lider.	leader
지력(智力)	lakás na pangkaisipán[라까-스 나 빵까이시빤]	mental capacity
지렁이	bulati[불라-띠]	earthworm
지루하다	matagál at nakapápágod[마따갈 앝 나까빠-빠-곧] 그 여행은 지루했다.; Matagál at nakapápágod ang biyahe.	bored
지름길	tuwírang(malapit na) daán[뚜위-랑(말라-삗 나) 다안] 나는 지름길을 알고 있어.; Nákikilala ko ang malapit na daán.	short cut
지리(地理)	heograpiya[헤오그라삐-야]	geography
(후보자로)지명/…하다	pagmumungkahì ng kandidato/magmungkahì ng kandidato[빡무뭉까-히' 낭 깐디다-또/막뭉까-히' 낭 깐디다-또]	nomination/nominate
(직책에)지명/…하다	paghirang/humirang, hirangin[빡히-랑/후미-랑, 히라-ㅇ인] 대통령은 그를 재무부 장관으로 지명했다.; Hinirang siyá ng Pangulo bilang Ministro ng Kágawarán ng Pananalapî.	appoimtment/appoint
지방/…의	lokál na póok, probinsya/lokál, probinsyano[로깔 나 뽀옥, 쁘로비-ㄴ샤/로깔, 쁘로빈샤-노]	local
지방사람	(여성)probinsyana, (남성)probinsyano[쁘로빈샤-나, 쁘로빈샤-노]	
지방신문	lokál na diyaryo[로깔 나 디야-리오]	local newspaper
지방정부	lokál na pámahalaán[로깔 나 빠-마할라안]	local government
지불/…하다	bayad/magbayad[바-얃/막바-얃] 그는 어제 이미 지불했다.; Nagbayad	payment/pay

	na siyá kahapon.	
지붕/…을 덮다	bubóng/magbubóng[부봉/막부봉]	roof/cover with a roof
지사(知事)	gubernadór ng probinsiy□[구베르나도르 낭 쁘로비-ㄴ시야]	governor of province
지사(支社)	sangáy na tanggapan[상아이 나 땅가-빤]	branch office
지상(地上)	ibabaw ng lupá[이바-바우 낭 루-빠']	on the ground
지수(指數)	índise, talátuntunan, indeks[이-ㄴ디세, 딸라-뚠뚜난, 이-ㄴ덱스]	index
지시/…하다	utos, mando/mag-utos, magmando[우-또스, 마-ㄴ도/막우-또스, 막마-ㄴ도] 그는 일꾼들에게 지시할 때 크게 소리를 지른다.; Pásigaw siyá kung mag-utos sa mga manggagawà.	direction/direct
지식	kaalamán, karunungan[까알라만, 까루누-ㅇ안] 총에 대한 지식; Ang kaalamán tungkól sa mga baríl. 그의 지식은 대단하다.; Dakilà ang kanyáng karunungan.	knowledge
지역	lugár, poók, purók[루가르, 뽀옥, 뿌록]	district, region
~지역	ka+관련 단어+an 비사야 지역; Kabisayaan 비콜 지역; kabikulan 따갈로그어 지역; katagalugan	
지역사회	pámayanán[빠-마야난]	community
지우개	pamburá, pamawì[빰부라, 빠마-위']	eraser
지우다	bumurá, pumawì[부무라, 뿌마-위']	erase
지원하다	tumulong, sumaklolo, magbigáy[뚜무-르롱, 수마끄-르로] 그는 가난한 학생들에게 학비를 지원하고 있다.; Siya ay nagbíbigáy ng matrikulá para sa mga mahihirap na estudyante.	help, aid

지저분한	marumí[마루미]	dirty
지적인	matalino, marunong[마딸리-노, 마루-농]	intelligent
지점(支店)	☞지사(支社)	
지점(地點)	dako, lugár, [다-꼬, 루가르]	spot, point
지정/…하다	pagkamarká, paghirang/magmarká, humirang[빡까마르까, 빡히-랑/막마르까, 후미-랑]	designation/designate
지주(地主)	propyetaryo[쁘로뻬따-리오]	landowner
지지/…하다	taguyod/magtaguyod[따구-욛/막따구-욛] 희망은 위기에 봉착했을 때, 우리를 지지해 준다.; Ang pag-asa ang nagtátaguyod sa atin sa oras ng kagípítan.	support/support
지진	lindól[린돌]	earthquake
지치다	mapagod[마빠-곧] 그녀는 쉽게 지친다.; Madalî siyáng mapagod.	become tired
지치게 하다	ikapagod, makapagod[이까빠-곧, 마까빠-곧] 장시간의 보행이 나를 지치게 했다.; Ang matagál na paglalakád ay nakapagod sa akin.	
지키다(방어하다)	ipagtanggól, magtanggól[이빡땅골, 막땅골] 군인들이 나라를 지킨다.; Ang mga sundalo ay nagtátanggól ng bansâ.	protect
지키다(살피다)	magbantáy[막반따이]	take care of
지키다 (준수하다)	tumupád[뚜무빧]	observe
지탱하다/지탱시키는 것	tumukod, magtukod/tukod[뚜무-꼳, 막뚜-꼳/뚜-꼳] 벽들이 지붕을 지탱한다.; Ang mga padér ay tumútukod sa bubóng.	prop, hold up/prop
지팡이	bastón, tungkód[바스똔, 뚱꼳]	stick, cane

지하	ilalim ng lupà[일라-ㄹ림 낭 루-빠']	underground
지하갱도	tunél sa[뚜넬 사] ilalim ng lupà	underground tunnel
지하수	tubig ng poso[뚜-빅 낭 뽀-소]	underground water
지형(地形)	topographiya, pagsasaayos ng lupà[또뽀그라피-야, 빡사사아-요스 낭 루-빠']	topograohy
지휘(指揮)/…하다	utos, mando/mag-utos, magmando[우-또스, 마-ㄴ도/막우-또스, 막마-ㄴ도] 지휘관의 명령은 '사격하라'이다.; Ang utos ng komandante ay magpaputók.	command/take command
직류전기	túwírang koryente[뚜-위랑 꼬레ㄴ-떼]	direct current(DC)
직무	gawain, trabaho[가와-인, 뜨라바-호]	one's duty
직속	ilalim ng direktang kontról[일라-림 낭 디레-ㅋ땅 꼰뜨롤] 나는 사장 직속으로 근무한다.; Akó'y nagtátrabáho sa ilalim ng direktang kontrol ng hepe.	direct control
직업	hanapbuhay[하낲부-하이]	job, occupation
직원	kawaní, emplado[까와니, 엠쁠라-도]	employee
직위	puwesto, ranggo sa opisina[뿌웨-스또, 라-ㅇ고]	position, rank in office
직장(職場)	gawaan, opisina[가와-안, 오삐시-나]	workshop, office
직접	direkta[디레-ㅋ따] 그에게 직접 말하고 싶다.; Gustó kong sabihin sa kanyá nang direkta. 그에게 직접 보고하겠다.; Akó ay ulat sa kanyá nang direkta.	directly
직접목적어(문법)	túwírang layon[뚜-위랑 라-욘]	direct object

직접적인	tuwíd[뚜윋]	straight, direct
직진하다	pumuntá deretso[뿌무-ㄴ따 데레-쪼]	go straight
직책	responsibilidád sa trabaho[레스뽄시빌리닫 사 뜨라바-호] 너의 직책에 충실하라.; Maging tapát sa iyóng responsibilidád sa trabaho.	responsibility of work
진공	bakyúm[바꿈]	vacuum
진공청소기	panlinis na humihigop ng dumí[빤리-니스 나 후미히-곱 낭 두미]	vacuum cleaner
진공펌프	bomba ng bakyúm[보-ㅁ바 낭 바꿈]	vacuum pump
진드기	garapata[가라빠-따]	tick
진료/…하다	medikál na pagkakásuri at paggamót[메디깔 나 빡까까-수-리ㆍ앋 빡가몯]/gawín ang[가윈 앙] medikál na pagkakásuri	medical examination and treatment
진보/…하다	pagsulong, pagsugod/sumulong, sumugod[빡수-ㄹ롱, 빡수-곧/수무-ㄹ롱, 수무-곧] 과학에 많은 진보가 있다.; May malakíng pagsulong sa siyénsiyá.	advancement/advance
진술/…하다	pahayag/ipahayag, magpahayag[빠하-약/이빠하-약, 막빠하-약] 너의 생각을 분명하게 진술하도록 노력해라.; Pagsikapan mong ipahayag nang maliwanag ang iyóng kuru-kurò.	statement/state
진실/…한	katotohanan/totoó[까또또하-난/또또오] 그것은 진실이다.; Totoó iyán.	truth/true
진열/…하다	pagpapakita/magpakita[빡빠-빠끼-따/막빠끼-따]	exhibition/exhibit
진입금지	bawal ang pumasok[바-왈 앙 뿌마-속]	entrance forbidden
진정(鎭靜)/…하다	kahinahunan/huminahon[까히나후-난/후미나-혼] 그 사람과 대화하기 전에 우선 진정해라.; Huminahon ka muna bago ka makipag-usap sa	pacification/pacify

	kanyá.	
진정제	kalmante[깔마-ㄴ떼]	sedative
진짜	tunay na bagay[뚜-나이 나 바-가이]	genuine article
진찰/…을 받다	rikonosí/magparikonosí[리꼬노시/막빠리꼬노시] 나는 의사의 진찰을 받겠다.; Magpáparekonosí akó sa doktór.	diagnosis/get a doctor's diagnosis
진찰하다	rikonosihín[리꼬노시힌]	see a patient
진창의(질척이는)	maputik[마뿌-띡]	muddy
진통제	gamót na pampaalís ng sakít[가몯 나 빰빠알리스 낭 사낃]	painkiller
진퇴양난	☞궁지	
진하다(색깔 등)	magulang[마구-ㄹ랑]	dark
진하다(액체)	malapot[말라-뽇]	thick
진하다(마실 것)	matapang[마따-빵], 진한 커피; matapang na kapé	strong
진행/…하다	pagsulong/sumulong[빡수-롱/수무-롱]	progress/make progress
진화(進化)/…하다	ebolusiyón/bumalangkás[에보루시욘/부말랑까스]	evolution/evolve
진화(鎭火)하다	patayín ang sunog[빠따이인 앙 수-녹]	extinguish fire
진흙	luwád, luád[루왇, 루앋] 과거에는 진흙으로 벽을 만들었다.; Noóng nakaraán, ang mga padér ay gawâ sa luwád.	clay
질기다	matibay[마띠-바이] 이 신발은 매우 질기다.; Sobrang matibay ang sapatos na itó.	durable
질녀	pamangkíng babae[빠망낑 바바-에]	niece
질리다	mainís[마이니스] 나는 그에게 질렸다.; Naíinís akó sa kanyá.	be disgusted

질문/…하다	tanóng/magtanóng[따농/막따농] 질문 좀 드려도 될까요?; Puwede pô ba akóng magtanóng?	question/ask question
질문하는 사람	tagapagtanóng[따가빡따농]	questioner
질식/…하다/…시키다	pagkainís/mainís/inisín, uminís[빡까이니스/마이니스/이니신, 움이니스]	suffocation/be suffocated
질의 및 답변	katánúngan at kaságútan[까따-누-ㅇ안 앝 까사-구-딴]	question and answer
질책/…하다	pagmumurá/magmurá, murahin[빡무무라/막무라, 무라-힌] 나는 그가 밤 늦게 돌아와서 질책했다.; Minura ko siyá dahil sa pag-uwî nang gabî na hulí.	scolding/scold
질투/…하다	pagseselos, panibughô/magselos, manibughô[빡세세-르로스, 빠니북호' /막세-르로스, 마니북호'] 그의 아내는 질투하고 있다.; Nanínibughô ang kanyáng asawa.	jealousy/be jealous
질투하는	nanínibughô, selosa(여자), seloso(남자)[나니-니북호', 셀로-사, 셀로-소]	jealous
짊어지다	bumalikat, balikatin[부말리-깓, 발리까-띤] 그는 조카의 대학교 학비에 대한 책임을 짊어졌다.; Binilikat niyá ang matrikulá ng koléhiyó para sa pamangkin.	take on the shoulders
짐	pasán, karga[빠산, 까-르가] 짐은 어떻게 보내요?; Paáno ipapadalá ang karga?	burden, load
짐작/…하다	hulà/hulaan, humulà[후-라/훌라-안, 흐물라'] 나의 나이를 짐작해 보아라.; Hulaan mo ang aking edád.	guess/guess
집	bahay[바-하이] 집은 어디예요?; Saán ang bahay ninyó?	house
집 근처	lapit ng[라-뼅 낭] bahay	in the near from house

315

집 주소	direksiyón ng[디렉시욘 낭] bahay, 당신 집 주소 알려줄 수 있어요?; Puwede ko bang kilalá ang direksiyón ng bahay ninyó?	address of residence
집주인	may-ari ng bahay, propyetaryo[마이 아-리' 낭 바-하이, 쁘로뻬따-료]	landlady, landlord
집중하다	iukol ang buóng pag-iisip[이우-꼴 앙 부옹 빡이이-싶] 그는 공부에 집중하고 있다.; Iniuukol niyá ang buóng pag-iisip sa pag-aaral.	concentrate
집행/…하다	pagsasagawâ/isagawâ[빡사사가와'/이사가와'] 간호원은 의사의 지시를 집행했다.; Isinagawâ ng nars ipinag-utos ng doktór.	execution/execute
집회	pagtitipon[빡띠띠-뽄]	assembly
집회실(장소)	tipunán[띠뿌난]	place of assembly
징조	síntomás, palátandaan[신-ㄴ또마스, 빨라-딴다-안]	symptom
짜다(직물)	maghabi, maglala[막하-비, 막라-ㄹ라]	weave
짜다(맛)	maasín, maalat[마아신, 마아-ㄹ랃] 약간 짜다; maalát-alát [마알랃알랃] 음식이 전체적으로 약간 짜다.; Ang pagkain sa kalahatán ay maalát-alát.	salty
짜다(즙, 기름)	pumigâ, pigaín[뿌미가, 삐가인]	squeeze
짜증/…나게 하다	kayamután/yamutín[까야무딴/야무띤]	irritation/irritate
짜증을 잘 내는	mayámútin[마야-무-띤] 그 아이는 아프기 때문에 짜증을 잘 낸다.; Mayámútin ang batà dahil siyá ay may-sakít.	fretful, irritable
짝/…을 짓다	pareha, tambál/magpareha, magtambál[빠레-하, 땀발/막빠레-하, 막땀발] * 한 짝(신발 등); kaparis	partner, couple/pair off
짧다/짧게 하다	maiklî, maigsî/paiklíin, paigsín[마이끌리', 마익시'/빠-이클리인, 빠익신]	short/shorten

	너무 짧게 자르지 마세요.(이발소에서); Huwág masyadong maiklî.	
짧아지다	umigsî[움익시]	become short
쪼이다	masikíp[마시낍] 새 구두가 너무 쪼인다.; Masyadng masikíp ang bagong sapatos.	tight
쫓다	☞추적/~하다	
(빛이)쬐다	magningníng[막닝닝]	shine on
(햇볕을)쬐다	magpainít[막빠이닡] 그는 추워서 햇볕을 쬐고 있다.; Nagpápainít siyá dahil malamíg. *악센트에 유의	bask in the sun
(불을)쬐다	magpainit ng katawán (sa apóy)[막빠이-닡 낭 까따완 (사 아뽀이)]	warm the body (by the fire)
(햇빛에)쬐이다	magpaaráw[막빠아라우]	put in the sun
찌르다	sumaksák[수막삭] 누가 그를 찔렀느냐?; Sino ang sumaksák sa kanyá?	stab
(사진을) 찍다	kumuha (ng larawan)[꾸무-하 (낭 라라-완)] 누가 너의 사진을 찍었느냐?; Sino ang kumuha ng larawan mo?	
(도장을) 찍다	magtaták, tatakán[막따딱, 따따깐] 서류에 도장을 찍다; tatakán ang mga papeles	stamp
(도끼로) 찍다	magputol, putulin[막뿌-똘, 뿌뚜-린] 그는 도끼로 나무를 찍어 넘겼다.; Pinutol niyá ang isáng punò sa pamamagitan ng palakól.	
찢다/찢어진	pumunit, punitin/punít[뿌무-닡, 뿌니-띤/뿌닡] 종이를 찢다; punitin ang papél	tear

317

ㅊ 차

차(교통)	kotse, sasakyán[꼬-쩨, 사사끼얀]	car, vehicle
차(음료)	tsa[짜] 차 준비 중이에요.; Naghahandâ pô akó ng tsa.	tea
차갑다	malamíg, magináw[말라믹, 마기나우]	cold, chilly
차고	garahe[가라-헤]	garage
차관(次官)	pangalawang ministro[빵알라왕 미니-스뜨로]	vice minister
차관(借款)	utang[우-땅] 그들은 우리나라에 30 억 달러의 차관을 요청했다.; Humingî silá sa ating bans âng utang na tatlóng bilyóng dolyár.	loan
차기/차다(발로)	sipà/sumipà, sipain[시-빠', 수미-빠', 시빠-인]	kicking/kick
차도(車道)	daanán ng sasakyán[다아난 낭 사사끼얀]	roadway
차례(행사)	pagkakasunúd-sunód[빡까까수눈수놀] 차례대로; sang-ayon sa pagkakasunúd-sunód	sequence
차례(순번)	turno[뚜-르노]	turn
차마(車馬)	sasakiyán at kabayo[사사끼얀 알 까바-요]	horse and vehicle
차별/…하다	pagtatangi-tangì/magtangi, itangì[빡따따-ㅇ이따-ㅇ이/막따-ㅇ이, 이따-ㅇ이] 법은 인종을 차별하지 않는다.; Ang batás ay hindî nagtátangì ng lahì.	discrimination/discriminate
차용하다(돈)	umutang, mangutang[움우-땅, 망우-땅] 그는 나에게서 항상 돈을 차용한다.; Lagì siyáng umúutang sa akin.	get a loan
차이/…가 나다	deperensiyá, kaibahán/magkaibá[데뻬렌시야, 까이바한/막까이바] 그들은	difference/differ

	의견에 차이가 난다.; Nagkakáibá silá sa kuru-kurò.	
차지/…하다	okupasyón, pagkakásákop/umukupá, sumakop[오꾸빠숀, 빡까까-사-꼽 /움우꾸-빠, 수마-꼽]	occupation/occupy
착륙/…하다	paglapág/lumapág[빡라빡/르마빡] 착륙장; pálapagan 우리가 기다리던 비행기가 착륙했다.; Lumapág ang eruplanong hiníhintáy namin.	landing/land down
착하다	mabaít[마바잍]	good
찬란하다	makináng[마끼낭] 찬란한 보석; makináng na hiyás	splendid
찬성/…하다	pagpayag/pumayag, payagan[빡빠-약/뿌마-약, 빠야-간] 그는 우리의 결정에 찬성했다.; Pumayag siyá sa aming pasiyá.	agreement/agree
찬양/…하다	puri/purihin, pumuri[뿌-리/뿌리-힌, 뿌무-리] 하느님을 찬양하라.; Purihin ang Diyós.	praise/praise
찰떡	putomaya[뿌또마-야]	cake made of sticky rice
참가하다	☞참여하다.	
참견하다	sumali sa usapan[수마-ㄹ리 사 우사-빤] 우리 말에 참견하지마.; Huwág kang sumali sa usapan namin.	interrupt in
참고/…하다	sanggunián/sumangguni[상구니안/수망구-니'] 이 책을 참고해라.; Sumangguni ka ng aklát na itó. 사전은 참고 도서이다.; Ang diksiyunaryo ay isáng aklát na sanggunián.	reference/refer
참깨	lingá[링아]	sesame
참다	magtiís, tiisín[마띠이스, 띠이신] 못 참겠다; hindî maáaring matiís	tolerate bear, put up with
참석/…하다	pagdaló/dumaló[빡달로/두말로] 많은 사람들이 회의에 참석했다.;	attend

	Maraming tao ay dumaló sa miting.	
참여하다	makisama, sumali[마끼사-마, 수마-르리]	take part in
참을 수 있는(웬만한)	mapagtitiisán, matítiís[마빡띠띠이산, 마띠-띠이스] 육체적 고통은 아직 참을 수 있다.; Mapagtitiisán pa ang sakít sa katawán.	tolerable, bearable
참치	tuna[뚜-나]	tuna
찹쌀	madikít na bigás[마디낄 나 비가스]	sticky rice
창(槍)	sibát[시밭]	spear
창가	tabí ng pintanà[따비 낭 빈따-나']	side of window
창구	pambilang(요금 계산), dúrungawán(내다 보는 곳)[빰비-르랑, 두-룽가완]	a window
창문	bintanà[빈따-나] 창문을 닫으세요.; Isará ninyó ang bintanà. 창문을 여세요.; Buksán ninyó ang bintanà.	window
창백/…하다	putlâ/maputlâ[뿓뜰라'/마뿌뜰라']	paleness/pale
창조/…하다	paglikhâ/lumikhâ, likhaín[빡릭하'/루믹하', 릭하인]	creation/create
창피/…를 느끼다	hiyâ/mahiyâ[히야'/마히야'] 창피를 모르는; waláng hiyâ	shame/feel shamed
창피한	kahiyâ-hiyâ[까히야' 히야']	shameful
찾다	humanap, hanapin[후마-낲, 하나-삔]	search, look for
찾아내다	☞발견하다	
채	chae, yunit sa pagbilang ng bahay, 집 두 채; dalawáng bahay	chae, unit for counting house
채가다	dumagit[두마-긷] 독수리가 작은 양 한 마리를 채갔다.; Ang ágila ay dumagit ng isáng maliít na tupa.	snatch suddenly
채권(債券)	sanglâ[상라']	bond

채소	gulay[구-ㄹ라이]	vegetable
채식(菜食)/…하다	pagkain ng gulay/mabuhay sa gulay[빡까-인 낭 구-ㄹ라이/마부-하이 사 구-ㄹ라이] 채식주의자; taong makagulay at dî kumakain ng karné	vegetarian meal/live on vegatables
채용/…하다	pag-upa/umupa[빡우-빠/우무-빠] 가게 주인은 2명의 여자 점원을 고용했다.; Umupa ang may-ari ng tindahan ng dalawáng tindera.	employment/employ
채찍/…질하다	pamalò, (말채찍)látigó/paluin, látiguhín[빠마-ㄹ로', 라-띠고/빨루-인, 라-띠구힌] 그는 말에 채찍질을 했다.; Linatigó niyá ang kabayo.	whip/whip
책	aklát, libró[아끌랕, 리브로]	book
책꽂이	sálansanan ng[살란사-난 낭] aklát	bookshelf
책상	desk, pupitre[데스크, 뿌삐-뜨레]	desk
책임/…있는	responsibilidád, pananagutan/may-pananagutan, nananagót[레스뽄시빌리닫, 빠나나구-딴/마이 빠나나굳-딴, 나나나곧] 그 사건에 대해서는 그가 책임이 있다.; Siyá ay may-pananagutan sa nangyaring iyán	responsibility/responsible
책임감	karamdaman ng[까람다-만 낭] responsibilidád	sense of responsibility
책잡다	☞질책/~하다	
챔피언	kampeón[깜뻬온]	champion
처	maybahay[마이바-하이]	wife
처가	bahay ng mga magulang ng[바-하이 낭 망아 마구-ㄹ랑 낭] maybahay	house of wife's parents
처남	nakababatang bayáw[나까바바-땅 바야우]	brother-in-law
(~)처럼	tulad ng ~, parang ~[뚜-ㄹ랃 낭 ~, 파-랑 ~] 저 아이는 어른처럼 행동한다.; Kumíkilos ang barang iyón tulad ng matandáng tao.	like

처리/…하다(취급)	bahalà, patnugot/mamahalà, mamatnugot[바하-르라', 빨누-골 /마마하-르라', 마맡누-골] 시작부터 끝까지 메리가 그 일을 취급했다.; Si Maria ang namatnugot(namahalà) sa trabahong iyán mulâ sa umpisá hanggáng matapos.	management/manage
처리/…하다(처분)	pagtatapon/itapon, magtapon[빡따따-뽄/이따-뽄, 막따-뽄]	disposal/dispose
처방/…하다	hatol/ihatol[하-똘/이하-똘]	prescription/prescribe
처방전	reseta, hatol[레세-따, 하-똘] 기침 처방전; reseta para sa ubó	prescription
처신/…하다	kilos, kaasalán/kumilos, mag-asal[끼-로스, 까아살란/꾸미-로스, 막아-살] 바보처럼 처신하지마.; Huwág kang kumilos parang loko.	behavior/behave
처음	unang pagkakataón[우-낭 빡까까따온]	first time
처음부터	mulâ sa[물라' 사] unang pagkakataón	from the first time
처제	nakababatang hipag[나까바바-땅 히-빡]	sister in law
척	yunit ng pagbilang sa sasakyáng-dagat, 어선 세 척; tatlóng bangkang pangisdâ	unit for counting ship
(~하는)척 하다	magkunwarî[막꾼와리'] 그는 아픈척 했다.; Nagkunwarî siyáng may sakít.	pretend
천(숫자)	libo[리-보]	thousand
천거/…하다	rekomendasyón/irekomendá, magrekomendá[레꼬멘다숀/이레꼬멘다, 막레꼬멘다] 우리는 그 일에 대해서 그를 천거했다.; Inirekomendá namin siyá sa trabahong iyán.	recommendation/recommend
천국	paraiso, langit[빠라이-소, 라-○일]	paradise

천둥	kulóg[굴록] 천둥과 번개; kulóg at kidlát	thunder
천만(숫자)	sampúng milyón[삼뿡 밀욘]	ten million
천만에요.	Walâ pong anumán.[왈랑 뽕 아누만]	Not at all, sir.
천사	anghel[아-ㅇ헬]	angel
천연(天然)/…의	kalikasan/likás, naturál[까리까-산/리까스, 나뚜랄]	nature/natural
천연자원	ang mapagkukunang likás[앙 마빡꾸-꾸낭 리까스]	natural resources
천장	kísame[끼-사메] 쥐들이 천장에서 회의를 열었다.; Nagpulong ang mga dagâ sa kísame.	ceiling
천천히	dahán-dahán[다한 다한] 그 노인은 천천히 걷고 있다.; Ang matandáng tao ay lumálákad nang dahán-dahán. 천천히 말하세요.; Dahán-dahán kayóng magsalitâ.	slowly
철(금속)	bakal[바-깔]	iron
철도	daáng-bakal[다앙 바-깔]	railway
철도역	estasyón ng tren[에스따숀 낭 뜨렌]	railway station
철면피하다	mapakál ang mukhâ[마빠깔 앙 묵하']	be brazenfaced
철물점	hardwer[하-드웨어]	hardware shop
철사	alambre[알라-ㅁ브레]	wire
첩	kalunyâ, kerida[깔루냐', 께리-다]	concubine
첫 번째	una, panguna[우-나, 빵우-나]	first
첫사랑	unang pag-ibig[우-낭 빡이-빅] 첫사랑의 추억은 언제나 아름답다.; Laging magandá ang pag-alaala ng unang pag-ibig.	first love

323

청각	pandiníg[빤디닉]	sense of hearing
청구/…하다	kahílingan/humilíng[까히-리리-○안/후밀링]	requisition/requisition
청구서	kuwenta[꾸웨-ㄴ따]	bill
청년	batà[바-따']	youngster
청년시절	panahón ng[빠나혼 낭] batà	one's younger years
청량음료	inuming malamíg[이누-밍 말라믹]	cooling beverage
청바지	maóng[마옹]	jeans
청소/…하다	paglilinis/maglinis, linisin[딱리리-니스/막리-니스, 리니-신] 누가 마루를 청소하고 있느냐?; Sino ang naglílinis ng sahíg?	cleaning/clean
청소부	tagalinis[따가리-니스]	cleaner
청원/…하다	kahílingan, petisyón/humilíng[까히-리리-○안, 뻬띠숀/후밀링]	petition/petition
청혼/…하다	alók na pagpapakasál, pagligaw/lumigaw[알록 나 빡빠빠까살, 빡리-가우/루미-가우]	courtship/court
체계/…적인	kaparaanán, sistema/may-sistema, maparaán[까빠라아난, 시스떼-마/마이 시스떼-마, 마빠라안]	system/systematic
체력	lakas ng katawán[라까스 낭 까따완]	physical strength
체스/…를 두다	ahedres/mag-ahedres[아헤드레스/막아헤드레스]	chess/play chess
체온	temperatura ng katawán[뗌뻬라뚜-라 낭 까따완] 당신 체온을 재 봅시다.; Susúkátin ko ang temperatura ng katawán ninyó.	body temperature
체육	pinag-aralan na pangkatawán[삐낙아라-ㄹ란 나 빵까따완]	physical education
체제(體制)	pátakarán, pamamalakad[빠-따까란, 빠마말라-깓]	organization, system, structure

체중/…을 재다	timbáng ng katawán/timbangín ang katawán[띰방 낭 까따완/띰방인 앙 까따완]	body weight/weigh the body weight
체중계	timbangan[띰바-ㅇ안]	weighing machine
체질	pangangatawán[빵앙아따완] 그는 약한 체질을 가지고 있다.; Siyá'y may mahinang pangangatawán.	physical contitution
체크무늬	dibuho ng check[디부-호 낭 쳌]	check pattern
(~인)체하다	☞(…하는)척 하다	
체하다(음식)	mabigát nasa tiyán[마비같 나사 띠얀] 체한것 같아요.; Pakiramdám ko ay mabigát nasa tiyán.	heavy on the stomach
초(시간)	segundo[세구-ㄴ도]	second
초과/…하다.	kahigitán/humigít, mahigtán, higtán[까히기딴/후미깉, 마히갇, 힉딴] 너는 항상 일일 지출한도를 초과한다.; Laging nahíhigtán mo pang-araw-araw na gugol.	excess/exceed
초대/…하다	anyaya, kumbidá/anyayahan, kumbidahín[안야-야, 꿈비다/안야야-한, 꿈비다힌] 나는 친구에게서 다시 방문해 달라고 초대를 받았다.; Inanyayahan akó ng aking kaibigan na magbista ulî sa kanyá.	invitation/invite
초대장	liham ng paanyaya[리-함 낭 빠안야-야]	invitation card
초등학교	mababang páaralán, elementarya[마바-방 빠-아랄란, 엘레멘따-랴]	elementary school
초록색	berde, luntî, luntián[베-르데, 룬띠', 룬띠안]	green
초목	mga punò at mga halaman[망아 뿌-노' 앝 망아 할라-만]	trees and plants
초상화	pintura ng mukhâ o pigura ng tao[삔뚜-라 낭 묵하' 오 삐구-라 낭 따-	portrait

	오|	
초안	buradór[부라도르] 너가 읽은 것은 연설문 초안이다.; Buradór ng talumpati ang nábása mo.	draft
초원	damuhán[두무한]	grassland
초인종	timbre[띠-ㅁ브레] 초인종을 눌러라.; Diinán mo ang timbre.	doorbell
초조(불안)/초조하다	pagkabalisa, mabalisa, waláng pasensya[빡까발리-사/마발리-사, 왈랑 빠세-ㄴ샤] 너의 실수에 대해 초조해 하지마라.; Huwág kang mabalisa sa iyóng kamálían.	fretful, irritable/fret
촉진/…하다	pagpabilís/magpabilís[빡빠빌리스/막빠빌리스] 비료는 식물의 성장을 촉진한다.; Ang patabâ ay nagpapábilís sa paglakí ng halaman.	accelerate/acceleration
총(銃)	baril[바릴]	gun
총각	binatà[비나-따']	bachelor
총감독	tagapamahalang panlahát[따가빠마하-ㄹ랑 빤라핟]	general manager
총리	pangunahíng ministro[빵우나힝 미니-스뜨로]	prime minister
총자본금	buóng kapitál[부옹 까삐딸]	gross capital
총탄	baríl at bala[바릴 앋 바-라]	gun and bullet
총합계	buóng halagá[부옹 할라가]	total amount
최고	ang pinakamataás[앙 삐나까마따아스]	the highest
최고기온	pinakamataás na temperatura[삐나까마따아스 나 뗌뻬라뚜-라]	the highest temperature
최근에	kamakailán lamang[까마까일란 라-망] 최근에 그는 반항적이었다.; Kamakailán lamang ay masúwáyin siyá.	recently

326

최대의	pinakamarami[비나까마라-미]	the biggest
최선(最善)	lahát ng makakaya[라핱 낭 마까까-야] 최선을 다해 공부하겠다.; Gagawín ko ang lahát ng makakaya ko sa pag-aaral. 최선을 다해 도와 드리겠습니다.; Gagawín ko pô ang lahát ng makakaya ko para tulungan kitá.	one's best
최소(…한)	(양)pinakakontî[삐나까곤띠'], (사이즈)pinakamaliít, 나는 매일 최소한 우유 한 컵을 마셔야 한다.; Ang pinakakonting gatas dapat kong inumín sa araw-araw ay isáng baso.	at least
최신의	pinakabago[비나까바-고]	the newest
최저의	pinakamababà[삐나까마바-바']	the lowest
최저기온	pinakamababang temperatura[삐나까마바-방 뗌뻬라뚜-라]	the lowest temperature
최저임금	pinakamababang pasahod[삐나까마바-방 바사-홀]	the lowest wage
최종점수	pinakahulíng puntós[삐나까훌링 뿐또스]	the last score
최초/…에	pasimulâ/sa pasimulâ[빠시물라'/사 빠시물라'] 최초에 하느님이 천지를 창조하였다.; Sa pasimulâ nilikhâ ng Diyós ang langit at lupà.	the beginning
최후/…의	ang hulí, katapusán/panghuli[앙 훌리, 까따뿌산/빵훌리] 누가 최후의 승자가 될까? Sino ang magíging panghulíng nagwagí?	the last
추가/…하다	dagdág/idagdág[닥닥/이닥닥]	addition/add
추상명사(문법)	pangngalang abstract[빵○아-ㄹ랑 앱스트랙트]	abstract noun
추상적인(이해하기 어려운)	mahirap unawain[마히-랍 우나와-인] 추상적인 설명; ang paliwanag na mahirap unawain	abstract

327

추석	araw ng pagpapasalamat[아-라우 낭 빡빠-빠살라-맡]	thanksgiving day
추억/…하다(기억하다)	alaala, gunitâ[알라아-르라, 구니따'];/máalaala, gumunitâ [마-알라아-르라, 구무니따'] 너는 아직도 해변에서 있었던 일을 기억하느냐?; Náaalaala mo pa ang pangyayari sa aplaya?	recollection/recollect
추위/추운	gináw, lamíg/magináw, malamíg[기나우, 라믹/마기나우, 말라믹] 한국의 겨울은 매우 춥다.; Sobrang malamig ang taglamíg sa Korea.	coldness/cold
추위지다	maging[마-깅] malamíg(maginaw) 날씨가 벌써 추워졌다.; Naging malamig na ang panahón.	become cold
추월하다	umabot[움아-봍] 푸른 색 차가 우리를 추월했다.; Umabot sa amin ang awtong asúl.	overtake
추적/…하다	paghabol, tugis/tugisin, habulin[빡하-볼, 뚜-기스/뚜기-신, 하부-린] 그는 도둑을 추적했다.; Hinabol(Tinugis) niyá ang magnanakaw.	pursue/pursuit
추적자	mánunugis, tagatugis[마-누누-기스, 따가누-기스]	pursuer
추진/…하다	tulak, pagtutulak/itulak, magtulak[뚜-ㄹ라ㄱ, 빡뚜뚜-ㄹ라ㄱ/이뚜-ㄹ라ㄱ, 막뚜-ㄹ라ㄱ] 대통령은 노동조합의 개혁을 강력히 추진했다.; Mariíng itinulak ng Pangulo ang reporma sa unyón ng mga manggagawâ.	propulsion/propel, push forward
추천/…하다	☞천거/~하다	
추첨	loterya, sápalarán[로떼-리아, 사-빨라란]	lottery
추측/…하다	hulà/humulà, hulaan[후-ㄹ라'/후무-ㄹ라, 훌라-안] 내 나이를 추측해 보아라.; Hulaan mo ang aking edád.	guess/guess
추한(추하게 생긴)	pangit[빠-ㅇ읻] 그 여자는 정말 추하게 생겼지만 마음씨는 매우 곱다.; Pangit ngâ siyá nguni't magandá namán ang kanyáng kalooban.	ugly

축구	putbol[뿌-ㅌ볼] 그들은 어제 비가 오는데도 축구를 했다.; Naglarô silá ng putbol kahapon kahit na umúulán.	soccer
축구경기	larô ng[라로‘ 낭] putbol	soccer game
축구광	kahibangán sa[까히방안 사] putbol	soccer mania
축구선수	manlalarô ng[만랄라-로‘ 낭] putbol	soccer player
축구장	larangan ng [라라-ㅇ안 낭] putbol	soccer field
축구팀	koponán ng[꼬뽀난 낭] putbol	soccer team
축이다	basá-basaín[바사 바사인] 너의 입술을 축여라.; Basá-basaín mo ang iyóng mga labi.	dampen, moisten
축제	pistá, pagdiriwang[삐스따, 빡디리-왕]	festival
축제일	araw ng[아-라우 낭] pistá	festival day
축축한	basá-basâ[바사 바사']	slightly wet, damp
축하/…하다	batì, pagbati/batiin, bumati[바-띠', 빡바-띠'/바띠-인, 부마-띠'] 축하합니다.: Maligayang batì pô. 나는 친구에게 그의 성공을 축하했다.; Binati ko ang aking kaibigan sa kanyáng tagumpáy.	congratulation/congratulate
출구	pálabasan, lábásan[빨-ㄹ라바산, 라-바-산]	exit
출근/…하다	pasok sa trabaho/pumasok sa trabaho[빠-속 사 뜨라바-호/뿌마-속 사 뜨라바-호]	going to work/ go to work
출납원	(여성)kahera, (남성)kahero[까헤-라, 까헤-로]	cashier
출발/…하다	alís, pag-alís, pagyao/umalís, yumao[알리스, 빡알리스, 빡야-오 /움알리스, 유마-오] 그들은 지금 떠날 것이다.; Áalís silá ngayón.	departure/depart

출발점	poók(lugár) ng[뽀옥(루가르)뚜ㄹ-리스 낭] pag-alís	starting point
출생증명서	katunayang pinanganakán[까뚜나-양 삐낭아나깐]	birth certificate
출석/…하다	pagdaló/dumaló[빡달로/두말로] 회의에 출석해라.; Dumaló ka sa miting.	attendance/attend
출입국	pasók at labás sa isáng bansâ[빠속 앋 라바스 사 이상 반사']	emigration and immigration
출입국 수속	paraán ng imigrasyón[빠라안 낭 이미그라숀]	immigration procedure
출장/…가다	paglalakbáy sa negosyo[빠라락바이 사 네고-쇼]/maglakbáy[막락바이] sa negosyo	business trip/travel on business
출판/…하다	paglalathalà/ipalathalà, magpalathalà[빠라랕하-ㄹ라'/이빠랕하-ㄹ라', 막빠랕하-ㄹ라']	publication/publish
출판사	pálathalaán[빠-ㄹ랕할라안]	publishing company
출현/…하다	paglitáw, pagpapakita/lumitáw, mákíta[빡릳따우, 빡빠-빠-끼-따 /루미따우, 마-끼-따] Nákíta ang kometa sa dakong kanrulan.; 혜성이 서쪽 방향에서 출현했다.	appearance, emergence/ appear, emerge
출혈/…하다	pagdurugô/magdugô, dumugô[빡두루고'/막두고', 두무고']	bleeding/bleed
춤/…추다	sayaw/sumayaw[사-야우/수마-야우] 당신은 춤을 잘 추시는군요.; Mahusay kayóng sumayaw.	dance/dance
춥다	magináw, malamíg[마기나우, 말라믹] 겨울은 매우 추워요.; Sobrang malamíg pô ang taglamíg.	cold, chilly
충고/…하다	payo/magpayo[빠-요/막빠-요] 다른 사람의 충고를 들어라.; Tanggapín mo ang payo ng ibáng tao.	advice/advise
충분하다	hustó, sapát[후스또, 사빹]	enough

충성/…스럽다	katápátan/matapát[까따-빠-딴/마따빹]	loyalty/loyal
충수염	☞맹장염	
충전하다	kargahán[까르가한] 밧데리 충전 해 줄 수 있어요?; Puwede bang ninyó kargahán ang bateryá?	charge
충족/…시키다	katúpáran/matupád, tumupád[까뚜-빠-란/마뚜빹, 뚜무빹] 나는 그들의 요구를 충족시켰다.; Natupád ko ang kanilang mga kahilingán.	fulfillment/fulfill
충치(蟲齒)	ngipin na bulók[ㅇ이-삔 나 불록]	decayed tooth
취미	líbángan[리-바-ㅇ안] 당신의 취미는 무엇입니까?; Anó ang inyóng líbángan?	hobby
치아	ngipin[ㅇ이-삔] 치과의사가 치아 하나를 뽑았다.; Hinugot ng dentista ang isáng ngipin.	tooth
취하다/취한	maglasíng(의도적), malasíng(비의도적)/lasíng[마라싱, 말라싱/라싱] 어젯밤 그는 술에 너무 취해서 비틀거리며 걷고 있었다.; Kagabí lasíng na lasíng siyá kayâ nagpápasuray-suray.	get drunk/drunk
층	palapág[빨라빡]	floor
치료/…하다	gamót, lunas/magpagalíng, gamutín, malunasan[가못, 루-나스/막빠갈링, 가무띤, 말루나-산] 누가 그 아이를 치료했느냐?; Sino ang nagpagalíng sa batang iyán?	cure/cure
치마	palda, saya[빠-르다, 사-야]	skirt
치맥	pritong manók at serbesa[쁘리-똥 마녹 앋 세르베-사]	fried chicken and beer
치약	tutpeyst, kremang pansipilyo[뚣뻬이스트, 끄레-망 빤시삐-르요]	toothpaste

친구	kaibigan[까이비-간] 석열이는 친절해서 친구가 많다.; Si Seokyeol ay mabaít kayâ marami siyáng kaibigan.	friend
친구가 되다	kaibiganin[까이비가-닌] 친절한 선생님은 그의 학생들에게 친구가 되었다.; Kinakaibigan ng mabaít na gurò ang kanyáng mga estudyante.	befriend
친근하다	magiliw, pamilyár, waláng-álitan[마기-ㄹ리우· 빠밀야-ㄹ, 왈랑 아-ㄹ리딴] 두 국가의 친근한 관계: waláng-álitang pagsasamahán ng dalawáng bansâ	friendly, familiar
친근감	pakiramdám ng pagmamahál[빠끼람담 낭 빡마마할]	feeling of affection
친동생	tunay na nakabababatang kapatíd[뚜-나이 나 나까바바-땅 까빠띧]	real younger brother or sister
친선	pagkakasundô, pagmamabutihán[빡까까순도', 빡마마부띠한]	amity, friendship
친선관계	pagkakasundóng kaugnayan[빡까까순동 까우그나-얀]	friendly relation
친선방문	pagmamabutiháng pagdalaw[빡마마부띠항 빡다-ㄹ라우]	friendly visit
친애하는	mahál[마할] 친애하는 국민 여러분에게 새해 인사를 드립니다.; Pagbati ng Bagong Taón sa aking mga mahál kababayan.	dear
친절하다	mabaít, katulungín[마바잍, 까뚤룽인] 당신의 친절한 환대에 감사합니다.; Maraming salamat sa mabaít na pagtanggáp ninyó.	kind
친척	kamag-anak[까막아-낙] 나는 딸락시에 있는 친척들을 방문했다.; Dinalaw ko ang mga kamak-anak sa Tarlac lungsód.	relative
친하다	matalik[마따-릭] 그는 나의 친한 친구이다.; Siyá ay isáng matalik na magkaibigan.	intimate
친할머니	lola sa amá[로-ㄹ라 사 아마]	(real) grand father

친할아버지	lolo sa amá[로-르로 사 아마]	(real) grand mother
친해지다	maging matalik[마-깅 마따-르릭]	become intimate
칠/칠하다	pintá/magpintá, pintahán[삔따/막삔따, 삔따한] 그녀의 방을 흰색으로 칠해라.; Pintahán mo nang putî ang kanyáng kuwarto.	paint/paint
칠(숫자)	pitó, siyete[삐또/시예떼] 칠십; pitumpû, setenta[삐뚬뿌', 세뗀따]	seven
칠면조	pabo[빠-보]	turkey
칠월	Hulyo[후-르요]	July
칠판	pisara[삐사-라] 선생님은 칠판에 "조용히!"라고 쓰셨다.; Isinulat ng gurò ang "Tahimik!" sa pisara.	blackboard
칠판지우개	pamawì ng[빠마-위' 낭] pisara	blackboard eraser
침대	kama[까-마] 피곤하면 침대에 누워서 쉬어라.; Kung ikáw ay pagód, humigâ sa kama at magpahinga.	bed
침대시트	kubrekama[꾸브레까-마]	bed sheet
침략/…하다.	paglusob, pagsalakay/lusubin, salakayin[빡루-솝, 빡살라-까이/루수-빈, 살라까-이인] 일본은 무력으로 필리핀을 침략했다.; Nilusob ng Hapón ang Pilipinas sa pamamagitan ng puwersang militár.	invasion/invade
침실	silíd-tulugán[실릳 뚤루간] 그들의 침실에는 침대가 두 개이다.; Ang silíd-tulugán nilá ay may dalawáng kama.	bedroom
침울/…하다	kalumbayán/malumbáy, nalúlumbáy[깔룸 바얀/말룸바이, 날루-룸바이]	depression/depressed
침착/…하다	hinahon/mahinahon[히나-혼/마히나-혼]	composure/composed
칫솔	sipilyo sa ngipin[시삐-르요 사 ㅇ이-삔]	tooth brush

| 칭찬/…하다 | **puri/magpuri, pumuri, purihin**[뿌-리/막뿌-리, 뿌무-리, 뿌리-힌] 대대장님은 우리 소대가 가장 용감했다고 칭찬하셨다.; **Pinuri ng komander ng batalyón ang aming platun bilang ang pinakamatapang.** | compliment/compliment |

ㅋ 카

카드(게임)	baraha[바라-하] 카드놀이를 하다; maglarô ng baraha	card
카메라	kámera[까-메라]	camera
카탈로그	katálogo[까따-로고] 카탈로그를 보여주세요.; Ipakita mo sa akin ang katálogo.	catalogue
칵테일	kaktel[까-ㄱ뗄]	cocktail
칼(식탁용, 부엌용)	kutsilyo[꾸찌-ㄹ요]	table knife
칼(주머니용 작은 칼)	lansita[란시-따]	pocket knife
칼(식육점/생선용 큰 칼)	gulog[구-ㄹ록]	carving or fish knife
칼라사진	may-kulay na larawan[마이꾸-ㄹ라이 나 라라-완]	coloured picture
캐다	maghakay, hukayin[막후-까이, 후까이인] 누가 고구마를 캤느냐?; Sino ang naghukay ng kamote?	dig out
캐어묻다	usisain[우시사-인] 그는 비용을 캐물었다.; Inusisà niyá ang gastos.	ask inquisitively
캔	lata[라-따]	can
캔 맥주	latang serbesa[라-땅 세르베-사] 캔 맥주 3개; tatlóng latang serbesa	can beer
캠퍼스	kampus[까-ㅁ뿌스]	campus
커지다(발전하다)	lumakí[루마-끼]	grow big
커튼	kurtina[꾸르띠-나], 커튼을 걷어라.; Hawiin mo ang mga kurtina. 커튼을 쳐라.; Hilahin mo ang mga kurtina.	curtain
커플	pareha[빠레-하] 댄스 파티에 많은 커플이 참석했다.; Maraming	couple

335

	pareha ang dumaló sa sáyáwan.	
커피	kapé[까삐]	coffee
컴퓨터	kompyuter[꼼퓨-떠] 내 컴퓨터는 너무 느려요.; Sobrang mabagál ang kompyuter ko.	computer
컴퓨터 공학	aghám ng[아그함 낭] kompyuter	computer science
컵	baso[바-소]	cup
컵라면	basong instant pansít[바-송 인스따-ㄴ뜨 빤싵]	cup ramyon
컬러사진	may-kulay na larawan[마이꾸-ㄹ라이 나 라라-완]	coloured picture
케이크	keyk[께잌]	cake
켜다(불)	buksán[북산] 불을 켜라.; Buksán mo ang ilaw.	light up
켤레	paris[빠-리스] 신발 한 켤레;isáng paris ng sapatos * 신발 한 짝; kaparis ng sapatos	pair
코	ilóng[일롱]	nose
코곪/코를 골다	hilík, harok/maghilík, humarok[힐릭, 하-록/막힐릭, 후마-록] 그는 코를 심하게 곤다.; Masyado siyáng maghilík.	snoring/snore
코끼리	elepante, gadyá[엘레빤-ㄴ떼, 가쟈]	elephant
코를 풀다	sumingá, isingá[수밍아, 이싱아]	blow the nose
코메디	☞희극	
코코넛	niyóg, buko[니욕, 부-꼬]	coconut
코트/…를 입다	amerikana/mag-amerikana[아메리까-나/막아메리까-나] 왜 코트를 안 입었어?; Bakit ka hindî nag-amerikana?	coat/wear a coat

콘돔	condom[콘돔]	condom
콜라	kola[꼬-ㄹ라]	cola
콜론(:)	tutuldók[뚜뚤독]	colon
콧구멍	butas ng ilóng[부-따스 낭 일롱]	nostril
콧물/…이 나다	uhog/mag-uhóg, uhugin[우-혹/막우혹, 우후-긴] 나는 감기에 걸리면 콧물이 많이 흐른다.; Maraming inúuhog akó kapág akó ay may sipón.	nasal mucus/snivel
콧수염	bigote, miséy[비고-떼, 미사이] 후안의 콧수염은 정말 멋있다.; Totoóng magandá ang bigote ni Juan.	mustache
(더) 크게 말하다	laksán[락산] 좀 더 크게 말씀해 주세요.; Laksán pô ninyó nang kauntî.	speak louder
크기/크다	lakí/malakí[라끼/말라끼]	size/big
크리스천	Kristiyano[끄리스띠야-노]	Christian
큰 길(간선도로)	lansangan[라사-ㅇ안]	highway
클럽	klub, kapisanan[끌룹, 까삐사-난]	club
클립(집게)	sipit, ipit[시-삗, 이-삗]	clip
키	taás (ng katawán)[따아스 낭 까따완] 키가 어떻게 되세요?;Anó ang taás mo?	one's height
키가 작다	pandák[빤닥]	short
키가 크다	matangkád[마땅깓]	tall
키보드	teklado[떽라-도]	keyboard
키스/…하다	halík/halikán[할릭/할리깐] 나는 여자친구의 뺨에 키스했다.; Hinalikán ko ang kaibigang babae sa pisngí.	kiss/kiss

키우다	magpalakí, palakihín[막빨라끼, 빨라끼힌] 그는 아들을 변호사로 키웠다.; Pinalakí niyá ang kanyáng anák na magíng abogado.	bring up, raise, breed
킥킥웃다/킥킥우슴	☞낄낄웃다/낄낄우슴	
킬로(무게)	kilo[끼-ㄹ로]	kilogram
킬로미터(거리)	kilómetro[낄로-메뜨로]	kilometer

ㅌ 타

타다(불에)	masunog[마수-녹] 쓰레기가 타고 있다.; Nasúsúnog ang basura.	burn
타다(차)	sumakáy, sakyán[수마까이, 사끼얀]	ride
타당하다	makatwiran, sapát, hustó[마까뜨위-란, 사빹, 후스또]	reasonable, proper
타동사(문법)	pandiwang palipát[빤디-왕 빨리빹]	transitive verb
타이어	goma[고-마] 타이어에 바람 좀 넣어 주세요.; Pakibombahán ninyó ng hangin ang mga goma.	tire
타이틀	título[띠-뚤로]	title
타이핑하다	magmakinilya[막마끼니-ㄹ야]	typewrite
타조	abestrús[아베스뜨루-스]	ostrich
타진(打診)하다	siyasatin sa pamamagitan ng tapík[시야사-띤 사 빠마마기-딴 낭 따뼉]	examine by percussion
타향	dayuhan probinsya[다유한 쁘로비-ㄴ샤]	alien province
탁구	pingpong[핑퐁]	pingpong
탁월한	nápakagalíng, nápakahúsay[나-빠까갈링, 나-빠까후-사이]	excellent
탈출/…하다	pagtakas/tumakas[빡따-까스/뚜마-까스] 죄수가 탈출했다.; Tumakas ang bilanggó.	running away, escape/escape
탑(건축)	tore[또-레]	tower
탑승/…자(…객)	pagsakáy/pasahero[빡사까이/빠사헤-로]	passenger
탑승하다(비행기)	sumakáy sa eruplano[수마-까이 사 에루쁠라-노]	get on a plane
태국	Taylandiya[다일란디-야]	Thailand

태권도	Taekwondo[태권도]	Taekwondo
태극기	Taegeukki[태극기], pambansáng watawat ng Korea[빰반상 와따왈 낭 코리아]	Taegeukki(Korean national flag)
태도	kilos[끼-로스] 무례한 태도; bastós na kilos	attitude
태우다	sumunog, sunugin[수무-녹, 수누-긴] 지난 신문을 태워라.; Sinugin mo ang mga lumang diyaryo.	burn
태양	araw[아-라우]	sun
태어나다	ipanganák, isilang[이빵아낙, 이시-랑] 언제 태어났어?; kailán ipinanganâk mo? 너가 이 세상에 태어났을 때; Noóng isilang ka sa mundóng ito	be born
태연/…한	kahinahunan/mahinahon[까히나후-난/마히나-혼]	composure/composed
태평양	ang Karagatang Pasípikó[앙 까라가-땅 빠시-삐꼬]	the Pacific Ocean
태풍	bagyó[바교] 태풍은 필리핀에 많은 피해를 준다.; Malakí ang pinsalà ng mga bagyó sa Pilipinas.	typhoon
택시	taksi[따-ㅋ시] 너무 늦었으니 택시를 타자.; Sobrang hulí na, kayâ sumakáy tayo sa taksi.	taxi
턱	babà[바-바']	chin
턱수염	balbás[발바스]	whiskers
테니스/…를 하다	tenis/magtenis[데-니스/막떼-니스]	tenins/play tennis
테마	tema, paksâ[떼-마, 빡사]	theme
테스트/…하다	subok/subukin, sumubok[수-복/수부-낀, 수무-복] 그는 성공하기 전에	test/test

	여러가지 방법을 테스트했다.; Sumubok siyá ng ibá't ibáng paraán bago nagtagumpáy.	
테이블	mesa[메-사]	table
텔레비전	telebisiyón[뗄레비시욘] 우리는 지금 텔레비전을 보고 있다.; Nanonoód tayo ng telebisiyón ngayón.	television
토끼	kuneho[꾸네-호]	rabbit
토너먼트 시합	torneo, paligsahan[또르네-오, 빨릭사-한]	tournament
토라지다	magtampó[막땀뽀]	sulk, be ill-tempered
토론/…하다	☞토의/…하다	
토마토	kamatis[까마-띠스]	tomato
토요일	Sábado[사-바도]	Saturday
토의/…하다	pag-uusap, pagtalakay/mag-usap, tumalakay[빡우우-삽, 빡딸라-까이/막우-삽, 뚜마라-까이]	discussion/discuss
토하다	másuká[마-수까] 나는 오늘 아침에 토했다.; Násuká akó kaninang umaga. 토할 것 같애.; Para akóng másusuká.	vomit
톤(무게)	tonelada[또네라-다]	ton
톱/…질하다	lagari/maglagari[라가-리/막라가-리']	saw/cut with a saw
톱밥	kusot, pinaglagarian[꾸-솓/삐낙라가리-안]	sawdust
통	kahón[까혼]	box
통계	estadístika[에스따디-스띠까] 통계조작은 중대한 범죄이다.; Ang palsipikasyón ng estatístika ay isáng malubháng krimen.	statistics

통과/…하다	pagdaán/dumaán[빡다안/두마안] 우리는 정글을 통과했다.; Dumaán kamí sa kagubatan.	passing/pass through
통관	aduwanang pagpapaliwanag[아두와-낭 빡빠빨리와-낙]	customs clearance
통관하다	magdaán sa aduwana[막다안 사 아두와-나]	pass the customs
통상적인	karaniwan, katatmaman[까라니-완, 까땀따-만] 카피와 빵은 그녀의 통상적인 아침식사이다.; Ang kapé at tinapay ay kanyáng karaniwang almusál.	normal, ordinary
통속/…의, …적인	ugali/nakaugalián[우가-ㄹ리/나까우갈리안]	custom/customary
통신(通信)/…하다	pagpapahatíd ng balità/magbalità[빡빠빠하띧 낭 발리-따'/막발리-따']	communication/communicate
통신원	tagapagbalità[따가빡발리-따']	reporter
통역(사람)	tagapagsalin[따가빡사-ㄹ린]	interpreter, translator
통역/…하다	pagsasalin/magsalin, isalin[빡사사-ㄹ린/막사-ㄹ린, 이사-ㄹ린]	interpretation/interprete
통일/…하다	pagkakáisá/pag-isahín[빡까까-이사/빡이사힌]	unification/unify
통통하다	maburok[마부-록]	chubby
통화하다	magsalitâ sa teléponó[막살리따' 사 뗄레-뽀노]	speak over the phone
퇴거/…시키다	pagpapaalís/magpaalís, paalisín[빡빠-알리스/막빠알리스, 빠알리신] 임차인을 퇴거시키기 위해 노력중이다.; Ang mga pagsisikap ay ginágawâ upang paalisín ang mángungupahan.	dismissal/evict
퇴근/…하다	pag-alís galing sa trabaho[빡알리스 가-ㄹ링 사 뜨라바-호] /umalís[움알리스] galing sa trabaho	leaving the office/leave the office
퇴근시간	oras ng[오-라스 낭] pg-alís galing sa trabaho	closing time

퇴치/…하다	☞박멸/…하다	
투명한	aninag[아니-낙] 저 집의 커튼은 투명하다.; Aninag ang kurtina sa bahay na iyón.	transparent
투자/…하다	pamumuhunan/mamuhunan[빠무무후-난/마무후-난] 그는 광산에 많은 돈을 투자를 했다.; Namumuhunan siyá ng maraming pera sa mina.	investment/invest
투자액	halagá ng[할라가 낭] pamumuhunan	amout invested
투자자	mámumuhunán[마-무무후난]	investor
투쟁/…하다	labanán/maglaban[라바난/막라-반]	fight, struggle/fight, struggle
투창	habelina[하벨리-나]	javelin
투표/…하다	boto, halál/iboto, maghalál[보-또, 할랄/이보-또, 막할랄] 우리는 가난한 사람들을 돕는 후보에게 투표해야 한다.; Dapat tayong maghalál ng kandidatong tulungan ang mahihirap.	vote/vote
투표자	botante, manghahalal[보따-떼, 망하하-ㄹ랄]	voter
(물을)튀기다	magsaboy[막사-보이]	splash
(기름에)튀기다/튀김	magprito, prituhin/prito[막쁘리-또, 쁘리뚜-힌/쁘리-또] 이거 튀겨라; Prituhin mo itó.	fry/fried food
트럼펫	torotot, trumpeta[또로-똩, 뜨룸뻬-따]	trumpet
특기(特技)	espesyalidád ng isáng tao[에스뻬샬리닫 낭 이상 따-오]	one's special ability
특별한	espesyál, di-pangkaraniwan[에스뻬샬, 디빵까라니-완] 너의 생일은 너에게 특별한 날이다.; Espesyál na araw sa iyó ang iyóng kaarawán.	special
특산품	espesyál na produkto[에스뻬샬 나 쁘로두-ㄱ또]	special product

특수성	espesyál na katutubò[에스뻬샬 나 까뚜뚜-보']	special characteristics
특이하다	kakaibá[까까이바]	unique
특징	pagtatangi, katangian[빡따따-ㅇ이, 까땅이-안]	distinction
틀니	pustiso[뿌스띠-소]	artificial teeth
틀리다	malî, hindî tamà[말리', 힌디' 따-마'] 그 도지사는 틀린 방향으로 도민을 통치했다.; Pinamahalaan ng gobernador ang mga tao ng probinsiya sa maling direksyon.	erroneous, wrong
티슈	tisyu[띠-슈]	tissue
티켓	tiket[띠-껠]	ticket
팀	koponán[꼬뽀난]	team
팁	pabuyà, tip[빠부-야', 띂]	tip

ㅍ 파

파	spring onion[스프링 어니언]	spring onion
파괴/…하다(되다)	pagwawasák/magwasák, iwasák[빡와와삭/막와삭, 이와삭] 태풍에 의해 집이 파괴되었다.; Iniwasák ng bagyó ang bahay.	destruction/destroy
파다	humukay, maghukay[후무-까이, 막후-까이] 그는 물을 얻기 위해 우물을 팠다.; Humukay siyá ng balón upang mapagkunan ng tubig.	dig
파도	alon[아-르롱] 파도에 휩쓸리다; maalunan	wave
파랑색	asúl[아술]	blue
파리/…가 들끓다	langaw/langawin[라-ㅇ아우/랑아-원] 음식에 파리가 들끓고 있다.; Nilálángaw ang pagkain.	fly/be infested with flies
파마	permanenteng alun-alón[뻬-머네-ㄴ뗑 알룬 아-르론] 파마 해 주세요.; Gustó ko pô ang permanenteng alun-alón.	permanent wave
파면/…하다	pagpapaalís, pagtitiwalág/magpaalís, magpatiwalág[빡빠빠알리스, 빡띠띠왈락/막빠알리스, 막빠띠왈락] 누가 그를 파면했느냐?; Sino ang nagpaalís sa aknyá.	dismissal/dismiss
파산/…한	pagkabankarota/bangkarota, tumbado [빡까방까로-따/방까로-따, 뚬바-도] 그 사람은 이미 파산했다.; Bangkarota na siyá.	bankruptcy/bankrupt
파산하다	mabankarota[마방까로-따] 그 회사는 지난 달에 파산했다.; Nabangkarota ang kumpanyáng iyán noóng nakaraáng buwán.	become bankrupt
파업/…하다	welga/magwelga[웨-르가/막웨-르가] 우리 회사 근로자들이 파업을 시작했다.; Nagwelga ang mga trabahadór sa aming kompanyá.	strike/go on strike

파인애플	pinya[삐-냐]	pineapple
파일/…로 철하다	salansán/magsalansán[살란산/막살란산]	file/file, set papers in order
파충류	reptilya[렢띠-ㄹ랴] 뱀은 파충류의 일종이다.; Isáng urì ng reptilya ang ahas.	reptile
파트타임의	pansamantalá[빤사만따-ㄹ라] 그는 파트타임으로 일한다.; Mayroón siyáng pansamantaláng trabaho.	part-time
파티	parti, salu-salo[파-티, 사-ㄹ루 사-ㄹ로]	party
파파야	papaya[빠빠-야]	papaya
판결/…하다(되다)	paghuhukóm/humuhukóm, hukumán[빡후후꼼/후무후꼼, 후꾸만] 우리는 마지막 날에 판결될 것이다.;Húhukmán tayó sa hulíng araw.	judgement/judge
판단/…하다	paghusgá/husgahán, humusugá[빡후스가/후스가한, 후무스가] 너는 그를 판단할 권리가 없다.; Walâ kang karapatáng husgahán siyá.	
판매하다	magtindá, magbenta[막딘다, 막베-ㄴ따] 그녀는 채소를 판매하러 시내로 갔다.; Tumungo siyá sa bayan upang magbenta ng gulay.	sell
판사	hukóm[후꼼]	judge
팔	braso, bisig[브라-소, 비-식]	arm
팔(숫자)	waló, otso[왈로, 오-쪼]	eight
팔다	☞판매하다	
팔십	walumpû, otsenta[왈룸뿌', 오쩨-ㄴ따]	eighty
팔월	Agosto[아고-스또]	Oktubure
팔짱을 끼다/팔짱을 낀	maghalukipkíp/halukipkíp[막할루낍낍, 할루낍낍]	fold one's arms

팔찌	pulseras[뿔세-라스] 그녀의 팔찌는 순금이다.; Purong gintô ang kanyáng pulseras.	bracelet
패션	moda[모-다]	fashion
팩스	fax[팩스]	fax
팬(애호가)	apisiyonado, tagahangá[아삐시요나-도, 따가항아]	fan
팬티	panti[빠-ㄴ띠]	panties
팽이	trumpo[뜨루-ㅁ뽀] 그 아이는 팽이를 잘 돌린다.; Magalíng magpainog ng trumpo ang batang iyán.	top
퍼내다	☞푸다	
퍼내다(배 바닥의 물)	maglimás[막리마스]	bail out water
퍼센트(%)	porsiyento[뽀르시예-ㄴ또]	percent
퍼지다	kumalat[꾸마-ㄹ랕] 유태인은 전세계에 퍼졌다.; Hudiyo ay kumalat sa buóng mundó.	spread
퍼트리다	ikalat[이까-ㄹ랕] 아이들은 쓰레기를 길가에 퍼뜨렸다.; Ikinalat ng mga batà sa bangketa ang basura.	spread out
펌프/…로 푸다	bomba/magbomba[보-ㅁ바, 막보-ㅁ바]	pump/pump
페이지	páhina[빠-히나]	page
페인트/…칠하다	pintura/magpintura, pinturahan[삔뚜-라/막삔뚜-라, 삔뚜라-한] 나는 대문을 검게 페인트 칠했다.; Pininturahan ko nang itím ang tárangkahan.	paint/paint
펜	pen, pluma[펜, 쁠루-마]	pen
펭귄	penguwín[뻥귄]	penguin

347

펴다(펼치다)	ibuká[이부까] 손가락을 펴라.; Ibukà mo ang iyóng mga daliri. 새가 날개를 폈다.; Ibinuká ng ibon ang kanyáng mga pakpák.	unfold
펴다(책, 우산 등)	buksán[북산] 우산을 펴라.; Buksán mo ang payong.	open
펴다(접히거나 구겨진 것)	mag-unat, unatin[막우-낱, 우나-띤] 이불을 펴고 자자.; Mag-unat tayo ng kumot at matulog. 구겨진 종이를 펴라.; Unatin mo ang gusót na papél.	spread out, unfold
편리하다	magalíng, nakatutulong[마갈링, 나까뚜뚜-르롱]	convenient
편안하다	maginhawa[마긴하-와]	comfortable
편지	sulat, liham[수-르랕, 리-함] 그녀는 편지에 사진을 동봉했다.; Nilakipan niyá ng larawan ang liham.	letter
(~에게)편지를 쓰다	sulatan[술라-딴] 고향에 돌아가서 곧 너에게 편지를 쓰겠다.; susulatan kitá kaagád pagkatapos kong makabalík sa aking bayan.	write a letter (to …)
편집/…하다	edisiyón/mamatnugot, gawín ang edisiyón[에디시욘/마맡누-곹, 가윈 앙 에디시욘]	edition/edit
편집자	patnugot, editór[빹누-곹, 에디또르]	editor
평(坪)	pyung, yunit sa pagbilang ng lawak ng lote, gusali o bahay(1 pyung;3.3 metro kuwadrado)	pyung
평가/…하다	paghahalagá, tasa/maghalagá, halagahán, tumasa, tasahan[빡하할라가, 따-사/막할라가, 할라가한, 뚜마-사, 따사-한] 이 집에 대한 평가는 얼마나?; Magkano ang tasa sa bahay na itó?	appraisal/appraise
평균	pamantayan[빠만따-얀]	average
평균기온	pamantayang temperatura[빠만따-양 뗌뻬라뚜-라]	temperature on average

평등/…한	kapantáy/pantáy[까빤따이/빤따이]	equality/equal
평방미터	metro kuwadrado[메-뜨로 꾸왈라-도]	square meter
평상시	karaniwang oras[까라니-왕 오-라스] 평상시 저녁식사 시간은 오후 6시이다.; Ang karaniwang oras ng hapunan ay alas seis ng hapon.	ordinary times
평생/…의	buóng buhay/habang-buhay[부옹 부-하이/하-방 부-하이]	whole life/lifelong
평야	kapatagan[까빠따-간]	plain
평일	karaniwang araw[까라니-왕 아-라우]	weekday
평평한	patag, pantáy[빠-딱, 빤따이] 그 땅은 평평하기 때문에 농사짓기에 좋다.; Ang lupa ay mainám para sa pagsasaka dahil itó ay patag.	even
평화/…롭다	kapayapaan/mapayapà[까빠야빠-안/마빠야-빠']	peace/peaceful
폐(의학)	bagà[바-가']	lung
폐를 끼치다	☞귀찮게 하다	
폐병	tisis, pagkatuyô[띠-시스, 빡까뚜요']	tuberculosis
포기/…하다	sukò/sumukò[수-꼬'/수무-꼬'] 나는 버스 기다리는 것을 포기했다.; Sumukò akóng humihintáy ng bus.	surrender/surrender, give up
포도	ubas[우-바스]	grape
포도원	ubasán[우바산]	vineyard
포르투갈/…의(사람)	Portugal/Portugés[뽀르뚜-갈/뽀르뚜게스]	Portugal/Portuguese
포박/…하다	paggapos/gapusin, igapos[빡가-뽀스/가뿌-신, 이가-뽀스] 나는 그를 기둥에 포박했다.; Ginapos ko siyá sa isáng poste.	fasten with a rope
포장/…하다	balot/ibalot, balutan[바-르롯/이바-르롯, 발루-딴] 이것 포장해 주세요.;	wrapping/wrap

	Pakibalot ninyó itó.	
포크	tenedór[떼네도르]	fork
포함/…하다	pagsasama/sumakláw, saklawín[빡사사-마/수마끌라우, 사끌라윈] 성남시는 많은 아파트 단지를 포함한다.; Ang Seongnam City ay sumásakláw ng maraming apartment complex.	inclusion/include
포함하는	patí, kabilang, kasama[빠띠, 까비-ㄹ랑, 까사-마] 팁을 포함하여 100 페소를 지불했다.; Patí pabuyà bumayad akó ng sandaáng Peso.	including
폭	luwáng, lapad[루왕, 라-빧] 그 길의 폭은 얼마냐?; Anó ang luwáng ng daán.	width
폭격기	eruplanong pambomba[에루쁠라-농 빰보-ㅁ바]	bomber
폭격하다	bomabhín, bumomba[봄바힌, 부모-ㅁ바]	bomb
폭력	dahás, karahasán[다하스, 까라하산]	violence
폭력배	butangero, mambubutáng[부땅에-로, 맘부부땅] 어제 폭력배 몇 명이 시내에서 경찰에 체포되었다.; Iláng mambubutáng ay náhúli ng mga pulís sa kabayanan kahapon.	gangster
폭죽	paputók, rebentadór[빠-뿌똑, 레벤따도-르] 아이들이 폭죽을 터뜨리고 있다.; Ang mga batà ay nagpápaputók ng rebentadór.	firecracker
폭탄/…을 떨어 뜨리다	bomba/maghulog ng bomba[보-ㅁ바/막후-ㄹ록 낭 보-ㅁ바]	bomb
폭포	talón[딸론]	waterfall
표	tiket[띠-껟] 그는 공연관람 표를 나에게 주었다.; Binigyán niyá akó ang tiket para sa palabás.	ticket

표시(表示)/…하다	tandâ/itandâ, magtandâ[딴다'/이딴다', 막딴다']	mark/mark
표준	ulirán, húwáran, pámantayan[울리란, 후-와-란, 빠-만따얀]	standard, norm
표준시간	pámantayan ng oras[빠-만따얀 낭 오-라스]	standard time
표준어	pámantayan ng wikà[빠-만따얀 낭 위-까']	standard language
표정	pagpapahiwatig ng mukhâ[빡빠-빠히와-띡 낭 묵하']	facial expression
표현/…하다	pagpapahayag/magpahayag, ipahayag[빡빠-빠하-약/막빠하-약, 이빠하-약] 감사의 표현; pagpapahayag ng pagsasalamat 의견을 표현하다; magpahayag(ipahayag) ng kuru-kurò 그 벙어리는 여러 가지 신호를 이용하여 원하는 것을 표현했다.; Ipinahayag ng piping taong iyán ang kanyáng ibig-sabihin sa pamamagitan ng ibá't ibáng senyas.	expression/express
푸다	sumandók, sandukín[수만독, 산두낀] 엄마는 독에서 쌀을 퍼냈다.; Inay ay sumandók ng bigas sa palayók.	scoop up
푹 자다	matulog nang himbíng[마뚜-록 낭 힘빙]	sleep deep
풀/…밭	damó/damuhán[다모/다무한] (동물)풀을 뜯다; manginain[망이나-인]	grass/grass field
풀(사무용품)	pandikít[빤디낃]	paste
풀다/풀린(묶인 것)	magkalás, kalasín, kalagín/kalás, kalág[막깔라스, 깔라신, 깔라긴/깔라스, 깔락] 끈을 풀어라.; Kalasín mo ang talí.	untie/untied
풀다(문제)	sumagót, masagót, sagutín[수마곧, 마사곧, 사구띤] 후안은 모든 문제를 풀었다.; Nasagót ni Juan ang lahát ng problema.	solve
(코를)풀다	sumingá, isingá[수밍아, 이싱아]	blow the nose
품목	táláan ng bagay[따-ㄹ라-안 낭 바-가이]	list of articles

351

품질	kalidád[깔리닫] 이 옷은 품질이 나쁘다.; Masamâ ang kalidád ng damít na itó.	quality
풍경	tánáwin[따나-윈] 한국은 사계절 모두 풍경(경치)이 아름답다.; Ang Korea ay may magagandáng tánáwin sa lahát ng apat na panahón.	scenery, landscape
풍금	órgano, organ[오-르가노, 오-르간]	organ
풍년	taón ng mabuting pag-aani[따온 낭 마부-띵 빡아아-니]	year of good harvest
풍문(風聞)	tsismís, usáp-úsápan[찌스미스, 우삽 우-사-빤] 풍문에 의하면 그들은 결혼할 예정이라고 한다.; Ayon sa usáp-úsápan, silá'y ikákasál.	rumor, gossip
풍부/…한	kasaganaan/masaganà[까사가나-안/마사가-나'] 여기의 풍부한 물은 하느님의 축복이다.; Ang kasaganaan ng tubig dito ay biyaya ng Diyós.	abundance/abundant
풍부하게 주다	pasaganaan[빠사가나-안]	give abundantly
풍선	lobo[로-보]	baloon
풍습/…의	ugalì/nakaugalián[우가-리'/나까우갈리안]	custom/customary
프라이팬	kawalì[까와-리']	frying pan
프랑스/…사람, …의	Pransiya/Pranses[쁘란시-야/쁘라-ㄴ세스]	France/French
프로그램	programa[쁘로그라-마]	program
프로듀서	tagalikhâ[따가릭하']	producer
프로젝트	panukalà[빠누까-르라']	project
프로페셔널	propesyonál[쁘로뻬쇼날]	professional
프로펠러	élisé[에-르리세]	propeller
플라스틱	plastik[쁠라-스띡]	plastic

플루트	plauta[쁠라우-따]	flute
피/…가 나다	dugô/dumugô(약간), magdugô(많이)[두고'/두무고', 막두고'] 상처에서 피가 많이 나고 있다.; Nagdúrugô ang sugat. 피가 나게 하다; magpadugô/paduguín	blood/bleed
피곤/…하다	pagod/pagód[빠-곧/빠-곧]	tiredness/tired
피동적인/피동태	☞수동(受動)적인/수동태	
피로/… 하다	pagod/pagód[빠-곧/빠-곧]	fatigue/fatigued
피로하게 하다	pagurin[빠구-린] 눈을 피로하게 하지마라.; Huwág mong pagurin ang iyóng mga matá.	tire, strain
피망	pimiyento[뻬미예-ㄴ또]	pimiento
피부	balát[발랕]	skin
피부색	kutis[꾸-띠스] 내 피부색은 갈색이다.; Ang kutis ko ay kayumanggí.	complexion
피아노	piyano[뻬야-노]	piano
(담배를)피우다	magsigarilyo[막시가리-ㄹ요]	smoke
(불을)피우다	magsindí, sindihán[막니-ㅇ아스, 신디한]	kindle
피임약	gamót para hindî buntís[가몯 빠-라 힌디' 분띠스]	contraceptive pill
피조물(被造物)	mga nilikhâ[망아 니릭하']	creature
피투성이인	marugô[마루고']	bloody
피하다	umiwas, iwasan[움이-와스, 이와-산] 나쁜 친구들을 피해라.; Iwasan mo ang mga masamang kaibigan.	avoid
피할 수 있는	maíiwasan[마이-이와산]	avoidable

353

피해/피해를 주다	해(害)/~를 끼치다	
피씨방	pc kapé[피씨 까뻬]	computer shop
핀	aspilí[아스삘리]	pin
필기도구	pansulat[빤수-ㄹ랕]	writing instrument
필름	pilm[삘름] 나는 필름을 현상시켰다.; Binuô ko ang aking pilm.	film
필수품	kailangang bagay[까이라-ㅇ앙 바-가이]	necessary article
필요(성)	pangangailangan[빵앙아일라-ㅇ안] 기도의 필요성; ang pangangailangan ng dasál	necessity
필요하다	kailangan[까일라-ㅇ안] 나는 돈이 필요하다.; Kailangan ko ang pera.	necessary
필통	kahón ng lapis[까혼 낭 라-삐스]	pencil case
핑크색	kulay-rosa[꾸-ㄹ라이 로-사]	pink

ㅎ 하

하강/…하다	pagbabâ/bumabâ[빠바바'/부마바'/빠바바'] 하강중이다; pababâ [빠바바'] 비행기가 서서히 하강하고 있다.; Ang eruplano ay dahan-dahang bumábabâ(pababâ).	descent/descend
하구	estero[에스떼-로] 드디어 여객선이 하구에 도착했다.; Sa wakas ay dumatíng na ang pampasaherong barko sa estero.	estuary
하나	uno, isá[우-노, 이사] 한 사람; isáng tao	one
하늘	langit, himpapawíd[라-ㅇ잍, 힘빠-빠-윋] 하늘에 구름이 많다. Maraming ulap sa langit. 하늘에 날고 있는 새들을 보아라.; Tingnán mo ang mga ibong lumílipád sa langit.	sky
하다	gumawâ, gawín[구마와', 가윈] 그녀는 일을 하고 있다.; Ginagawá niyá ang trabaho.	do
하루	isáng araw[이상 아-라우] 하루 2알씩; dalawáng tableta sa isáng araw	one day
하루 종일	maghapon[막하-뽄]	whole day
하마터면	muntík na[문떡 나] 하마터면 데이지에게 선물 주는 것을 잊을 뻔 했다.; Muntík nang mákalimutan ko ang alaala kay Daisy. 하마터면 교통사고가 날 뻔했다.; Muntík nang nangyarî ang aksidente sa trápiko.	almost, nearly
하모니카	silindro[실리-ㄴ드로]	harmonica
하숙집	bahay-pangáserahán[바-하이 빵아-세라한]	boarding house
하얀색	kulay-putî[꾸-ㄹ라이 뿌띠']	white cplour

355

하인/…을 고용하다	alilà, bataan/mag-alilà, magbataan[알리-르라', 바따-안/막알리르-라', 막바따-안]	servant/employ a servant
~하자.(권유)	tayo na[따-요 나] 출발하자; Umalís tayo na. 밥 먹자.;Kumain tayo na. 가자.; Tayo na.	let's
하제(下劑)	gamót na pampadumí[가못 나 빰빠두미]	laxative
하지만	pero, nguni't, subali't[뻬-로, ㅇ우-닡, 수바-리띁] 로사는 돈이 많지만 인색하다.; Maraming pera si Rosa pero kuripot siyá.	but
~하지 않을 수 없다	hindî mapigil[힌디' 마삐-길] 나는 웃지 않을 수 없었다.; Hindî ko napigil ang pagtawa.	can not help …
학(鶴)	bakáw[바까우]	crane
학과(學課)	kurso sa páaralán[꾸-르소 사 빠-아랄란]	school course
학교	páaralán, eskuwelaháhn[빠-아랄란, 에스꾸웰라한] 그는 학교에 또 지각했다.; Nahulí siyá sa paaralán ulî.	school
학기	semestre[세메-스뜨레]	semester
학사	batsilyér[바찔예르]	bachelor degree
학생	estudiyante[에스뚜쟈-ㄴ떼]	student
학습/…하다	☞공부/…하다	
학우	kamag-aarál, kaiskuwela[까막아아랄, 까이스꾸웨-ㄹ라]]	schoolmate
학위	antás[안따스]	academic degree
학장	(여성)dekana (남성)dekano[데까-나, 데까-노]	dean

한 (+명사)	isáng[이상] (+pangngalan) 한 걸음; isáng hakbáng, 한 권; isáng aklát, 한 개; isáng piraso, 한 번 더 말씀해 주세요.; Sabihin ninyó isáng beses pa.	one (+noun)
한가하다(한가롭다)	nasa malayang oras, waláng-ginagawâ[나-사 말라-양 오-라스, 왈랑 기나 가와']	at leisure, idle
한국	Korea[꼬레-아] 한국에서 왔어요.; Galing pô sa Korea. 한국에 대해 어떻게 생각하세요?; Paáno iníisip ninyó ang Korea?	Korea
한국 사람(남자)	(남자)Koreano[꼬레아-노], (여자)Koreana[꼬레아-나]	Korean
한국어	wikang Koreano[위-깡 꼬레아-노] 한국어 할 줄 아세요?; Marunong ka bang magsalitâ ng wikang Koreano? 한국어를 참 잘 하시는군요.; Mahusay kang magsalitâ ng wikang Koreano.	Korean language
한국 제품	produkto na gawâ sa Koreano[쁘로두-ㅋ또 나 가와' 사 꼬레아-노] 이 핸드폰은 한국제품(한국산)입니다.; Ang selpong itó ay gawâ sa Koreano.	made in Korea
한국적 방식	paraán ng Korea[빠라안 낭 꼬레-아]	Korean style
한글	Hangeul, Koreanong titik[꼬레아-농 띠-떡]	Korean letter
한도(限度)	hanggán[항간]	limit
한반도	Koreanong Penínsulá[고레아-농 뻬니-ㄴ술라]	korean Peninsula
한밤중	hatinggabí[하띵가비]	midnight
한 번	isáng beses[이상 베-세스] 이번 한 번만 봐주세요.; Makaligtaán kayó isáng beses na itó lang.	once
한숨/… 쉬다	buntóng-hiningá/magbuntúng-hiningá[분똥 히닝아/막분뚱 히닝아] 그는	deep breath, sigh

		한숨만 쉬고 있다.; Nasa buntóng-hiningá lang siyá.	
한 짝		isá ng pares[이사 낭 빠-레스] 슬리퍼 한 짝; isáng tsinelas ng pares	one of a pair
한턱내다		ilibre[일리-브레] 저에게 한턱 내는 거예요?; Ililibre ninyó ba akó?	treat someone out
할 얘기		ang sasabihin[앙 사사비-힌] 나한테 할 얘기가 뭐예요?; Anó ang sasabihin ninyó sa akin?	something to say
할머니		lola[로-르라]	grand mother
할아버지		lolo[로-르로]	grand father
할인/…금액		tawad/patawad[따-왈/빠따-왈] 더 할인 안돼요?; Walá na pô bang tawad?	discount
할인을 요구하다		tawarín[따와린]	request a discount
할인판매(바겐 세일)		baratilyo[바라띠-르요]	bargain sale
할인해 주다		magpatawad[막빠따-왈]	give a discount
할 일		ang gagawín[앙 가가윈] 아저씨, 아직 할 일이 있어요?; May gagawín pa pô ba, tito?	something to do
함께(두 사람)		magkasama[막까사-마] 함께 가자.; Tayo na magkasama. 함께 수영하자.; Tayo na lumangóy magkakasama.	together
함께(세사람 이상)		magkakasama[막까까사-마] 그들은 함께 도착했다.; Magkakasama siláng dumating.	together
함께 마시다		mag-ínuman[막이누-만]	drink together
함께 하다(가다, 등)		sumama[수마-마] 함께 가겠다. Sasama akó.	go or do together
함성		palaháw, sigáw/pumalaháw, sumigáw[빨라하우, 시가우/뿌말라하우, 수	outcry

	미가우] 승리 소식을 듣고 모든 사람들이 함성을 질렀다.; Sa pagdiníg ng balità ng tagumpáy, ang lahát ng tao sumigáw nang biglâ.	
합격/…하다	tagumpáy sa iksamen[따굼빠이 사익사-멘]/magtagumpáy[막따굼빠이] sa iksamen	success in examination/ succeed in examination
합동/…시키다	pagkakásáma/magsama[빡까까사사-마/막사-마]	combination/combine
합리적인	makatwiran[마까뜨위-란]	reasonable
합성/…하다	timplá/magtimplá[띔쁠라/막띔쁠라]	mixture/mix
합성물	timplada[띔쁠라-다]	compound
합의/…하다	☞양해/…하다	
합작/…하다	pagtutulungán/magtulong[빡뚜뚤루웅안/막뚜-르롱] 두 작가는 그 소설을 합작하였다.; Dalawáng mánunulát ang nagtulong sa pagsulat ng nobelang iyón.	collaboration/collaborate
합작물	gawâ ng[가와' 낭] pagkakádugtóng	joint work
합치다	isahín, pagsamá-samahin[이사힌, 빡사마사마-힌]	unite
항공	abyasyón[아비아숀]	aviation
항공기	eruplano[에루쁠라-노]	airplane
항공운송	eruplanong transportasyón[에루쁠라-농 뜨란스뽀따숀]	air transportation
항공권	eruplanong tiket[에루쁠라-농 띠-껱]	airline ticket
항공우편	koreong-panghimpapawid[꼬레-옹 빵힘빠빠-윋]	airmail
항공회사	eruplanong kompanya[에루쁠라-농 꼼빠-냐]	airline company
항구	puwerto[뿌웨-르또]	harbour

항로	☞해로, 공로	
항복/…하다	sukò/sumukò[수-꼬'/수무-꼬'] 적의 군사들은 우리 군사들에게 항복했다.; Sumukò ang mga kaaway sa ating mga sundalo.	surrender/surrender
항상	lagì, parati[라-기', 빠라-띠] 난 항상 혼자야.; Laging iisá akó. 그녀는 항상 졸고 있다.; Siyá ay laging inaantók.	always
항생제	antibayótiko[안띠바요-띠꼬]	antibiotic
항아리	tapayan[따빠-얀] 그 항아리에는 물이 가득차 있다.; Punô ng tubig ang tapayang iyán.	jar
항의…/하다	pagtutol/tutulan, sumalungát[빡뚜-똘/뚜뚜-란, 수말룽앝] 그래도 안되면 항의하자.; Kung di gagawín pa, sumalungát tayo.	protest/protest
해	araw[아-라우]	sun
해(害)…/를 끼치다	pinsalà/makapinsalà[삔사-라'/마까삔살-라'] 곤충들이 숲에 해를 끼치고 있다.; Nakapípinsalà ang mga insekto sa halaman.	harm/do harm
해가되는(해로운)	nakapípinsalà[나까삐-삔사-ㄹ라'] 술에 쉽게 취하는 것은 해로운 버릇이다.; Ang paglalasíng nang madalî ay nakapípinsalang bisyo.	harmful
해결/…하다	kalutasán/lumutás, malutás[깔루따산/루무따스, 말루따스] 경찰은 그 사건을 해결했다.; Nalutás ng pulís ang aksidente.	resolution/resolve
해고/…하다	☞파면/…하다	
해군	hukbóng-dagat[훅봉 다-같]	navy
해독(解毒)하다	mag-alís ng lason[막알리스 낭 라-손]	remove the poison
해독제	gamót na pangontra[가몯 나 빵오-ㄴ뜨라]	antidote

해로(海路)	rutang dagat[루-땅 다-갇]	sea route
해방/…시키다	pagpapalayà/palayahin[빡빠-빠라-야`/빨라야-힌]	liberation/liberate
해방되다	lumayà[루마-야`]	become free
해방된(자유로운)	malayà[말라-야`]	free
해법	paraán ng pagpapasiyá[빠라안 낭 빡빠빠시야]	key to resolution
해변	aplaya, tabíng-dagat[아쁠라-야, 따-빙 다-갇]	beach
해산물	produkto ng dagat[쁘로두-ㄱ또 낭 다-갇]	marine product
해산(解産)/…하다	panganganák/manganák[빵앙아낙/망아낙]	childbirth/give birth
해산(解散)하다(시키다)	maghiwa-hiwalay[막히와히와-ㄹ라이] 경찰은 군중을 해산시켰다.; Naghiwa-hiwalay ang pulisyá ng karamihan ng tao.	disperse
해삼	pipinong dagat[삐삐-농 다-갇]	sea cucumber
해상	dagat[다-갇]	sea/marine
해상운송	transportasyón sa dagat[뜨란스뽀따숀 사 다-갇]	marine transfortation
해상보험	seguro ng dagat[세구-로 낭 다-갇]	marine insurance
해안	baybayin[바이바-윈]	seashore
~해야 한다	dapat[다-빧] 너는 지금 학교로 가야 한다.; Dapat kang pumuntá sa páaralán.	must, should
해열제	gamót sa lagnát[가몯 사 라그낟]	antipyretic
해파리	dikyâ[디꺄`]	jelly fish
해초(海草)	damóng-dagat[다몽 다-갇]	seaweed
핵	pinakaubod[삐나까우-볻]	nucleus

361

핵의(핵무기의)	nuclear[뉴클리어]	nuclear
핵개발	nuclear unlad[뉴클리어 우-ㄴ랃]	nuclear development
핵심	káibuturan, ubod[까-이비뚜-란, 우-볻]	core
핵전쟁	neuclear digmaan[뉴클리어 딕마-안]	nuclear war
핵탄두	nuclear warhead[뉴클리어 워헤드]	nuclear warhead
핵폐기물	nuclear basura[뉴클리어 바수-라] 많은 국가들이 핵폐기물을 바다에 투기한다.; Maraming bansâ ay naglálaglág ng nuclear basura sa dagat.	nuclear waste
핵폭탄	nuclear bomba[뉴클리어 보-ㅁ반]	nuclear bomb
핸드폰	selpon[세-ㄹ뽄] 당신 핸드폰 번호가 뭐예요?; Anó ang número ng selpon ninyó?	mobile phone
햇볕에 말리다	magpatuyô sa sikat ng araw, ibilád[막빠뚜요' 사 시-깓 낭 아-라우, 이 빌랃] 옷들을 햇볕에 말려라.; Ibilád mo sa araw ang mga damít.	dry in the sun
햇볕을 쬐다	magpaaráw[막빠아라우]	expose to the sun
햇빛	liwanag(sikat) ng araw[리와-낙(시-깓) 낭 아-라우]	sunlight
행동	pagkilos, asal[빡끼-ㄹ로스, 아-살]	action, behavior
행복	ligaya, sayá, tuwâ[리가-야, 사야, 뚜와']	happiness
행복한	maligaya, masayá, matuwâ[말리가-야, 마사야, 마뚜와'] 행복한 하루가 되기를 바랍니다.; Nais kong magkakaroón kayó ng maligayang araw.	happy
행복해지다	sumayá[수마야']	become happy
행사(行事)	pangyayari[빵야야-리]	event
행사(行使)하다	gumamít, gampanán[구마밑, 감빠난]	use, exercise

행상/…하다	paglalakô/maglakò, magtindá-tindá[빠글라라꼬'/막라-꼬', 막띤다띤다]	peddling/peddle
행상인	maglalakò, manlalakò[막랄라-꼬, 만랄라-꼬']	peddler
행성	planeta[쁠라네-따]	planet
행운/…의	kapalaran/mapalad[까빨라-란/마빠-르랃] 행운은 우리를 저버렸고, 우리는 졌다.; Laban sa atin ang kapalaranm, kayâ natalo tayo.	luck/lucky
행정(行政)	pangangasiwà[빵아시-와']	administration
행정부	pangasiwaán[빵아시와안]	
행주	basahan, pamunas ng pinggán[바사-한, 빠무-나스 낭 삥안]	dishcloth
향기/…롭다	bangó/mabangó[방오/마방오]	aroma, fragrance/fragrant
향상/…하다	pagbuti, paggalíng/bumuti, gumalíng[빡부-띠, 빡갈링/부무-띠, 구말링]	improvement/get better
향상시키다	magpabuti[막빠부-띠]	improve, make better
향수(香水)	pabangó[빠방오]	perfume
향수병(鄕愁病)에 걸린	sabík sa pag-uwî[사빅 사 빡우위'] 그는 벌써 향수병에 시달린다.; Sabík na siyá sa pag-uwî.	homesick
(~로) 향해	papuntá sa[빠뿐따 사]	going to
허가(서)	permiso[뻬르미-소]	permission, license
허락/…하다	tulot, pahintulot/pahintulutan, magtulot[뚜-르롣, 빠힌뚜-르롣 /빠힌뚤루-딴, 막뚜-르롣] 그는 집에 가도록 허락을 받았다.; Pinahintulutan siyáng umuwî.	consent, approve/consent, approval
허리띠	sinturón[신뚜론] 허리띠를 매라.; Isuót mo ang sinturón. 허리띠를 풀러라.; Kalagín mo ang sinturón.	waist belt

허벅지	hità[히-따']	thigh
허풍/…떨다	kahambugán/maghambóg[까함부간/막함복]	boastfulness/boast, brag
허풍떠는/허풍쟁이	hambóg/hambugero[함복/함부게-로]	boastful/braggart
헌법	konstitusiyón, saligáng-batás[꼰스띠뚜시욘, 살리강 바따스]	constitution
헌혈/…하다	paghahandóg ng dugô[빠하한독 낭 두고']/maghandóg[막한독] ng dugô	blood donation/donate blood
헐거운/헐겁게 하다	maluwág[말루왁]/luwagán[루왁안]	loose/loosen
헐떡이다/헐떡임	humingál/hingál[후밍알/힝알]	gasp, pant/gasping
헤어지다	☞이별, 이별하다	
헤어드라이어	blower[블로-워]	blower
헥타르	ektarya[엑따-랴]	hectare
헬멧/…을 쓰다	kupyâ, helmet[꾸-뺘', 헤-르멛]/isuót ang[이수올 앙] helmet 오토바이를 탈 때는 헬멧을 써야 한다.; Kapag sumakáy ng motorsiklo, kailangan mong magsuót ng helmet	helmet/wear a helmet
혀	dilà[디-라']	tongue
혁명/…의	himagsík, rebolusiyón/mapanghimagsík[히막식, 레볼루시욘/마빵히막식]	revolution/revolutionary
혁명가	manghihimagsík, rebolusyonista[망히히막식, 레볼루쇼니-스따]	revolutionist
혁신/…하다	pagbabago/baguhin, bumago[빡바바-고/바구-힌, 부마-고]	renovation/renovate
현금	salapî, pera[살라삐', 뻬-라]	cash
현금으로 바꾸다	magpapalít ng salapî, perahin[막빠빨릳 낭 살라삐', 뻬라-힌]	change into cash(money)
현금자동지급기	ATM[에이티엠]	ATM
현기증/…이 나는	hilo/nahíhílo, hiló[히-로/나히-히-로, 힐로] 그는 현기증 때문에 출	dizzy

364

	근할 수 없었다.; Hindî siyá nakapasok sa trabaho dahil sa hilo.	
현대적인	makabago[마까바-고]	modern
현대화/…하다	paggawâ ng[빡가와' 낭] makabago/gawíng[가윙] makabago 시장은 도시를 현대화하기 위해 노력한다.; Sinísíkap ng alkalde para gawing makabago ang lungsód.	modernization/modernize
현상(現狀)	ngayóng kalágáyan[ㅇ아용 깔라-가-얀]	present situation
현상(現象)	kababalaghán[까바발락한]	phenomenon
현상(現像)/…하다	pagbuô ng pilm[빡부오' 낭 삘름]/bumuô[부무오'] ng pilm	development of film/develop film
현수막	kartelón[까르뗄론]	placard
현장	kinátatayuán[끼나-따따유안]	site
현재	ngayón[ㅇ아욘]	present
현재시제(문법)	panahóng pangkasalungkuyan[빠나홍 빵까사룽꾸-얀]	present tense
혈색	kutis, kulay ng balát[꾸-띠스, 꾸-라이 낭 발랕]	complexion
혈압	presyón ng dugô[쁘레숀 낭 두고'] 혈압을 낮추어야 한다.; Dapat pababaín ang presyón ng dugô.	blood pressure
혈연(관계)	kadugô[까두고']	blood lerative
혈통	talâ ng mga ninunò[딸라' 낭 망아 니누-노']	pedigree
협력/…하다	pagtutulungán/magtulungán[빡뚜뚤룽안/막뚤룽안]	cooperation/cooperate
협정(協定)/…하다	kasunduan/magkasundô, pumayag[까순두-안/막까순도', 뿌마-얏]	agreement/agree
협정서	nakasulat na[나까수-ㄹ랕 나] kasunduan	written agreement

협회	samahán, kalipunán, kapisanan[사마한, 깔리뿌난, 까삐사-난]	association
형	kuya, nakatátandáng kapatíd na lalaki[꾸-야, 나까따-딴당 까빠띧 나 랄라-끼]」 형과 누나: kuya at ate	elder brother
형벌/…을 가하다	parusa/magparusa[빠루-사/막빠루-사]	punishment/punish
형부	asawa ng ate, bayáw[아사-와 낭 아-떼, 바야우]	brother-in-law
형성/…하다	pagtatatág/magtatág, itatág[빡따따딱/막따딱, 이따딱] 그는 그 단체를 형성하였다.; Itinatág niyá ang kapisanang iyán.	formation/form
형수	asawa ng kuya, hipag[아사-와 낭 꾸-야, 히-빡]	sister-in-law
형식	pormalidád[뽀르말리닫] 사랑은 형식이 필요없다.; Hindí kailangan ng pag-ibig ang pormalidád.	shape
형용사/…절(문법)	pang-uri/pang-uring sugnáy[빵우-리/빵우-링 수그나이]	adjective/adjective clause
형제	kapatíd na mga lalaki[까빠띧 나 망아 라라-끼]	brothers
형태…/를 만들다	anyô, hugis/maganyô, humugis[안요', 후-기스/후무-기스] 그는 진흙으로 조상(彫像)의 형태를 만들었다.;Humugis siyá ng estátuwá sa pamamagitan ng luád.	form/take the form
혜성	kometa[꼬메-따]	comet
호격(呼格, 문법))	kaukuláng panawag[까우꿀랑 빠나-왁]	vocative case
호기심	pagkausyoso[빡까우쇼-소] 필리핀에 대해 호기심이 생겼다.; Nágisíng ang pagkausyoso tungkól sa Pilipinas.	curiosity
호랑이	tigre[띠-그레]	tiger
호랑이띠	tigreng sodyak[띠-그렝 소-쟉]	zodiac of tiger

호루라기/…를 불다	silbato/sumilbato[실바-또/수밀바-또]	whistle/whistle
호르몬	hormón[호르몬]	hormone
호박(야채)	kalabasa[깔라바-사]	pumpkin
호박잎	dahón ng[다혼 낭] kalabasa	leaf of pumpkin
호소/…하다	samò/magsumamò, sumamò, samuin[사-모'/막수마-모', 수마-모', 사무-인] 병사는 적에게 죽이지 말아 달라고 호소했다.; Nagsumanò ang sundalo sa kaaway na huwág siyá patayín	appeal/appeal
호수	lawà[라-와']	lake
호의	pabór[빠보르] 앞으로도 계속 호의를 부탁드립니다.; Pakipatuloy pô ang inyóng pagbibigáy ng pabór sa akin.	favor
호주	Australya[아우스뜨라-르야]	Australia
호텔	otél[오뗄]	hotel
호피(虎皮)	balát ng tigre[발랕 낭 띠-그레]	skin of tiger
호흡/…하다	☞숨/~쉬다	
혹시(만약)	kung[꿍] 혹시 내일 비가 오면; Kung uulan bukas	if
혹시(어쩌면)	marahil, siguro, bakâ[마라-힐, 시구-로, 바까'] 혹시 데이지 부인 이세요?; Siguro ba kayó ay Gng. Daisy?	perhaps, maybe
혹은(또는)	o[오]	or
혼동/…하다	guló/maguluhán[굴로/마굴루한]	confusion/be confused
혼자/…서	isáng tao/nag-íisá[이상 따-오/낙이-이사] 그는 집에 혼자 있다.; Nag-íisá siyá sa bahay. 그는 비를 맞으며 혼자 서 있다.; Nag-íisá	one person/alone

	siyáng nakatayô sa ulán.	
혼잡/…하다	pagsisikíp/masikíp[빡시시낍/마시낍] 거리는 차량들로 혼잡했다.; Nagslkíp sa mga sasakyán ang kalye.	congestion/be congested
혼합(물)/…하다	timplá, paghahalò/magtimplà, magkahalò[띰쁠라, 빡하하-르로' /막띰쁠라, 막까하-르로]	mixture/mix
홀아비	balong lalaki[바-롱 랄라-끼]	widower
홍보(弘報)	pahayag, palathalà[빠하-약, 빠랄핟하-르라']	publicity
홍수/…가 나다	bahâ/bumahâ[바하', 부마하']	flood/flood
화(火)/화가 난	galit/galit[가-르릿/갈릿] 그가 화 났을 때는 돈을 달라고 하지마라.; Huwág kang humingí ng pera kung galít siyá.	anger/angry
화가(畵家)	pintór[삔또르]	painter
화나게 하다(만들다)	makagalit[마까가-르릿] 그가 말한 모든 것이 나를 화나게 했다.; Lahát ng kanyáng sabihin ay nakagalit sa akin.	irritate
화랑(畵廊)	galeriya[갈레리-야]	gallery
(~에게)화를 내다	kagalitan[까갈리-딴] 갑자기 그는 나에게 화를 냈다.:	be angry with, rebuke
화면(컴퓨터)	mónitor[모-니또르]	monitor
화물	karga[까-르가]	cargo
화물선	bapór na pangkargada[바뽀르 나 빵까르가-다]	cargo ship
화보(畵報)	iginuhit na magasín[이기누-힡 나 마가신]	illustrated magazine
화산	bulkán[불깐]	vulcano
화살	palasô[빨라소']	arrow

화상(火傷)/…을 입은	pasò/pasô[빠-소'/빠소']	burn, scald/burned, scalded
화요일	Martes[마르떼스]	Tuesday
화원	hardín ng bulaklák[하르딘 낭 부락락]	flower garden
화장(化粧)	meykap[메이깝]	make-up
화장(火葬)/…하다	pagsusunog ng bangkáy[빡수수-녹 낭 방까이]/sunugín ang[수누긴 앙] bangkáy	cremation/cremate
화장대	mesa ng[메사 낭] meykap	dressing table
화장실	CR(comfort room)[씨알],화장실이 어디야?: Saán ang CR?	toilet
화장품	kosmétikó, pampagandá[꼬스메-띠꼬, 빰빠간다]	cosmetics
화재	sunog[수-녹] 어제 시내에서 화재가 발생했다.; Ang sunog ay sumikláb sa kabayanan.	fire
화학	kímiká[끼-미까]	chemistry
확대/…하다	pagpapalakí/magpalakí, lakhán[빡빠라끼/막빠라끼, 락한] 그는 아내의 사진을 확대했다.; Nagpalakí siyá ang retrato ng asawa niyá.	enlargement/enlarge
확신/…하다	katiyakan/tumiák, tiyakín[까띠야-깐/뚜미약, 띠야낀] 좋은 선전활동이 정당의 승리를 확신한다.; Mahusay na propaganda ang titiyák sa tagumpáy ng partido.	assurance/ensure
확실히	tiyák, sigurado[띠약, 시구라-도]	sure
확인/…하다	pagpapatunay, pagpapatotoó/magpatunay, magpatotoó[빡빠빠-뚜-나이, 빡빠빠또또오/막빠-뚜-나이, 막빠또또오] 그의 친구들은 그의 진술을 확인하였다.; Ang kanyáng mga kaibigan ay nagpatotoó ng kanyáng	confirmation/confirm

		pahayag.	
확정/…하다		☞결정/…하다	
환경		kapaligirán, paligid[까빨리기란, 빨리-긷] 사람은 항상 환경에 영향을 받는다.; Ang tao ay palaging naiimpluwensyahan ng kanyáng kapaligirán.	environment
환불/…하다		pagsasaulì ng ibinayad[빡사사우-리' 낭 이비나-얃]/isaulì ang[이사우-리' 앙] ibinayad	refundment/refund
환어음		pagaré[빠가레]	bill of exchange
환영하다		bumati nang malugód[부마-띠' 낭 말루곧]	welcome somebody
환영합니다.		Maligayang pagdating pô.[말리가-양 빡다띵 뽀']	Welcome, sir!
환율		halagá ng pálitan[할라가 낭 빠-리리-딴], 오늘 환율은 어떻게 되나요?; Anó ang halagá ng páiitan.	exchange rate
환자		pasyente, maysakít[빠셰-ㄴ떼, 마이사낃]	patient
환전/…하다		pakikipagpalít ng salapî[빠끼끼빡빨릳 낭 살라삐']/magpalít[막빨릳] ng salapî	money exchange/exchange money
활		busog[부-속]	bow
활과 화살		panà[빠-나']	bow and arrow
활발한		masiglá[마시글라]	active, lively
활짝 피다/활짝 핀		bumukadkád/bukadkád[부무깓깓/부깓깓] 정원의 꽃들이 활짝 피어 있다.; Bumúbukadkád na ang mga bulaklák sa hardín.	in full bloom
황금		gintô[긴또'] 황금을 돌같이 생각하는 사람은 없을 것이다.; Waláng sinumán ang mag-íisip ng gintô tulad ng bató.	gold

회(膾)	raw fish[로 피쉬]	raw fish
회견	pakikipanayám[빠끼끼빠나얌]	interview
회계	talatuusan[딸라뚜우-산]	accounting
회계사	tagatuós[따가뚜오스]	accountant
회고/…하다	☞회상/…하다	
회담	komperénsiya[꼼쁘레-ㄴ시야]	conference
회비	butaw[부-따우]	membership fee
회사	bahay-kalakal, kompanyá[바-하이 까랄-깔, 꼼빠냐] 회사에 바래다 주세요.; Kunin ninyó akó sa kompanyá.	company
회사원	emplado, kawaní[엠쁠라-도, 까와니] 우리 회사에는 천 명의 회사원이 근무한다.; Sanlibong kawaní ang nagtátrabáho sa aming kompanyá.	employee
회상/…하다	gunitâ/gunitaín[구니따/구니따인] 나는 종종 우리의 행복했던 날들을 회상한다.; Malimit na giniguntiâ ko ang mga maligayang araw natin.	retrospect/retrospect
회수/…하다	bawì/bumawì, bawiin[바-위/부마-위, 바위-인] 그는 나에게 준 것을 회수하였다.; Binawî niyá ang kanyáng ibinigáy sa akin.	take back
회원/…권	kasapi/pagkakásapi[까사-삐/빡까까-사-삐]	member/membership
회의(會議)/…하다	pulong/magpulong[뿌-ㄹ롱/막뿌-ㄹ롱]	meeting/meet, talk a matter over ~
회의(懷疑)적인	nagdududa, may-pagaalinlangan[낙두두-다, 마이 빡아알린라-ㅇ안]	skeptical
회전/…하다	inog/uminog[이-녹/움이-녹]	rotation/rotate
회전시키다	painugin, magpainog[빠이누-긴/막빠이-녹]	cause to rotate
회초리	☞채찍/~질하다	

회충	bitukang bulati[비뚜-깡 불라-띠]	intestinal worms
회충약	pampatay na[빰빠-따이 나] bitukang bulati 회충을 없애려면 회충약을 먹어라.; Upang puksaín ang mga bitukang bulati dapat mong gamitin ang pampatay na bitukang bulati.	vermicide
회피/…하다	iwas/umiwas, iwasan[이-와스/움이-와스. 이와-산]	avoidance/avoid
회화(繪畵)	larawan, drowing[라라-완, 드로윙]	painting, drawings
회화(會話)	pag-uusap[빡우우-삽]	conversation
횡단/…하다	tawíd/tumawíd, tawirín[따윋/뚜마윋, 따위린] 그는 길을 횡단했다.; Tumawíd siyá ng daán.	crossing/cross, go across
횡단보도	táwiran[따-위-란]	pedestrian crossing
효과/…적인	bisà, epekto/mabisà, maepekto[비-사', 에뻬-크도/마비-사', 마에뻬-크또]	effect/effective
효과가 나다	magkabisà[막까비-사'] 약이 환자에게 효과가 났다.; Nagkabisà ang gamót sa maysakít.	take effect
효도	tungkulin ng anák sa mga magulang[뚱꾸-린 낭 아낙 사 망아 마구-르랑]	filial duty
효자	masúnúring[마수-누-링] anák sa mga magulang	dutiful son to parents
후각	pangamóy[빵아모이]	sense of smell
후덥지근한	maalinsangan[마알린사-O안]	humid and hot
후식	☞디저트	
후임자	kahalili[까할리-리리] 나는 모든 권리를 후임자에게 양도하겠다.; Ililipat ko ang lahat ng karapatán ko sa kahalili.	successor
후추	pamintá[빠민따]	pepper

372

후회/…하다	pagsisisi/magsisi, pagsisihan[빡시시-시/막시-시] 그는 과거의 잘못을 후회하고 있다.; Labis na pinagsísisihan niyá ang kanyáng mga nakaraáng pagkakamalî.	regret/regret
후회스러운	nagsisisi[낙시시-시]	regretful
훈련/…하다(시키다)	sanay/sanayin[빡사사-나이/사나-이인] 저 병사들을 훈련시켜라.; Sanayin mo ang mga sundalong iyón.	training/train
훈장	medalya[메다-르야] 그는 훈장을 차고 있다.; Siyá ay magsusuót ng isáng medalya.	medal, order
훌륭한	nápakagalíng, nápakahúsay[나-빠까갈링, 나-빠까후-사이] 그의 처신은 훌륭하다.; Nápakagalíng ang kanyáng kilos.	excellent
훔치다	nakawin, magnakaw, kupitin[나까-윈, 막나-까우, 꾸뻬-띤]	steal
휘발유	gasolina[가솔리-나]	gasoline
휘젓다	batihín, bumatí, haluin[바띠힌, 부마띠, 할루-인] 그는 계란을 휘저었다.; Bumatí siyá ng itlóg.	churn, stir
휘파람/…을 불다	sipol/sumipol[시-뽈/수미-뽈] 여기서 휘파람 불지마라.; Huwkáng kang sumipol dito.	whistling/whistle
휴가/…보내다	bakasiyón/magbakasiyón[바까시욘/막바까시욘]	vacation/take a vacation
휴대용의	bitbitin[빝비-띤] 휴대용 재봉틀; bitbiting mákiná sa pananahî	portable
휴대하다	dalhín sa sarili[달힌 사 사리-리]	carry
휴무	waláng-trabaho[왈랑 뜨라바-호] 오늘은 거의 모든 회사가 휴무이다.; Sa halos na mga kompanyá ay waláng-trabaho ngayón.	off duty

휴식/…을 취하다	pahingá/magpahingá[빠힝아/막빠힝아]	rest/take a rest
휴일	araw ng[아-라우 낭] pahingá	off-day
휴지(화장실용)	pangiwang[빵이-왕]	toilet paper
휴지통	☞쓰레기통	
휴학	pagliban na pansamantalá sa páaralán[빡리-반 나 빤사만딸라 사 빠-아랄란] 그는 학교를 오랫동안 휴학하고 있다.; Siyá ay matagál na pagliban sa páaralán.	temporary absence from school
흉내/…내다	paggaya, pagtulad/gayahin, tumulad[빡가-야, 빡뚜-르랃/가야-힌, 뚜무-르랃] 그는 나를 흉내냈다.; Ginaya niyá akó.	imitation/imitate
흉년	taón ng mahirap na pag-aani[따온 낭 마히-랍 나 빡아아-니]	year of poor harvest
흉터/…가 지다	peklat/magkapeklat[뻬-끌랃/막까뻬-끌랃]	scar/form a scar
흐르다(시간)	lumipás[루미빠스] 그가 집에 돌아오기 전까지 3년이 흘렀다.; Tatlóng taón ang lumipas bago siyá umuwî.	pass, elapse
흐르다(물, 액체류)	umagos[움아-고스]	flow
흐리다(날씨)	maulap[마우-랖] 하늘이 흐렸어. 비가 올지 몰라.; Maulap na. Bakâ uulan.	cloudy
흐릿하다	malabò[말라-보']	unclear, blurred
흑맥주	itím na serbesa[이띰 나 세르베-사]	black beer
흑백사진	putî-at-itím na larawan[뿌띠' 앝 이띰 나 라라-완]	white and black picture
흑인(전체)	negro[네-그로]	people of black race
흑인(남자)	negrito[네그리-또]	black man

흑인(여자)	negrita[네그리-따]	black woman
흔적	bakás[바까스]	trace
흔하다	karaniwan, masaganà[까라니-완, 마사가-나'] 흔한 옷; karaniwang kasúútan	common, plenty
흘리다	ibubô, magbubô[이부보', 막부보'] 테이블에 물을 흘리지 마라.; Huwág mong ibubô sa mesa ang tubig.	spill, slop
흠	sirà, depekto[시-라', 데뻬-크또]	flaw
흠 없는	waláng-depekto[왈랑 데뻬-크또]	flawless
흡입/…하다	langháp/lumangháp, langhapín[랑핲, 루망핲, 랑하뻰]	inhalation/inhale
흡혈귀	mandurugô[만두루고']	vampire
흥미	interés, pagkáwilí[인떼레스, 빡까-윌리] 토마스는 독서에 흥미가 있다.; May interés si Tomás sa pagbabasá.	interest
흥분/…한(기쁨, 환호)	katúwáan/natútuwâ[까뚜-와-안/나뚜-뚜와]	excitement/excited
흥분시키다	makatuwâ, ikatuwâ[마까뚜와', 이까뚜와'] 그 이야기는 학급 전체를 흥분시켰다.; Ikinatuwâ ng kuwentong iyán ang buóng klase.	excite
흥분제	gamót na pampasiglá[가몯 나 빰빠시글라]	stimulant, dope
흥정/…하다	tawad/manawaran, makipagtawarán[따-왇/마나와-란, 마끼빡따와란] 이 차에 대해서 그는 한 시간 동안 흥정했다.; Isáng oras siyáng nakipagtawarán sa kotseng ito.	bargain/bargain
흩뜨리다	kalatan[깔라-단]	litter
희귀하다	bihirà[비히-라'] 그는 희귀한 물건을 가지고 있다.; May isáng bihirang	rare

	bagay siyá.	
희극	komedya, katatawanán[꼬메-쟈/까따따와난]	comedy
희망/…하다	pag-asa/umasa[빡아-사/움아-사] 희망이 없는; waláng-pag-asa 희망이 있는; mapag-asa	hope/hope
희생/…하다	sakripisyo/magsakripisyo[사끄리삐-쇼, 막사끄리삐-쇼] 부모는 자식을 위해 희생할 준비가 되어 있다.; Ang magulang ay handáng magsakripisyo alang-alang sa anák.	sacrifice
희생자	bíktimá[비-ㄱ띠마]	victim
흰	maputí, putí[마뿌띠', 뿌띠'] 흰 머리의 남자가 우리 선생님이다.; Ang lalaking may maputíng buhók ay gurò namin.	white
힘(체력)	lakás na pangkatawán[라까스 나 빵까따완]	physical strength
힘들다	mahirap, nakapápagod[마히-랖, 나까빠-빠-곧] 사전을 편찬하는 것은 힘든 일이다.; Ang pagsulat ng isáng diksyonaryo ay nakapápágod na trabaho.	difficult, laborious

부 록

1. 수사(기수)

숫자	따갈로그어		스페인어	
1	isá	이사	uno	우노
2	dalawá	달라와	dos	도수
3	tatló	따뜰로	tres	뜨레스
4	apat	아-빹	kuwatro	꾸와뜨로
5	limá	리마	singko	싱꼬
6	anim	아-님	saís	사이스
7	pitó	삐또	siyete	시예떼
8	waló	왈로	otso	오쪼
9	siyám	시얌	nuwebe	누웨베
10	sampû	삼뿌'	diyes	지예스
11	labing-isá	라빙이사	onse	온세
12	labindalawá	라빈달라와	dose	도세
13	labintatló	라빈따뜰로	trese	뜨레세

14	labing-apat	라빙아-빨	katorse	까또르세
15	labinlimá	라빈리마	kinse	낀세
16	labing-anim	라빙아-님	disiseís	디시세이스
17	labimpitó	라빔삐또	disisiyete	디시시예떼
18	labingwaló	라빙왈로	disiotso	디시오쪼
19	labinsiyám	라빈시얌	disinuwebe	디시누웨베
20	dalawampû	달라왐뿌'	beynte	베인떼
21	dalawampú't isá	달라왐뿔 이사	beynte uno	베인떼 우노
25	dalawampú't limá	달라왐뿔 리마	beynte singko	베인떼 싱꼬
30	tatlumpû	따뜰룸뿌'	treynta	뜨레인따
36	tatlumpú't anim	따뜰룸뿔 아-님	treynta'y saís	뜨레인따이 사이스
40	apatnapû	아빨나뿌'	kuwarenta	꾸와렌따
47	apatnapú't pitó	아빨나뿔 삐또	kuwarenta'y siyete	꾸와렌따이 시예떼
50	limampû	리맘뿌'	singkuwenta	싱꾸웬따
55	limampú't limá	리맘뿔 리마	singkuwenta'y sinko	싱꾸웬따이 싱꼬
60	animnapû	아님나뿌'	sesenta	세센따
70	pitumpû	삐둠뿌'	setenta	세뗀따
80	walumpû	왈룸뿌'	otsenta	오쩬따

90	siyamnapû	시얌나뿌'	nobenta	노벤따
100	sandaán	산다안	siyento	시엔또
101	sandaá't isá	산다알 이사	siyento uno	시엔또 우노
110	sandaá't sampû	산다알 삼뿌'	siyento diyes	시엔또 지예스
200	dalawáng daán	달라왕 다안	dos siyentos	도스 시엔또스
400	apat na raán	아-빹 나 라안	kuwatro siyentos	꾸와뜨로 시엔또스
500	limáng daán	리망 다안	kinyentos	낀옌도스
1000	sanlibo	산리-보	mil	밀
2000	dalawáng libo	달라왕 리-보	dos mil	도스 밀
5000	limáng libo	리망 리-보	singko mil	싱꼬 밀
만	sampúng libo	삼뿡 리-보	diyes mil	지예스 밀
십만	isáng daán libo	이상 다안 리-보	siyento mil	시엔또 밀
백만	sang-angaw	상아-ㅇ아우	milyón	밀욘
10억	sanlibong angaw	산리-봉 아-ㅇ아우	bilyón	빌욘

2. 수사(서수)

a. ika+필리핀어 기수; una[우나](첫째), ikalawá[이깔라와](둘째), ikatló[이까뜰로](셋째), ikaapat(넷째)[이까아-빹], …
b. pang+필리핀어 기수; panguna[빵우나], pangalawá[빵알라와], pangatló[빠아뜰로], pangapat[빵아-빹], …

3. 월(Buwán)

일월	Enero	에네-로
이월	Pebrero	페브레-로
삼월	Marso	마-르소
사월	Abríl	아브릴
오월	Mayo	마-요
육월	Hunyo	후-ㄴ요
칠월	Hulyo	후-ㄹ요
팔월	Agosto	아고-스또
구월	Setyembre	세띠에-ㅁ브레
십월	Oktubre	옥뚜-브레
십일월	Nobyembre	노비에-ㅁ브레
십이월	Disyembre	디시에-ㅁ브레

4. 요일(Araw)

주	linggó	링고
월요일	Lunes	루-네스
화요일	Martes	마-르떼스
수요일	Miyerkolés	미예르꼴레스
목요일	Huwebes	후웨-베스
금요일	Biyernes	비예-르네스
토요일	Sábado	사-바도
일요일	Linggó	링고

5. 가족관계

할아버지	lolo	로-르로
할머니	lola	로-르라
아버지	amá	아마
어머니	iná	이나
아빠	tatay, itáy	따-따이, 이따이
엄마	nanay, ináy	나-나이, 이나이
부모	magulang	마구-르랑
부부	mag-asawa	막아사-와
나의 남편	mister ko	미스터 꼬

나의 아내	misis ko	미시스 꼬
자녀	anák	아낙
아들	anák na lalaki	아낙 나 랄라-끼
딸	anák na babae	아낙 나 바바-에
첫째 자녀	panganay	빵아-나이
막내	bunsô	분소'
형제, 자매, 우누이	kapatíd	까빠-띧
자매	kapatíd na babae	까빠-띧 나 바바-에
손주	apó	아뽀
누나, 언니	ate	아-떼
대부	ninong	니-농
대모	ninang	니-낭
사돈(사돈관계)	balae(magbalae)	발라-에(막발라-에)
장인, 시아버지	biyanáng lalaki	비야낭 라라-끼
장모, 시어머니	biyanáng babae	비야낭 바바-에
친척	kamag-anák	까막아낙
아저씨	tiyó	띠요
아주머니	tiyá	띠야
조카	pamangkíng lalaki	빠망낑 랄라-끼
질녀	pamangkíng babae	빠망낑 바바-에
사촌	pinsán	삔산
아기	sanggól	상골
시동생, 처남, 형부	bayáw	바야우
처제, 올케, 시누이	hipag	히-빡

남편	asawang lalaki	아사-왕 랄라-끼
아내	asawang babae	아사-왕 바바-에
동서	bilás	빌라스

6. 동물 및 곤충

개	aso	아-소
고양이	pusà	뿌-사'
말	kabayo	까바-요
암소	baka	바-까
황소	toro	또-로
돼지	babayo	바-보이
산돼지	baboy-ramó	바-보이 라모
원숭이	unggóy	웅고이
쥐	dagâ	다가'
닭	manók	마녹
암탉	inahín	이나힌
수탉	tandáng	딴당
노새	mula	무-ㄹ라
코끼리	elepante	엘레빠-ㄴ떼

양	tupa	뚜-빠
염소	kambíng	깜빙
토끼	kuneho	꾸네-호
곰	oso	오-소
호랑이	tigre	띠-그레
너구리	alamíd	알라밑
늑대	lobo	로-보
사자	león	레온
고래	balyena(=dambuhalà)	발예-나(담부하-ㄹ라')
사슴	usá	우사
뱀	ahas	아-하스
개구리	palakâ	빨라까
새	ibon	이-본
독수리	ágila	아-길라
앵무새	loro	로-로
제비	layang-layang	라-양 라-양
개미	langgám	랑감
모기	lamók	라몰
파리	langaw	라-ㅇ아우

벌	pukyutan	뿌뀨-딴
나비	paruparó	빠루-빠로
벼룩	pulgás	뿔가스
이	kuto	꾸-또
잠자리	tutubí	뚜뚜비
메뚜기	típaklóng	띠빠끌롱
달팽이	susô	수소'
강아지	tutà	뚜-따'
새끼돼지	biík	비읶
새끼고양이	kutíng	꾸띵

7. 과일, 야채, 곡물

쌀	bigás	비가스
콩	bins	빈스
배추	petsáy	뻬짜이
양배추	repolyo	레뽀-르요
당근	karot	까-롣
옥수수	maís	마이스

오이	pipino	삐삐-노
상추	litsugas	리쭈-가스
버섯	kabutí	까부띠
완두콩	gisantes	기사-ㄴ떼스
양파	sibuyas	시부-야스
고추	sili	시-ㄹ리
후추	pamintá	빠민따
마늘	bawang	바-왕
무	labanós	라바노스
시금치	espinaka	에스삐나-까
토마토	kamatis	까마띠-tm
사과	mansanas	만사-나스
아보카도	abukado	아부까-도
바나나	saging	사-깅
코코넛	buko	부-꼬
포도	ubas	우-바스
구와바	bayabas	바야-바스
레몬	limón	리몬
리치	letsiyas	레찌-야스

망고	manggá	망가
아몬드	almendras	알메-ㄴ드라스
밤	kastanyas	가스따-냐스
땅콩	manî	마니'
귤	dalandán	달란단
파파야	papaya	빠빠-야
복숭아	milokotón	밀로꼬똔
파인애플	pinyá	삔야
감자	patatas	빠따-따스
고구마	kamote	까모-떼
생강	luya	루-야
겨자	mustasa	무스따-사
살구	albarikoke	알바리꼬-께
호박	kalabasa	깔라바-사

8. 신체

머리	ulo	우-ㄹ로
머리카락	buhók	부혹

가마	puyó ng buhók	뿌요 낭 부홐
눈	matá	마따
눈동자	balintatáw	발린따따우
눈썹	kilay	끼-ㄹ라이
속눈썹	pilikamatá	삘리까마따
눈꺼풀	talukap	딸루-깦
귀	tainga	따이-ㅇ아
입	bibíg	비빅
입술	labì	라-비'
코	ilóng	일롱
콧구멍	butas ng ilóng	부-따스 낭 일롱
콧수염	bigote	비고-Ep
이	ngipin	ㅇ이-삔
어금니	bagáng	바캉
목구멍	lalamunan	라라무-난
입천장	ngalangala	ㅇ알란가-ㄹ라
혀	dilà	디-ㄹ라'
목	leég	레엑
어깨	balikat	발리-깥
가슴	dibdíb	딥딥
손	kamáy	까마이
팔	braso	브라-소

손가락	dalirì	달리-리'
손목	pulsó	뿔소
다리	bintî	빈띠
발바닥	talampakan	딸람빠-깐
발가락	dalirì ng paá	달리-리' 낭 빠아
복사뼈	bukung-bukong	부-꿍 부-꽁
뼈	butó	부또
피	dugô	두고'
유방	suso	수-소
젖꼭지	utóng	우똥
겨드랑이	kilikili	낄리끼-르리
허벅지	hità	히-따'
종아리	bintî	빈띠'
혀	dilà	디-르라'
고막	salamaín ng tainga	살라민 낭 따이-ㅇ아
등뼈	gulugód	굴루곧
등	likód	리꼳
허리	baywáng	바이왕
피	dugô	두-고'
배	tiyán	띠얀
위	sikmurà	식무-라'

대장	bituka	비뚜-까
폐	baga	바-가
심장	pusò	뿌-소'
간	atáy	아따이
무릎	tuhod	뚜-홀
발	paá	빠아
엉덩이	balakáng	발라깡
발뒤꿈치	sakong	사-공
이마	noó	노오
얼굴	mukhâ	무-ㅋ하'
뺨	pisngí	삐승이
턱	babà	바-바'
턱수염	balbás	발바스
관자놀이	sentido	센띠-도
엄지손가락	hinlalakí	힌라라끼
집게손가락	hintuturò	힌뚜뚜-로'
가운데손가락	hinlalatò	힌랄라-또'
약손가락	palásingsingan	빨라-싱싱안
새끼손가락	kálingkingan	까-ㄹ링낑안

9. 색상

빨강	pulá	뿔라
흰색	putî	뿌띠'
하늘 색	kulay-langit	꾸-ㄹ라이 라-ㅇ잍
파랑	asúl	아술
녹색	berde, luntî	베-르데, 룬띠'
검정	itím	이띰
분홍	rosas	로-사스
노랑	diláw	딜라우
갈색	kulay-tsokolate	꾸-ㄹ라이 쪼꼬라-떼
회색	gris, kulay-abó	그리스, 꾸-ㄹ라이 아보
자주색	habán, kulay-ube	하반, 꾸-ㄹ라이 우-베
보라색	biyoleta	비욜레-따
남색	maitím na asúl	마이띰 나 아술
주황	kulay-dalandán	꾸-ㄹ라이 달란단
연두색	madiláw na berde	마딜라우 나 베-르데
미백색	kulay-gatas	꾸-ㄹ라이 가-따스

밝은 색	matingkád na kulay	마띵까드 나 꾸-ㄹ라이
연한 색	maliwanag na kulay	말리와-낙 나 꾸-ㄹ라이
짙은 색	madilím na kulay	마딜림 나 꾸-ㄹ라이

10. 방향

동쪽	silangan	실라-ㅇ안
서쪽	kanluran	깐루-란
남쪽	timog	띠-목
북쪽	hilagà	힐라-가`
위	itaás	이따아스
아래, 밑	ibabâ	이바-바`
앞	haráp	하랖
뒤	likód	리꼬드
오른 쪽	kanan	까-난
왼쪽	kaliwâ	깔리-와`
옆	tabí	따비
안	loób	로옵
밖	labás	라바스
중앙	gitnâ	긷나`
똑바로	diretso	디레-쪼

11. 계절

계절	panahón	빠나혼
봄	tagsiból	딱시볼
여름(건기)	tag-init/tag-aráw	딱이-닡/딱아라우
가을	taglagás	딱라가스
겨울	taglamíg	딱라믹
우기	tag-ulán	딱울란

12. 형용사 반대어

부드러운;거친	makinis;magalasgás	마끼-니스;마갈라스가스
딱딱한;연한	matigás;malambót	마띠가스;말람볼
높은;낮은	mataás;mababà	마따아스;마바-바'
향기로운;악취나는	mabangó;mabahò	마방오;마바-호'
키 큰;키 작은	matangkád/pandák	마땅깓;빤닥
긴;짧은	mahabà/maiklî	마하-바';마이끌리'
똑똑한;어리석은	matalino;bobo	마딸리-노;보-보
용감한;겁많은	matapang;duwág	마따-빵;두왁
근면한;게으른	masipag;tamád	마시-빡;따맏
차가운/추운;뜨거운/따뜻한	malamíg;mainit	말라믹;마이-닡

393

부유한;가난한	mayaman;mahirap	마야만;마히-랍
흰;검은	maputî;maitím	마뿌띠';마이띰
시끄러운;조용한	maingay;tahimik	마이-ㅇ아이;따히-믹
조리된;날것의	lutò;hiláw	루-또';힐라우
진실된;거짓의	totoó;malî	또또오;말리'
깊은;얕은	malalim;mababaw	말라-ㄹ림;마바-바우
쉬운;어려운	madalî;mahirap	마달리';마히-랍
가벼운;무거운	magaán;mabigát	마가안;마비갈
자비로운;잔인한	maawaín;malupít	마아와인;말루삗
넓은;좁은	maluwáng;makitid	말루왕;마끼-띧
헐거운;쪼이는	maluwáng;masikíp	말루왕;마시낍
현명한;무식한	marunong;mangmáng	마루-농;망망
즐거운;슬픈	maligaya;malungkót	말리가-야;말룽꼴
뚱뚱한;날씬한	matabâ;payát	마따-바;빠얃
납작코의;긴 코의	pangó;matangos	빵오;마따-ㅇ오스
조악한;정교한	magaspáng;pino	마가스빵;삐-노
익은/성숙한;덜익은/미숙한	hinóg;bubót	히녹;부볻
신;단	maasim;matamís	마아-심;마따믹스
밝은;깜깜한	maliwanag;madilím	말리와-낙;마딜림
예리한;둔한	matalím;mapuról	마딸림;마뿌롤
열린;닫힌	bukás;sarado	부까스;사라-도
젖은;마른	basâ;tuyô	바사';뚜요'

똑바른;굽은	matuwíd;kilô	마뚜윋;낄로‘
죽은;살아 있는	patáy;buháy	빠따이;부하이
이른;늦은	maága;náhulí	마아가;나-훌리
매운;순한	maangháng;matabáng	마앙항;마따방
거만한;겸손한	mayabang;mapakumbabâ	마야방;마빠꿈바바‘
예의바른;무례한	magalang;bastós	마가ㄹ랑;바스또스
빠른;느린	mabilís;mabagal	마빌리스;마바-갈
좋은;나쁜	mabuti;masamâ	마부-띠;마사마‘
아름다운;추한	magandá;pangit	마간다;빠-ㅇ잍
큰;작은	malaki;maliít	말라끼;말리잍
깨끗한;더러운	malinis;marumí	말리-니스;마루미
강한;약한	malakás;mahinà	말라까스;마히-나‘
새로운;낡은	bago;lumà	바-고;루-마‘
젊은;늙은	batà;matandâ	바-따‘;마딴다‘

13. 감각 표현 형용사

쓰다	mapaít	마빠잍
맵다	maangháng	마앙항
달다	matamís	마따미스
고소하다	amóy-sesáme	아모이 세사-메

시다	maasim	마아-심
맛있다	masaráp	마사랖
맛없다	walang lasa	왈랑 라-사
짜다	maalat	마아-르랕
뜨겁다	mainit	마이-닡
시원하다	malamíg-lamíg	말라믹라믹
춥다	malamíg	말라믹
따뜻하다	hindi gaanong mainit	힌디' 가아-농 마이-닡
미끌미끌하다	madulás	마둘라스
배 고프다	gutóm	구뚬
배 부르다	busóg	부솤
피곤하다	pagód	빠곧
목 마르다	naúúhaw	나우-우-하우
무겁다	mabigát	마비갇
졸리다	nag-aantók	낙아안똒
가볍다	magaán	마가앋
기쁘다	masayá	마사야
슬프다	malungkót	말룽꼳
행복하다	maligaya	말리가야
불행하다	di maligaya	디' 말리가야
편하다	maginhawa	마긴하-와
불편하다	di maginhawa	디' 마긴하-와

토하고 싶다	násusuká	나-수수까
아프다	may-sakít	마이사낕
부드럽다	malambót	말람볻
딱딱하다	matigás	마띠가스
말랑말랑하다	malambót	말람볻
간지럽다	nakíkilitî	나끼-낄리띠'
초조하다	yamót	야몯
걱정하다	balisá	발리사

14. 병명 및 약

병	sakít	싸낕
감기	sipón	시뽄
기침	ubó	우보
열	lagnát	락낟
독감	tarngkaso	뜨랑까소
두통	sakít ng ulo	사낕 낭 우-르로
화농	pagnananà	빡나나-나'
위통	sakít sa tiyán	사낕 사 띠얀
설사	kursó	꾸르소
변비	tibí	띠비

심장병	sakít sa pusò	사낕 사 뿌-소'
소화불량	empatso	엠빠-쪼
간염	sakít sa atáy	사낕 사 아따이
관절염	artritis	아르뜨리-띠스
암	kanser	까-ㄴ서
고혈압	alta-presyón	알따프레시욘
결핵	tisis	띠-시스
불면증	insómniyá	인소-ㅁ니야
몸살	sakít galing sa pagál	사낕 가-ㄹ링 사 빠갈
피부병	sakít sa balát	사낕 사 발랕
당뇨	diyabetes	디야베-떼스
간질	epilépsiyá	에뻴레-ㅍ시야
정신병	sakít na nauukol sa pag-iisip	사낕 나 나우-우꼴 빡이-이싶
임신	pagbubuntís	빡부분띠스
화상	pasò	빠-소'
사고	aksidente	악시데-ㄴ떼
골절	balí ng butó	바-ㄹ리' 낭 부또
체온	temperatura ng katawán	뗌뻬라뚜-라 낭 까따완
혈액형	tipo ng dugô	띠-뽀 낭 두고'
상처	sugat	수-갈
약	gamót	가몯
중병	malaláng sakít	마랄랑 사낕

병원	ospitál	오스삐딸
약국	parmasya, botika	빠르마-샤, 보띠-까
환자	pasyente	빠시에-ㄴ-떼
종양	tumór	뚜모르
간호사	nars	나르스
의사	doktór	독또르
진찰	pagkilalá ng sakít	빡낄랄라 낭 사낕
처방	reseta	레세-따
물약	gamót na tubig	가못 나 뚜-빅
알약	tableta	따블레-따
조제약품	gamót na espisípikó	가못 나 에스삐시-삐꼬
하제(下劑)	gamót na pampadumí	가못 나 빰빠두미
흥분제	gamót na pampasiglá	가못 나 빰빠시글라
치료	lunas	루-나스
사망	kamatayan	까마따-dis
주사	iniksiyón	이닉시욘
수술	operasyón	오뻬라시욘
가루약	pulbós na gamót	뿔보스 나 가못
감기약	gamót sa sipón	가못 사 시뽄
해열제	gamót sa lagnát	가못 사 라그낟
강심제	gamót sa pusò	가못 사 뿌-소'
두통약	gamót sa sakít ng ulo	가못 사 사낕 낭 우-ㄹ로

변비약	gamót sa tibí	가못 사 띠비
설사약	gamót sa kurso	가못 사 꾸-르소
항생제	antibayótiko	안띠바이오-띠꼬
진통제	gamót na pampaalís ng sakít	가못 나 빰빠알리스 낭 사낏
피임약	gamót para hindî buntís	가못 빠-라 힌디' 분띠스
수면제	gamót na pampaantók	가못 나 빰빠안똑
비타민	bitamina	비따미-나
보약	gamót na pampalakás	가못 나 빰빨라까스
위장약	gamót sa tiyán	가못 사 띠얀
소화제	gamót para matunawan	가못 빠라 마뚜나-완
식전	bago kumain	바-고 꾸마-인
식후	pagkatapos kumain	빡까따-뽀스 꾸마-인
하루 세번	tatlóng beses sa isáng araw	따뜰롱 베-세스 사 이상 아-라우
입원	ma-confine sa ospitál	마컨파인 사 오스삐딸
퇴원	lumabás sa ospital	루마바스 사 오스삐딸